Eiskaltes Bier und Krokodile

Roff Smith

Eiskaltes Bier und Krokodile

Mit dem Fahrrad durch Australien

GRUNER + JAHR/RBA
NATIONAL GEOGRAPHIC DEUTSCHLAND

Titel der amerikanischen Originalausgabe:
COLD BEER AND CROCODILES –
A Bicycle Journey into Australia.

Veröffentlicht von der National Geographic Society,
Washington, D.C., 2000, alle Rechte vorbehalten

Die National Geographic Society wurde 1888 gegründet,um » die geographischen Kenntnisse zu mehren und zu verbreiten.« Seither unterstützt sie die wissenschaftliche Forschung und informiert ihre mehr als neun Millionen Mitglieder in aller Welt.

Die National Geographic Society informiert durch Magazine, Bücher, Fernsehprogramme, Videos, Landkarten, Atlanten und moderne Lehrmittel. Außerdem vergibt sie Forschungsstipendien und organisiert den Wettbewerb *National Geographic Bee* sowie Workshops für Lehrer.

Die Gesellschaft finanziert sich durch Mitgliedsbeiträge und den Verkauf der Lehrmittel.

Die Mitglieder erhalten regelmäßig das offizielle Journal der Gesellschaft:
das NATIONAL GEOGRAPHIC-Magazin.
Falls Sie mehr über die National Geographic Society, ihre Lehrprogramme und Publikationen wissen wollen: Nutzen Sie die Website unter
www.nationalgeographic.com.
Die Website von NATIONAL GEOGRAPHIC Deutschland können Sie unter
www.nationalgeographic.de
besuchen.

Deutsche Ausgabe veröffentlicht von G+J/RBA Hamburg 2001
Übersetzung: Kristiana Ruhl
Koordination/Redaktion: Carlo Lauer
Redaktionelle Mitarbeit: Robert Kutschera, Dr. Horst Leisering für CLP
Satz:Typographischer Betrieb Walter Biering Hans Numberger
Titelgestaltung: Lutz Jahrmarkt
Produktion: Ursula Stahl
Druck und Verarbeitung: GGP Media, Pößneck
Printed in Germany
ISBN 3-934385-14-1

INHALT

„Überall wohin der Mensch gelangte, wurden Fahrräder gefahren, geschoben, gezogen oder geschleppt, auch dort wo der Mensch nicht mehr sicher war. Das Fahrrad kam durch – wenn der Mensch durchkam."

Charles Edwin Woodrow Bean, *On the Wool Track*

Im Outback gibt es keine Berge, sondern nur Grate auf dem Höllenboden.

Henry Lawson, *The Bush Undertaker (zu dt.: Der Busch-Bestatter)*

Timor-see
Darwin
STUART HIGHWAY
Katherine Gorge
Katherine
Mataranka
Larrimah
Dunmarra
Wyndham
Kununurra
VICTORIA HWY.
Kimberley Plateau
Ord River
Turkey Creek
Halls Creek
INDISCHER OZEAN
Derby
Broome
GREAT NORTHERN HWY.
Shamrock Station
Bidyadanga
Anna Plains
Sandfire
GROSSE SAND-WÜSTE
Port Hedland
Pardoo Roadhouse
DeGrey
Karratha
Fortescue
NORTHERN TERRITORY
Alice Spring
Nanutarra Roadhouse
A U S T R
Minilya Roadhouse
Gascoyne
Carnarvon
Wooramel Roadhouse
WESTERN AUSTRALIA
Billabong Hotel
Murchison
GROSSE VICTORIAWÜSTE
Northampton
Geraldton
Dongara
Eneabba
Nullarbor-Ebene
Kalgoorlie
Coolgardie
Eucla
Eucla Pass
EYRE HWY.
New Norcia
Mundrabilla
Cedu
Caiguna
Cocklebiddy
Norseman
Swan
Perth
Balladonia
Salmon Gums
Große Australische Bucht
Ravensthorpe
Esperance
Margaret River
Jerramungup
Prevelly
Pemberton
Cape Leeuwin
Walpole
Albany
INDISCHER OZEAN
Wegstrecke des Verfassers
0 Meilen 400
0 Kilometer 600

Arafurasee
Golf von Carpentaria
KORALLENSEE
Großes Barriereriff
GREAT DIVIDING RANGE
Cooktown
Port Douglas
Cairns
Michaelmas Cay
Gilbert River
Staaten
Dorunda
Karumba
Burketown
Normanton
Atherton Tableland
Innisfail
Ravenshoe
Croydon
Mount Surprise
Ingham
Townsville
Barkly Tableland
Gregory
Norman
Tennant Creek
Avon Downs
Camooweal
Mount Isa
Charters Towers
Birricannia
Muttaburra
Fairfield Station
Longreach
Alpha
Drummond Range
Anakie
Emerald
Fitzroy River
Rockhampton
CAPRICORN HWY.
Gladstone
Miriam Vale
ALIA
Simpson-wüste
Rosedale
Bundaberg
Fraser Island
Hervey Bay
Maryborough
QUEENSLAND
Gympie
Cooroy
Sunshine Coast
Glass House Mts.
Brisbane
Gold Coast
Coolangatta
Nimbin
Murwillumbah
Casino
Grafton
SOUTH AUSTRALIA
Darling
New England Range
Coffs Harbour
Armidale
Tamworth
NEW SOUTH WALES
Iron Knob
Port Augusta
Melrose
Gladstone
Eyre Peninsula
Murray R.
Barossa Valley
Singleton
Blue Mts.
Windsor
Sydney
Adelaide
Mannum
Murray
Gundagai
Goulburn
Start/Ziel
Tintinara
Albury
Canberra, A.C.T.
Wodonga
VICTORIA
Snowy Mts.
Naracoorte
Penola
Bonnie Doon
Melbourne
Australian Alps
Coleraine
Geelong
Port Phillip Bay
Warrnambool
Port Campbell
Queenscliff
Shipwreck Coast
Tasmansee
Bass-Straße
Devonport
TASMANIEN
Hobart

PROLOG

Der Duft der Gerberakazien

IN DEN ZWANZIGER Jahren war das Viertel um die Elizabeth Bay Road beliebtestes Aushängeschild des unkonventionellen Sydney. Noch heute legen die dortigen Jugendstilwohnanlagen wie The Raymond davon Zeugnis ab. Ich übernachtete hier bei einem Freund. Es war spät am Samstagabend, und ich lag wach auf einem provisorischen Gästebett aus Sofakissen. Aus einem Club in King's Cross drangen melancholische Bluesklänge zu mir in den zweiten Stock herauf. Im Zimmer war es dunkel, nur das Licht der Straßenlaternen warf, durch die Vorhänge gefiltert, Flecken an die Decke. Alle anderen im Haus waren schon vor Stunden zu Bett gegangen. Ich fand keinen Schlaf, weil mich die Gedanken an die kühnen Schritte, die ich in den letzten Wochen getan hatte, und das Abenteuer, das am nächsten Tag beginnen sollte, nicht losließen.

Seit 15 Jahren lebte ich in Australien, ohne je wirklich heimisch geworden zu sein. Der Zufall hatte mich hierher verschlagen, und ich sprach häufig davon, wieder nach Hause zurückzukehren. Doch Jahr für Jahr verging, und ich fühlte mich in meiner Trägheit leidlich wohl. Die Faszination, die mich 1982 hierher gezogen hatte, war längst langweiliger Gewohnheit und alltäglicher Mittelschichtroutine gewichen: Arbeit, Rechnungen und Freizeitstress am Wochenende. Ich konnte nicht einmal sagen, ob mir der Ort gefiel oder nicht. Australien erschien mir angenehm, sonnig und ein bisschen spießig, aber emotional fühlte ich mich nicht daran gebunden.

Die Jahre zogen ins Land. Stets hatte ich den Gedanken im Hinterkopf, eines Tages in die Staaten, in meine Heimat Neuengland, zurückzukehren – aber eben noch nicht gleich. Eines Tages aber stand ich an einem dieser Scheidewege im Leben, an denen man innehalten und Bilanz ziehen muss. Und so stellte ich folgende Überlegungen an. Ich würde bald 38 Jahre alt werden. Wenn ich wirklich nach Amerika zurückkehren wollte, sollte ich es jetzt tun. Wenn ich aber in Australien bleiben wollte, musste ich eine andere Motivation für mein Hiersein finden als achselzuckendes Desinteresse.

Als ich Australiens Vorzüge und Nachteile gegeneinander abwägte, stellte ich fest, dass ich erstaunlich wenig über das Land wusste. Sicher, ich war ein wenig herumgereist, aber immer nur im Auftrag von Zeitungen oder Magazinen. Ziel war stets eine der Hauptstädte der sieben australischen Staaten gewesen. In meiner Hast, diese beruflichen Trips immer möglichst schnell hinter mich zu bringen, hatte ich mir kein einziges Mal die Zeit genommen, zu verweilen und den Duft der Gerberakazien einzusaugen – ich wusste nach 15 Jahren noch nicht einmal genau, ob die Nationalpflanze überhaupt einen Geruch hatte –, die Stimme des Volkes zu hören oder den Rhythmus des Landes zu spüren.

Und so hatte ich beschlossen, mich auf den Weg zu machen, um Antworten zu finden und meinem Leben wieder Sinn und Zweck zu verleihen. Im Morgengrauen würde ich auf mein 21-Gang-Tourenfahrrad steigen, die Stadt hinter mir lassen und nordwärts Richtung Tropen fahren. Die Reise würde mich im Gegenuhrzeigersinn einmal ganz um den australischen Kontinent herumführen.

Für das Fahrrad hatte ich mich entschieden, weil es mir so etwas wie eine urtümliche Freiheit verlieh. Allein durch Körperkraft betrieben, kam es nur langsam vorwärts. Auf diese Weise konnte ich alles, was ich auf meinem Weg sah, hörte und roch, mit allen Sinnen in mich aufnehmen. Ich sehnte mich nach dieser Unmittelbarkeit. Ich wollte Australien am eigenen Leibe erfahren und nicht durch die verschmierte Windschutzscheibe einer klimatisierten Karosse erahnen. Außerdem kam das Fahrrad auch meiner finanziellen Lage sehr entgegen. Nachdem ich meinen ziemlich guten Job beim *Time Magazine* Hals über Kopf gekündigt hatte, war ich nun glorreich arbeitslos und verfügte wie Mark Twains Huckleberry Finn über „ein lästiges Übermaß an der Sorte Zeit, die *nicht* Geld ist". Ich würde allein reisen. Alles was ich brauchte, war in meinen Satteltaschen verstaut. Nachts würde ich im Zelt schlafen, und mit Lebensmitteln würde ich mich in Geschäften unterwegs eindecken. Ich wollte keinem festen Programm folgen. Einziger Vorsatz war, mit äußerster Behutsamkeit vorzugehen und mich Australiens ureigenem Rhythmus anzupassen. Mein Ziel war es, irgendwie mit diesem Land ins Reine zu kommen, in dem ich all die Jahre wie ein Fremder gelebt hatte.

So jedenfalls hatte ich mir das vor Wochen vorgestellt, als das ganze Projekt nichts weiter gewesen war als ein über Hochglanzstraßenkarten geträumter Tagtraum im Büro. Es war mir durch und durch vernünftig erschienen, ja sogar auf eine schelmische Weise edelmütig. Aber jetzt, in der Nacht vor dem Reiseantritt, nachdem ich meinen Job gekündigt und mich von allen verabschiedet hatte, erschien mir dieses Kündigungsschreiben in einer Welt voller Arbeitslosigkeit plötzlich aberwitzig und das ganze Projekt vollkommen übergeschnappt. Ich war körperlich nicht gerade besonders fit, nicht mehr sehr jung, und als Journalist und Schreibtischtäter brachte ich mit einer Körpergröße von über ein Meter achtzig satte neunzig Kilo auf die Waage. Seit Jahren war ich nicht mehr im Campingurlaub gewesen. Ich war noch nie im Outback gewesen und hatte mich nie sonderlich weit über die Stadtgrenzen hinaus bewegt. Was ich über das weite Land jenseits des Meeres aus roten Ziegeldächern wusste, passte bequem auf einen Bierdeckel.

Die Bars schlossen nach und nach, und auf den Straßen kehrte Ruhe ein. Einmal war noch das Geräusch von Reifen auf Asphalt zu hören – wahrscheinlich ein Taxi – und dann ausgelassenes Gelächter, vielleicht von Seeleuten, die im Rotlichtbezirk in der Darlinghurst Street gewesen und nun auf dem Weg zurück zum Hafen waren. Später hörte ich eine männliche Stimme klagen: „Bill! Oh Bill! Bill!" Die Verzweiflung hallte durch die nächtlichen Straßen. Über der Frage, ob Bill wohl sein Gefährte oder sein Hund war, schlief ich schließlich doch noch ein.

Als ich aufwachte, drang schwaches Tageslicht ins Zimmer. Es war gerade hell genug, dass ich mein Fahrrad und den Haufen aus Satteltaschen, Wasserflaschen und Campingausrüstung an der gegenüberliegenden Wand ausmachen konnte. Es war kurz nach sechs. Zeit aufzubrechen.

KAPITEL 1

Ein wackeliges Vehikel

DIE STIMME DES VOLKES hörte ich bereits, als ich mich aus Sydney durch das Gewirr der Vorstädte hinaus schlängelte. Eine verbeulte Kingswood-Limousine überfuhr eine rote Ampel und schoss direkt auf mich zu. Am Steuer saß eine Vogelscheuche mittleren Alters, die aussah wie Aschenputtels Stiefmutter, wenn ihr Friseur auf Urlaub ist. Sie verfehlte mich um Haaresbreite, riss eine ihrer Klauen vom Lenkrad und zeigte mir den Mittelfinger. Dann schrie sie mit einer Stimme, bei der jede Seemöwe vor Neid erblasst wäre: „Arschloch!" In ihrem Mundwinkel klemmte eine brennende Zigarettenkippe.

Diese Beinahe-Todeserfahrung – übrigens nur der erste von vielen Adrenalinstößen, die mir im Sattel widerfahren sollten – beraubte mich einer lang gehegten Illusion. Ich hatte Reiseschriftsteller stets um die eloquente Leichtigkeit beneidet, mit der sie ihre Abreise beschrieben: ein kleiner Schubs, und schon dreht sich der Globus. Über London oder Manhattan liegt eben noch herbstliche Melancholie, und zwei Seiten später schon lebt man in einem reizenden Bauerndorf in Umbrien oder lässt mit einer Fahrt auf einem Perlenlogger durch die Molukken Joseph Conrad eine literarische Huldigung zuteil werden. Ihre glattzüngige Prosa vermittelt den Eindruck, als sei alles unglaublich einfach. Pack dein Zeug, such die Sonne, und los geht's. Geld, Visa und malerische Dörfchen fallen dir dann ganz wie von selbst in den Schoß.

Vielleicht funktioniert es für sie tatsächlich so. Ich würde ganz anders anfangen. Mit einem grauen verwahrlosten Trottoir an einem totenstillen Sonntagmorgen, wenn noch alle Welt schläft. Voller nagender Zweifel und Unsicherheit und dem Gedanken: Was in aller Welt soll das alles?

Die Wirklichkeit setzte ein, als ich mein Fahrrad belud: je zwei Packtaschen an Vorder- und Hinterrad, eine Lenkertasche, eine Isomatte, ein Ersatzreifen und vier Wasserflaschen. Versuchsweise stellte ich das Rad auf und war ebenso fasziniert wie bestürzt von seinem Gewicht und dem viel zu hohen Schwerpunkt. Ich konnte mir kaum vorstellen, dass überhaupt jemand – geschweige denn ich selbst – auf die Idee kommen konnte, damit quer über den ganzen Kontinent 4000 Meilen[1] nach Darwin zu radeln.

Ich schwang mich in den Sattel und trat vorsichtig in die Pedale. Das Rad fuhr sich überraschend leicht. Ich schaltete hoch und glitt durch die ruhigen Straßen. Das voll beladene Gefährt blieb sauber in der Spur. Nur der Form halber ließ ich die Hände am Lenker.

Zunächst fuhr ich die lange, kurvige Abfahrt nach Woolloomooloo Bay hinunter. Es war kaum jemand unterwegs, bis auf ein paar Taxis und einem versprengten Nachtvogel, der noch nicht nach Hause gefunden hatte. Ich radelte am Hafen vorbei, an der ruhig daliegenden Marinewerft, wo hell erleuchtet ein riesiges Schlachtschiff, die *HMS Darwin*, festgemacht war, dann durch den Park in Mrs. Macquarie's Point. Es war kurz vor Sonnenaufgang. In der Neutral Bay blinkten Lichter, und das Wasser im Hafenbecken schimmerte in einem stumpfen metallischen Graublau. Locker in die Pedale tretend, fuhr ich die Allee aus riesigen Moreton-Bay-Feigenbäumen entlang, die im dämmrigen Morgenlicht ihre Schatten auf mich

---

[1] Obwohl in Australien Entfernungen in Kilometern gemessen werden, wurde hier die Angabe in Meilen belassen. Roff Smith denkt als Amerikaner in Meilen. Er legt auf seiner Reise durch Australien genau 10 000 Meilen zurück, und 100 Meilen sind für ihn eine magische Grenze als Tagespensum (1 Meile = 1,61 Kilometer (Anm. d. Übers.).

warfen. Es schien mir, als könnte ich die Freiheit der Straße schmecken, die sich vor mir ausdehnte.

Während die ersten Sonnenstrahlen auf die schlafende Stadt fielen und ihre Skyline aus Glas und Stahl von den nächtlichen Schatten erlösten, passierte ich den Botanischen Garten und radelte um das ruhige Wasser von Farm Cove auf die Oper zu. Sanft goldenes Licht tanzte auf den Stahlseilen der Harbour Bridge und verlieh ihren massiven Pylonen Kontur. Die Oper schimmerte wie eine Perle. Ein Schwarm Seemöwen stob vor mir auf, ihre Flügel blitzten weiß in der Sonne.

In diesem Moment wurde mir schlagartig klar, warum die Menschen Sydney lieben. Die Stadt ist luftig, knallig und strotzt vor ansteckendem Optimismus. Ein Blick an einem strahlenden Morgen über das rote Dächermeer der Spanischen Mission am nördlichen Hafen, ein tiefer Zug frische Seeluft, und man hält schier alles für möglich. Wenn Sie nicht ohnehin schon Topmanager sind, Ihr Drehbuch schon verfilmt ist oder Sie auf dem Titelbild der Vogue abgebildet sind – jetzt kann es jeden Augenblick geschehen.

Der Circular Quay war gerade im Begriff, zum Leben zu erwachen. Frühmorgendliche Jogger und Walker verbrannten Kalorien, Touristen machten Fotos von Oper und Harbour Bridge im Sonnenaufgang, und die übliche kunterbunte Gesellschaft aus Jongleuren, Straßenmusikanten, Dudelsackbläsern, Straßenkünstlern und Clowns machte sich warm für einen neuen Tag und ein neues Publikum. Ich griff in die Bremsen und brachte mein 25 Kilo schweres Ungetüm von einem Tourenrad vor der Fähranlegestelle sanft zum Stehen.

An dieser Stelle musste ich zum ersten Mal auf meiner Reise eine Entscheidung treffen. Ich konnte entweder hier mit dem Schiff über den Hafen übersetzen oder durch Sydneys Altstadtviertel, The Rocks, fahren und die Harbour Bridge überqueren. Mir gefiel die Vorstellung, meine Odyssee mit einer Fahrt über die Brücke zu beginnen. Ihre Pylonen würden mich wie ein Tor nach Norden auf den Pacific Highway in mein Abenteuer entlassen, während der herrliche Hafen sich unter mir in all seiner Pracht ausbreitete. Ein paar eher praktische Überlegungen ließen mich aber dann doch die Fähre wählen.

Für Ungeübte ist der Pacific Highway ein Albtraum; er ist schmal, voller Schlaglöcher und stark befahren. Es ist eine der wichtigsten LKW-

Trassen in Australien, eine 600 Meilen lange Feuerlinie von Sydney nach Brisbane. Wer in Sydney wohnt, hört fast jeden Morgen im Radio von einem schrecklichen Unfall irgendwo auf dieser Strecke. Hinzu kommt, dass die Straße, ungeachtet ihres viel versprechenden Namens, durch ödes Hinterland führt. Es gab für mich also überhaupt keinen vernünftigen Grund, diesen Weg zu wählen. Ich beschloss, die Stadt in westlicher Richtung über die Blue Mountains zu verlassen. Dann würde ich nordwärts über das Weideland der New England Range fahren, um nahe der Grenze zu Queensland wieder an die Küste zu stoßen. Vorteil dieser Route war, dass ich doch noch die Harbour Bridge überqueren konnte. Anschließend hätte ich jederzeit die Möglichkeit, vom Highway abzufahren und mir einen Weg durch das Labyrinth der Gassen von Milson's Point und Nord-Sydney zu bahnen und so Richtung Westen zu gelangen.

Auf dem Weg von der Elizabeth Bay zum Kai kam mir allerdings ein weiterer Gedanke. Ein voll beladenes Fahrrad ist schwer. Und um auf den Fußweg über die Brücke zu gelangen, musste man erst einmal 266 Stufen überwinden. Das würde ein böses Stück Arbeit werden, das schwere Gerät die Stufen hinauf – und wieder hinunter – zu schleppen. Die Fähre wurde mir immer sympathischer.

Ich kaufte ein Ticket nach Hunters Hill, einem wohlhabenden Vorort auf einer grünen Halbinsel ein paar Meilen westlich der Innenstadt. Die Fähre hatte gerade abgelegt. Ganz klein sah ich noch das gelbgrüne Schiff unter der Brücke auf die schäbige Hafenfront des Luna Park zusteuern. Die gigantische Clownsmaske des Vergnügungsparks grinste über den Hafen zu mir herüber.

Die nächste Fähre würde erst in 40 Minuten ablegen. Ich lehnte das Rad an eine Böschungsmauer und setzte mich mit dem Blick auf die Skyline der Stadt auf den von der Sonne aufgewärmten Beton. Die glitzernden Reflexe auf der Spiegelfassade des National Mutual Building sprangen mir ins Auge und wärmten mein Gesicht. Ich überlegte, dass dieses Gebäude erst nach meiner Ankunft hier entstanden war. Dann begann ich die anderen Bauten aufzuzählen, die errichtet worden waren, seit ich Sydney 1982 erstmals gesehen hatte. Neben dem National Mutual Building erhoben sich das Renaissance Building, die ANA Towers, lag Grosvenor Square und noch viele weitere, deren Namen ich nicht kannte. Es mochten noch mehr neue darunter sein, ich war mir aber nicht sicher. Viel Wasser war unter der Brücke durchgeflossen, seit ich hier mit meinem druckfrischen amerikanischen Pass eingeflogen war. Die Stadt hatte sich ebenso wie ich in all den Jahren stark verändert. Konturen waren verwischt. Es war kaum noch nachvollziehbar, wie wir beide damals wirklich gewesen waren.

Passanten fiel mein voll beladenes Tourenrad auf. Einige blieben stehen, um mich zu fragen, wohin ich führe, und wünschten mir Glück. Das ist das Schöne am Fahrrad Fahren: Man strahlt eine gewisse Schutzlosigkeit aus, die Fremden sofort Vertrauen einflößt. Auf diese Weise gerät man rasch ins Gespräch, ohne die üblichen Schutzmechanismen der Stadtmenschen überwinden zu müssen. Möglichst lassig und cool gab ich meine Story von der Kontinentumrundung zum Besten. In Wirklichkeit aber fühlte ich mich wie ein Aufschneider, mit meiner niegelnagelneuen Ausrüstung und meiner Büroblässe. Ich war mir nicht sicher, ob mir jemand glauben würde. Aber tatsächlich. Nur die blitzblanke Schlafsackrolle auf meinem hinteren Gepäckträger ärgerte mich jetzt. Ich hätte sie vor Fahrtantritt unbedingt ein wenig eindrecken sollen.

Mein Vorhaben, Australien mit dem Fahrrad zu umrunden, war ungewöhnlich, aber keineswegs einzigartig. Der Erste, der es getan hatte, war ein Abenteurer namens Arthur Richardson. Er war im Juni 1899 in Perth gestartet und hatte seine Reise – die unter dem Titel *Story of a Remarkable Ride* nachzulesen ist – acht Monate später beendet. Eine Reihe von Langstreckenradlern hatten in diesen frühen Tagen Australien bereist und ihre Erfahrungen in trockenen Reisetagebüchern verewigt. Richardson hatte bereits 1896 zum ersten Mal die Nullarbor Plain mit dem Fahrrad durchquert, und das in nur 31 Tagen. Entlang einem kaum mehr erkennbaren Kamelpfad war er von Coolgardie nach Adelaide gefahren. 1893 war Percy Armstrong von Croydon (im Norden von Queensland) innerhalb von sechs Wochen über alte Versorgungsstraßen nach Sydney geradelt. 1895 war eine wackere Abenteurerin namens Sarah Maddock mit dem Fahrrad über einen steinigen Küstenpfad von Sydney nach Brisbane und zurück gefahren. Damit schlug sie ihren eigenen Rekord, denn zwei Jahre zuvor hatte sie diese Reise in einfacher Richtung bereits von Sydney nach Bega unternommen.

Fahrräder wirken natürlich weitaus weniger romantisch als eine Kamelkarawane oder edle Pferde. Der Dichter und Kolumnist Andrew

Barton „Banjo" Paterson widmete dem „Fahrradwahn" 1896 sogar eigens ein Spottlied: „Mulga Bill's Bicycle". Nichtsdestotrotz spielte das bescheidene Vehikel eine entscheidende Rolle bei der Erschließung des Outback. Fahrräder brauchen kein Wasser und sind leicht zu reparieren. Auf diese Weise wurden sie zum bevorzugten Transportmittel all derjenigen, die aus beruflichen Gründen große Entfernungen im trockenen Buschland zurücklegen mussten: Scherer, Goldsucher, Vertreter, Prediger und Handelsreisende. „Es ist schon erstaunlich, an welch abgelegenen Orten man diese Reifenspuren findet", schrieb der australische Zeitungskorrespondent Charles Edwin Woodrow Bean in seinem um die Jahrhundertwende erschienen Klassiker über den Outback *On the Wool Track.* „Sie zogen sich durch das Herz Australiens. Wir entdeckten sie sogar an den einsamsten und kärgsten Orten, etwa mitten in der Sahara. Überall wohin der Mensch gelangte, wurden Fahrräder gefahren, geschoben, gezogen oder geschleppt, auch dort wo der Mensch nicht mehr sicher war. Das Fahrrad kam durch – wenn der Mensch durchkam."

Dass die Schafschur begonnen hatte, merkte man daran, so Bean, dass immer mehr Fahrräder im Busch unterwegs waren. „Der Scherer trat diese Reise genauso an, als ob er von Sydney nach Parramatta fahren würde. Er erkundigte sich nach dem Weg, zündete seine Pfeife an, schwang sein Bein über den Sattel und fuhr davon. Für genau die selbe Fahrt hätte ein Durchschnittseuropäer damals wahrscheinlich die komplette Ausrüstung mit Kompass, Packpferden, Puggaree[2], Sonnenbrille und Feldstecher benötigt. Für die australischen Ureinwohner war es ein Spaziergang. Stammte der Scherer aus der Stadt, was häufig der Fall war, machte er sich im schwarzen Mantel und Bowler auf den Weg, als ob er zum Tee zu seiner Tante gehen würde."

Ich befand mich also in feiner Gesellschaft. Allerdings hatten diese hart gesottenen, Pfeife rauchenden Radler an einem Tag oft 100 Meilen querfeldein durch dorniges Buschland zurückgelegt, und das auf abgefahrenen Reifen, die mangels Luftpumpe mit Stricken oder toten Schlangen voll gestopft waren. Radfahrer waren hart im Nehmen seinerzeit; Ms. Maddock hatte auf ihrer Reise nach Brisbane 80 Meilen am Tag geschafft. Ich

[2] Ein leichter Schal, um einen Sonnenhut gewickelt.

wäre überglücklich gewesen, wenn ich nur die Hälfte davon erreicht hätte – auf Straßen, die wesentlich besser waren als alles, was sie damals gesehen hatte –, zumindest bis ich meine Radlerbeine entdeckte.

Als die *Scarborough* am Kai Fünf anlegte, war der Circular Quay bereits voller Wochenendausflügler, die zum Zoo, zum Strand in Manly oder mit dem schnellen Katamaran zum Darling Harbour hinaus wollten. Touristen standen an, um mit Paddelboot, Windjammer oder Ausflugsdampfer auf Sightseeingtour zu gehen. Die Menschenmenge schob sich langsam voran. Die überfüllten Cafés am Wasser verkauften überteuerten Cappuccino und Croissants an Gäste, die die Preise in US-Dollar, Pfund oder Yen umrechneten. Etwas weiter entfernt an der Böschungsmauer stand ein ausgezehrter Stadtstreicher, der mir einen missgünstigen Blick aus seinen wässrigen Augen zuwarf, so als ob ich sein Revier verletzt hätte und er gleich etwas dagegen zu unternehmen gedächte.

Ein Decksmann kam polternd die Planke herunter, gefolgt von einer Traube Neuankömmlingen mit bunten T-Shirts und sonnigen Erwartungen, die sich auf den Kai ergoss. Als der letzte an Land gegangen war, schob ich mein Fahrrad die Rampe hoch und ergatterte einen Platz am Bug. Ein paar Minuten später lösten die *Scarborough* und ich unsere Vertäuung zu Sydney und legten ab – die Fähre, um in 40 Minuten wiederzukommen, ich, um viele Monate wegzubleiben. Als wir unter der Brücke hindurch glitten, erwischte ich mich dabei, wie ich wehmütig nach dem Gebäude in Milson's Point Ausschau hielt, in dem das australische Büro meines – seit kurzem ehemaligen – Arbeitgebers, des *Time Magazine*, untergebracht war. Bis vor ein paar Wochen war ich jemand gewesen, ein Name, ein Gesicht, eine Nummer auf einer Gehaltsliste. Ich dachte an die Kollegen, mit denen ich in Elizabeth Bay zusammen gewohnt hatte, und stellte mir vor, wie sie jetzt bei der zweiten Tasse Kaffee saßen, die Sonntagszeitung lasen oder irgendwohin zum Mittagessen gingen, bevor sie wieder in die warme, unantastbare Vertrautheit ihrer vier Wände zurückkehrten. Ich sah sie im Geiste bei der Hausarbeit, beim Gemüseschneiden fürs Abendessen, beim Nachrichtensehen, beim Verschließen aller psychischen Luken für eine neue Woche im Büro. Statt darüber nachzudenken, wo ich an diesem Tag übernachten würde – oder am nächsten oder übernächsten –, versuchte ich, mir die schelmenhafte Freiheit des Outbacks vorzustellen. Den frühmorgendlichen Aufbruch, die Straße, die sich weit vor mir erstreckt, die beleuchteten Buschcamps, den sternenübersäten Nachthimmel.

Der knallbunte Clown mit dem breiten Grinsen am Luna Park sagte: Pah!

Die *Scarborough* glitt unter der Harbour Bridge hindurch, vorbei an der grünen Halbinsel von McMahon's Point am nördlichen Ufer und den schäbigen Docks und Verladekränen am südlichen Ufer, und nahm dann Kurs auf Hunters Hill. Valencia Street Landing wirkt beinahe ländlich mit seinen Schatten spendenden Gummibäumen und der sorgfältig angelegten Parklandschaft, dabei liegt es in Sichtweite von Kais, Kränen und Frachtern. Sydneys Nordufer gelingt es irgendwie, zu alledem Distanz zu halten. Von hier aus wirken die hässlichen Docks wie ein gekonnt angelegtes exklusives Landschaftsmerkmal, wie das auf schick gestylte Panorama eines echten funktionierenden Hafens.

Ich ließ mich die Landungsbrücke hinunter auf die Valencia Street rollen, eine ruhige Durchfahrtsstraße mit Häusern der gehobenen Mittelklasse, abgeschirmt durch sauber getrimmte Hecken. Auf dem Weg durch die Nebenstraßen dieser gut betuchten Gegend gewöhnte ich mich langsam an das Gewicht des Fahrrads und trat entschlossener in die Pedale. In einer Auffahrt erhaschte ich einen Blick auf einen Rolls Royce, ein älteres Modell, in gediegenem Burgunderrot, der in der Sonne stand. Doch die wohl geordnete Beschaulichkeit währte nicht lange. Nur ein paar Meilen hinter der Valencia Street verschluckte mich das Chaos der Victoria Road, der stets verstopften Lebensader, die sich mitten durch die wuchernden Vorstädte im Westen von Sydney schlängelt.

Wie man es auch dreht und wendet, es gibt keinen einfachen Weg aus Sydney hinaus. Die Australier betrachten ein Häuschen mit Garten als Geburtsrecht, und so klatschen sie einfach immer wieder neue Vorstädte an die ausufernden Stadtränder. Hochhäuser gibt es hier keine. Die Folge ist, dass Sydney eine Fläche bedeckt, die neun Mal so groß ist wie Paris. Die aggressive Raserei auf dem Pacific Highway hatte ich umgangen. Dennoch blieb mir vieles nicht erspart: lebensgefährliche Straßen, schimpfende

Autofahrer, unübersichtliche Kreuzungen, LKW-Trassen durch die Stadt und immer wieder Busabgase. Der Moloch erstreckt sich fast 50 Meilen in westlicher Richtung, bis hin zum Fuß der Blue Mountains.

Ich war kaum eine Meile weit gekommen, da packten mich bereits ernsthafte Zweifel an meiner Streckenplanung. Der Fahrer eines Lieferwagens bretterte so dicht an mir vorbei, dass mir sein Rückspiegel einen heftigen Stoß versetzte. Ich eierte von der Straße und landete zufällig direkt auf dem Parkplatz eines McDonald's. Mein Mund war zu einem stummen Schrei aufgerissen, meine Hände zitterten, und im Nacken stand mir der kalte Schweiß. Okay, Zeit fürs Mittagessen! Immer noch zitternd ließ ich mir viel Zeit für einen Hamburger und eine Cola. Vielleicht würde der Verkehr gegen Nachmittag ja etwas nachlassen.

Einzige Folge der Bummelei war, dass ich pünktlich zum Ende eines Rugby-Spiels in Parramatta eintraf. Der Sport ist Religion in New South Wales, aber wenn diese Kirche aus ist, geht man nicht unbedingt hin in Frieden. Autos mit flatternden bunten Fanschals an den Fenstern rauschten an mir vorbei. Die Fahrer verliehen entweder ihrer Begeisterung mit Jubel und Bleifuß Ausdruck, oder aber sie verschanzten sich mit grimmigen Rachegedanken hinter ihren Lenkrädern, gleichsam auf der Suche nach potenziellen Opfern. Ich hielt den Atem an und ließ mich mit dem Verkehr an den hohen Sandsteinmauern des alten Gefängnisses von Parramatta entlangtreiben, um dann Richtung Windsor weiterzufahren.

Als ich an diesem Morgen aufgebrochen war, hatte ich voller Optimismus geglaubt, ich würde die erste Nacht irgendwo westlich von Windsor verbringen. Es war inzwischen klar, dass ich das auf gar keinen Fall schaffen würde. Die Sonne sandte ihre Strahlen bereits schräg durch die Baumkronen, und der durchscheinende Himmel kündete von der nahen Dämmerung. Ich war gerade einmal bis Parramatta gekommen. Eine ganze Reihe von Vorstädten lag noch vor mir.

Müde von der Anstrengung und sattelgeschädigt radelte ich weiter. Eine halbe Stunde später schalteten die vorsichtigeren unter den Fahrern bereits ihre Scheinwerfer ein. Beim Anblick der im Dunkel verschwindenden Rücklichter musste ich an Heim und Herd und einen gedeckten Tisch denken. Jetzt fuhr ich auf dem Seitenstreifen über harte Kiesel. Immer wieder geriet ich in Spurrillen, die ich im schlechten Licht nicht mehr rechtzeitig sehen konnte. Es wurde immer dunkler. Die Scheinwerfer der Autos blendeten mich. Hätte ich mehr Erfahrung mit dem Leben auf der Straße gehabt, hätte ich mich einfach in die Büsche geschlagen, hätte mir in denselben ein gut von der Straße abgeschirmtes Plätzchen gesucht, mich noch ein wenig darüber geärgert, dass ich in den Vorstädten hängen geblieben war, und mein Nachtlager aufgeschlagen. Und wenn mich jemand aufgeweckt hätte – Pech für ihn. Aber ich hatte keine Ahnung. Ich verbrachte die Nacht in einem Motel irgendwo westlich von Baulkham Hills.

KAPITEL 2

Der Fluchtweg

MEIN ERSTER SONNENAUFGANG auf der Straße war begleitet von einem gleißenden Lichtstrahl, der durch die Vorhänge des billigen Motelzimmers drang, und dem gedämpften Rauschen des Montag-Morgen-Verkehrs auf der Windsor Road. Dreißig Meilen hatte ich also bis hierher geschafft, weitere 9970 lagen noch vor mir. Ich lag in meinem verknitterten Laken und ließ die letzten albtraumhaften Meilen des vergangenen Tages Revue passieren. Die blendenden Scheinwerfer der entgegenkommenden Fahrzeuge, die im Dunkeln tückischen Seitenstreifen des Highways, die Autos, die alle paar Sekunden direkt an mir vorbei zischten. Nie wieder nachts fahren!

Aber wer konnte schon ahnen, was der neue Tag bringen würde? Ächzend kletterte ich aus dem Bett und goss mir aus den Tütchen, die die Motelleitung auf dem Fernseher bereitgestellt hatte, eine Tasse lauwarmen Instantkaffee auf. Er roch nach Salpeter. Vorsichtig nahm ich ein paar abscheulich schmeckende Schlucke und spuckte den Satz ins Waschbecken. Dann nahm ich eine heiße Dusche in der Hoffnung, die verspannten Knubbel in meinen Schultern zu lösen. Beim gestrigen Spießrutenlauf durch den Verkehr hatte ich mich wohl allzu verzweifelt an meinen Lenker geklammert.

Der Verkehr brummte unvermindert heftig, als ich knapp eine Stunde später meine Fahrt wieder aufnahm. Die Morgenluft war sanft und kühl, es war wie eine Schwarzweißkopie des Vortages – nur ohne glitzernden Hafen. Stattdessen triste Plattenbauten, die aussahen, als seien sie nach dem letzten Regen in die Höhe geschossen. Je mehr Meilen ich zurücklegte, desto mehr hatte ich das Gefühl, mich aus dem Gravitationsfeld Sydneys zu befreien. Der Verkehr ließ nach. Die Felder um die Häuser herum wurden größer. In den Vorgärten einiger älterer Häuser wurden auf handbemalten Schildern selbst angebaute Tomaten, Kürbisse oder frische Eier feilgeboten.

Für ein paar weitere Stunden Anstrengung belohnte mich ein Bergblick über Windsor, ein hübsches, sehr britisches Dorf am Ufer des Hawkesbury River. Die *Sydneysiders*, die Bewohner von Sydney, reden heute nicht gerne darüber, aber vor zweihundert Jahren war ihre Stadt nichts weiter als eine bettelarme Verwandte von Parramatta oder Windsor, damals florierende Farmstädte am Hawkesbury. All das ist heute nur noch eine vage Erinnerung; Sydneys gierige Ränder haben Parramatta schon längst umschwommen wie eine Amöbe ihre Nahrung. Windsor dagegen hat sich seinen ländlichen Charakter bewahrt. Zudem strahlt es eine gewisse Noblesse aus, die den Städtern gefällt. Sie kaufen hier Farmen zu ihrem Wochenendvergnügen. Als ich durch die Straßen von Windsor fuhr, an dem eleganten alten Gerichtsgebäude vorbei, hatte ich das Gefühl, Sydney endgültig hinter mir gelassen zu haben. Voller Euphorie, endlich auf dem Land angekommen zu sein, überquerte ich den Hawkesbury und verließ auf einer ruhigen sonnigen Landstraße den Ort.

Es gäbe sicherlich eine Menge darüber zu sagen, wie man auf der Straße fit wird, aber mir fällt nicht recht ein was. Als ich mir meine Reise anhand der Karte über meinem Schreibtisch zusammenträumte, dachte ich mir eine dünne rote Linie entlang der Great Dividing Range, meinen Fluchtweg, der Richtung Westen und Norden führen würde. Die Strecke heißt Old Putty Road und zieht sich über fast 100 Meilen durch die einsame Wildnis des Wollemi National Park bis Singleton. Ich erwartete ein paar Hügel und Steigungen – immerhin würde ich das Australische Bergland überqueren –, aber andererseits waren wir ja hier nicht in den Rocky Mountains. Das Küstengebirge in diesem Teil der Range ist keine 2000 Meter hoch. Man kann sie vom Centrepoint Tower in Sydney aus sehen, die bläulich-grauen Hügel, verwischt im Dunst des Eukalyptusöls, der aus den dichten Wäldern aus Gummibäumen aufsteigt. Also kein Grund zur Sorge.

Wäre ich so klug gewesen, vor meiner Reise in den Busch ein Geschichtsbuch zu konsultieren, hätte ich erfahren, dass die frühen Entdecker 25 Jahre brauchten, um diese Berge zu überwinden, weil sie so schroff, wild und unwirtlich sind. So aber bewahrheitete sich an mir wieder einmal das alte Sprichwort: Wer nicht aus der Geschichte lernt, ist dazu verdammt, sie zu wiederholen. Am Nachmittag bereits war meine Lernkurve in Bezug auf die Region westlich von Sydney ebenso steil wie der Hügel, den ich neben meinem Fahrrad hochtrottete.

Als ich glücklich schweißtriefend und mit hochrotem Kopf den Scheitelpunkt erreicht hatte, stellte ich mein Rad ab, nahm einen mächtigen Schluck aus der Wasserflasche und holte meine Karte heraus. Ich hatte etwa die Breite eines Daumennagels auf der Old Putty Road hinter mich gebracht. Rund eineinhalb Zentimeter hatte ich noch vor mir, die ich in drei Tagen schaffen könnte, aber nur wenn ich mich ebenso abplagte wie heute. Und dann wäre ich erst in Singleton; zwei Stunden Fahrt für jeden neunmalklugen Großstädter, der den Highway nach Newcastle nimmt und dann Richtung Landesinnere abbiegt. Mein Mut sank. 10 000 Meilen wollte ich fahren? Die Bänder in meinem rechten Knie vibrierten jetzt schon wie Gitarrensaiten. Ich dachte an all die Leute, vor denen ich mit meinem großen Abenteuer geprahlt hatte. Als frühesten akzeptablen Punkt für eine eventuelle Aufgabe meines Unternehmen hatte ich Darwin auserkoren – und bis dahin waren es auch noch 3900 Meilen. Vom höchsten Punkt dieses ersten schweißtreibenden Aufstiegs schienen Broome, Carnarvon und die Nullarbor Plain ebenso weit und unerreichbar wie das Kreuz des Südens.

KAPITEL 3

Eine Begegnung der besonderen Art

DIE NÄCHSTEN 350 Meilen überwand ich nur dank meinem angeborenen Yankee-Dickschädel. Schnaufend und keuchend quälte ich mich die Steigungen hinauf, während die Bänder in meinem rechten Knie zu den Umdrehungen des Pedals im Takt pulsierten. Trotz allen Ungemachs brachte ich täglich 30 bis 40 Meilen hinter mich. Regelmäßig hielt ich an, um mein Knie zu kühlen – mit Eis, das ich in Pubs bekam, oder Paketen mit gefrorenen Erbsen, die ich in Lebensmittelläden erstand.

Verlassene Eisenbahnstädte wie Quirindi und Werris Creek, die auf meinem Weg lagen, erschienen mir wie schlimme Träume. Als ich Tamworth erreichte, regnete es kalt und schräg. Ein paar Schneeflocken tanzten im Wind, als ich über das Hochplateau auf Armidale zu radelte. Dann folgte die Regenwaldstadt Dorrigo, die in Hochnebel gehüllt war, und schließlich steuerte ich durch die Berge wieder zurück zur Küste. Auf der kurvenreichen Abfahrt, die bis Coffs Harbour hinunter 600 Höhenmeter überwand, liefen meine Bremsen heiß.

Hier unten war es wärmer, schwüler. Über den Bananenplantagen auf den Berghängen und kleinen Hotels am Meer türmten sich dunkelviolette

Gewitterwolken. Ich setzte mich ans Ende des Piers und sah zu, wie die Fischerboote entladen wurden. Aus den Bergen krachte tiefes Donnergrollen, und ich empfand es plötzlich als angenehm, eine gewisse Distanz zwischen Sydney und mich gelegt zu haben. Doch mehr war es nicht. Ein magerer Lohn für so viel Mühe, Angst und Schmerzen. Ich weiß nicht genau, was ich erwartet hatte: jähe Anfälle von Erkenntnis, einen nicht abreißenden Strom interessanter Begegnungen und bedeutungsvoller Erfahrungen, die mir Australien nach 15 Jahren endlich erschöpfend und allumfassend erschlossen. Natürlich passierte nichts von alledem. Mann, ich hatte noch nicht mal Spaß dabei. Es war nichts weiter als eine einzige endlose Plackerei. „Reisen ist das Paradies der Dummen", hatte Emerson in seinem Aufsatz *Self-Reliance* geschrieben. Nach 14 Tagen auf der Straße war ich geneigt, ihm zuzustimmen.

Ich fuhr weiter und erreichte zwei Tage später Grafton. Die lange, schmale Brücke über den Clarence River überquerte ich mit einen Viehtransporter im Nacken. Ich spürte ihn direkt an meinem Hinterrad, ebenso die schwelende Ungeduld, die vom Fahrer ausging. Meine Ohren leuchteten rot vor Groll, ein wenig auf ihn, aber vor allem auf mich selbst. Ich hatte genug. An der Ecke Fitzroy und Prince Street machte ich Halt. Ich war ausgepumpt, und dieser Schwachsinn führt zu gar nichts. Ich kam mir wie ein Idiot vor, als ich mich auf eine Bank am Straßenrand fallen ließ, kaputt und niedergeschlagen wie nie in meinem Leben. Eine halbe Stunde später saß ich immer noch da und versuchte, mein Blatt neu zu sortieren. Da sah ich ihn.

Er kam vom Fluss herauf die Prince Street entlanggeschlendert. Ich weiß gar nicht, warum er mir überhaupt auffiel. Er war ein verwahrloster Typ wie viele andere und trug einen Seesack über der Schulter. Wahrscheinlich kam er aus Nimbin, einer als Drogenmekka bekannten Stadt ein Stück weiter die Bahnlinie entlang. Es war viel los zu dieser Tageszeit – Grafton hat immerhin 20 000 Einwohner –, und die Trottoirs waren voller Menschen. Er war nichts weiter als irgendwer, irgendwo. Und doch wusste ich mit traumwandlerischer Sicherheit, dass dieser Typ sich zu mir auf die Bank setzen würde und quatschen wollte. Mir war Gesellschaft in diesem Moment etwa so lieb wie eine Ansteckung mit Malaria, aber ich war viel zu müde, um die Flucht zu ergreifen. Und tatsächlich ließ er sich am anderen Ende der Bank auf die Sitzfläche fallen. Er deponierte den Seesack zwischen seinen Knien und sah dann mehrere Ampelphasen lang schweigend zu, wie die Autoschlange weiter kroch.

Ich musterte ihn. Er war blass und schmächtig, etwa eins siebzig groß. Kantiges, etwas hageres Gesicht, umrahmt von langem, strähnigem Haar. Er war jung. Ich schätzte ihn auf 17, erfuhr allerdings später, dass er bereits 25 war. Er trug einen schäbigen schwarzen Hut und einen verlotterten Mantel, der aussah, als entstamme er der Altkleidersammlung, mit einer Hand voll bunter Buttons auf dem Revers. Er wirkte auf mich wie ein rechter Taugenichts, ein Schnorrer. Nach einer Weile schüttelte er bedächtig den Kopf und wandte sich mir zu: „Hallo. Das klingt jetzt komisch, aber als ich dich hier sitzen sah, hatte ich irgendwie das Gefühl, ich müsste zu dir gehen und dich ansprechen."

„Ach ja?" Ich überflog die Buttons auf der Suche nach „Jesus rettet Dich", aber das Einzige, was da gerettet werden sollte, war der Regenwald (daneben wurde man zur Abschaffung von Atomwaffen und zur Unterstützung von Greenpeace aufgefordert).

„Ja. Komisch, oder? Keine Ahnung wieso." Er kramte einen Tabakbeutel hervor und drehte sich hingebungsvoll eine Zigarette. Als er mir auch eine anbieten wollte, fiel sein Blick auf das Fahrrad. Grinsend sah er wieder mich an. „Eher nicht, oder?"

Ich bemühte mich um ein dünnes Lächeln und schüttelte den Kopf.

Er zündete sich seine an und lehnte sich zurück. „Fährst du weit?"

Ich setzte an, meine übliche Geschichte zu erzählen, aber ich war viel zu fertig. Die Story hatte schon am Circular Quay ziemlich dünn geklungen. Jetzt machte sie mich regelrecht wütend. Höllischen Spaß machte mir das alles. Ich war müde, desillusioniert und schlecht gelaunt. Ich hatte keinen Bock mehr, auf kalten Betontischen zu essen, verdreckte Toiletten an Tankstellen zu benutzen und aus öffentlichen Wasserhähnen zu trinken oder wahlweise an irgendeinem Tresen viel zu teuren Kaffee, den ich nicht wollte, mit Geld zu bezahlen, das ich nicht hatte. Und genau so erzählte ich die Geschichte.

Kaum hatte ich angefangen, sprudelten die Worte nur so aus mir heraus. Da war ein Typ, den ich nicht mit der aufgeblasenen schicken Story vom Selbsterfahrungstrip beeindrucken musste. Ich fühlte mich erbärmlich und verwirrt und freute mich, das eingestehen zu können. Er hörte geduldig zu, mal mit einem leichten Lächeln auf den Lippen, mal ein Wort einwerfend, aber ohne mich wirklich zu unterbrechen. Während ich so vor mich hin wetterte, verflog langsam mein angestauter Frust. Und plötzlich musste ich sogar lachen, als ich mich daran erinnerte, wie ich aus Sydney herausgefahren war. Der strömende Verkehr, die alte Hexe in dem blauen Kingswood, die schweißtreibende Plackerei über die Great Dividing Range auf der Old Putty Road, der tückischsten Abkürzung der Welt.

Irgendwann im Verlauf meines Monologs streifte ich die Rolle des müden Kriegers mit Gummibeinen und Bleifüßen ab und schlüpfte in die eines unbeteiligten Beobachters.

Wir saßen rund eine halbe Stunde zusammen da. Dann sagte er mit einem Blick auf seine Uhr, er müsse weiter. Den Seesack über die Schulter schwingend, sagte er: „Ich wusste, ich sollte mich hierher setzen. Und ich bin froh, dass ich's getan habe. Gute Reise. Ich habe das eigenartige Gefühl, dass wir uns irgendwo wiederbegegnen werden."

Er verschwand zwischen den Passanten auf dem Gehsteig. Ich sah ihn nie wieder. Alles was ich von ihm wusste, war, dass er Robert Fantom hieß. Er hatte in Sydney auf der Straße gelebt. Inzwischen wanderte er die Küste auf und ab und lebte von Gelegenheitsjobs und Tabakpflücken. Und half frustrierten Fremden auf Parkbänken, die absurde Seite der Existenz zu erkennen.

Ich blieb noch eine Weile auf der Bank sitzen und ließ die Morgensonne auf mich wirken. Plötzlich nahm ich Farben, Geräusche und Dinge wahr, die mir vorher überhaupt nicht aufgefallen waren. Während ich Graftons Bewohnern dabei zusah, wie sie ihren Geschäften nachgingen, überkam mich eine Art positiver Ungeduld, ein spontaner Anfall von Neugier. So hatte ich mir das vorgestellt, als ich mir diese Reise ausgedacht hatte. Ich radelte auf einer Allee aus Jacarandabäumen bis zum Stadtrand und bog dort Richtung Norden in eine ruhige, schmale Straße ein. In dieser Nacht campte ich in einem Wald rund 45 Meilen nördlich der Stadt. Jenseits der Baumwipfel schwebte das leuchtende Halbrund des Mondes über mir. Es sollte noch einige Tage dauern, bis mein Knie wieder abgeschwollen war. Doch beim Einschlafen hatte ich das Gefühl, mit dem Rhythmus der Straße eins geworden zu sein. Ich hatte zwar in Sydney begonnen, in die Pedale zu treten; doch der eigentliche Startpunkt meiner Reise wird für mich immer die Parkbank in Grafton an der Ecke Fitzroy und Prince Street sein.

KAPITEL 4

Benommen in Nimbin

IN CASINO DURFTE ICH in der Feuerwache duschen und mein Rad neben der Wasserpumpe festschließen, während ich ein paar Dinge einkaufen ging. Es war ein schöner Morgen. Auf die Gehsteige fielen schräg Sonnenstrahlen durch das Laub der Bäume, in deren Kronen Elstern kreischten. Casino ist ein Eisenbahnknotenpunkt und seit langem Stadt der Fleisch verarbeitenden Industrie. Das Bild prägen breite Straßen, falsche Hausfassaden und Pubs mit tiefen Verandas. Auf dem Weg zurück zur Feuerwache kaufte ich in einem Laden ein billiges Transistorradio, mit dem ich meine Abende etwas unterhaltsamer zu gestalten gedachte. Es war Anfang August, und die winterliche Sonne ging bereits kurz nach 18 Uhr unter. Danach konnte ich nichts weiter tun, als im hohen Gras zu sitzen und darauf zu warten, dass es Schlafenszeit würde. Das Radio gab mir das Gefühl, mich in meinem neuen Leben auf der Straße eingerichtet zu haben.

Als ich zurück zur Feuerwache kam, lief gerade frischer Kaffee durch und die Jungs unterhielten sich. Jemandes Freund hatte gerade einen seiner besten Hunde an einen zähen, alten Eber verloren, der auch den Mann selbst beinahe getötet hätte. Wir saßen herum, tranken Kaffee und quatschten bis in den Nachmittag hinein. Irgendwann verabschiedete ich mich und brach auf Richtung Nightcap Ranges und Regenwald.

Es war eine schöne Fahrt. Die Hügellandschaft war mit den Überresten des Regenwaldes überzogen, den die ersten Siedler The Big Scrub, den „großen Busch", genannt hatten. In den Senken kauerten kleine Milchfarmen. Ihre verwitterten Ställe sahen aus, als würden sie schon seit vielen Generationen ihre Dienste tun. Es war gerade Melkzeit, als ich auf einer davon ankam. Ich fragte den Bauern, der sich zwischen seinen Kühen zu schaffen machte, ob ich mein Zelt auf einer seiner Wiesen aufstellen dürfe. Es war ein großer, raubeiniger Mann in verschmiertem Overall und Gummistiefeln, und er sah aus, als sei er am Ende eines langen Tages rechtschaffen müde. Als er sich ächzend aufrichtete, glaubte ich, seine Rückenwirbel knacken zu hören wie Fingergelenke. Er blickte mich hart und prüfend an. Nach einer ganzen Weile nickte er widerstrebend, zeigte dann auf einen alten Weg, der zu einer kaum sichtbaren Holzbrücke führte und sagte in versöhnlicherem Ton: „Da drüben an dem Bach haben unsere Kinder immer gezeltet." Ich dankte ihm für den Tipp.

„Kein Problem." Er schloss hinter der letzten Kuh das Tor zum Pferch.

Die Brücke lag ein paar hundert Meter vom Hof entfernt. Ich richtete mich im hohen Gras am Bachufer ein, belegte mir ein Sandwich mit Schinken, den ich bei einem Metzger in Lismore gekauft hatte, und aß es zum Gezwitscher der Vögel in der einfallenden Dämmerung. Es war nicht schwer zu erraten, warum der Bauer mich so misstrauisch beäugt hatte. Ein paar Meilen weiter die Straße hinauf lag die Hippie-Stadt Nimbin mit ihrem jährlichen Marihuana-Herbstfest und ihrer zwielichtigen Gesellschaft aus Landstreichern, Aussteigern und alternden Wassermännern. Hier würde ich, so hoffte ich, Robert Fantom wieder sehen. Er hatte erwähnt, dass er hierher wollte, und ich suchte eine Gelegenheit, um ihm nochmals dafür zu danken, dass er mir damals in Grafton ein offenes Ohr geschenkt hatte.

Die Sonne versank hinter den Hügeln. Sattes dunkles Blau legte sich über die Landschaft. Ich probierte mein neues Radio aus und hörte die Nachrichten auf ABC, als die ersten Sterne am Nachthimmel aufblitzten. Vom Farmhaus her schimmerte Licht. Von meiner Lagerstätte aus sah ich in der Ferne Scheinwerfer von Autos, die lautlos das Tal herauffuhren.

Dann hörte ich kurz das entfernte Rauschen von Reifen auf Asphalt, wenn sie vorbeifuhren und dann hinter einer Straßenbiegung verschwanden. Die Nacht war sternenklar und kalt. Ich schlief gut.

Am Morgen hingen Nebelfetzen in den Senken. Schwerer Tau überzog das Gras und perlte in großen, kalten Tropfen von meinem Einmannzelt. Ich schüttelte es aus, rollte es zusammen und brach sofort auf, während der Mond langsam in den blassen Himmel verschwand. Dreizehn Meilen waren es bis zur Abzweigung nach Nimbin. Es war kurz nach acht, als ich die Cullen Street entlangrollte. Die Straße war gesäumt von falschen Holzfassaden, die irgendjemand vor langer Zeit einmal mit Regenbögen und psychedelischen Motiven bemalt hatte.

Nimbin war eine Stadt der Milchwirtschaft gewesen und bereits im Niedergang begriffen, als sie 1973 zur Stätte des Aquarius Music Festival auserkoren wurde, eine Art antipodische Gegenveranstaltung zu Woodstock, nur dass hier weite Teile des Publikums nie wieder nach Hause gegangen sind. Heute verströmt die Stadt den schaurig-verstaubten Charme eines Dachbodens, auf dem es spuken soll. Im Rainbow Café prahlte ein Schild, dass hier über eine Million Joints geraucht worden seien. Ein Mann mittleren Alters öffnete gerade die Hanf-Botschaft, die für die Legalisierung von Cannabis eintritt und wo man Souvenirrucksäcke aus Hanf kaufen kann. Eine hagere Mittvierzigerin mit Lederhaut saß vor dem heruntergekommenen Nimbin-Museum, das voll mit schrillen 70er-Jahre-Devotionalien ist, und stillte ein Baby. Der Ort wirkte so frisch und lebendig wie ein alter Fisch. Ich fragte herum, ob jemand Robert Fantom gesehen habe. Niemand schien ihn zu kennen. Jemand überlegte, ob er vielleicht Freunde in einer der Kommunen habe, die über die Hügel verstreut lägen; da könnte er herumhängen.

Ich hatte es nicht eilig und beschloss, eine Weile hier zu bleiben. Wenn er in der Gegend war, würde er irgendwann auftauchen. Ich hockte mich an den Rinnstein und sah zu, wie sich Nimbin auf ein faules Wochende vorbereitete. Ladenbesitzer in Paisleyhosen, Schals und schlabberigen Sweatshirts stellten Auslagenregale mit Räucherstäbchen, Perlenarbeiten, Kristallen und Glockenspielen auf die Straße (es war Samstag, und die Besichtigungsbusse würden sich bald ergießen). Nimbin war eine

Etappe auf der Byron-Bay-Rundfahrt, eine verstaubte Kuriosität für nostalgische Vertreter der Babyboomer-Generation und etwas mehr für wehmütige Rucksacktouristen, die zu jung sind, um sich an Vietnam erinnern zu können.

Verbeulte Volvos hielten am Randstein, und Väter mit grau melierten Pferdeschwänzen und Shetlandpullovern gingen an mir vorbei in den Lebensmittelladen, um einen Beutel Milch und die Wochenendzeitung zu kaufen. Ich ging ebenfalls in einen Laden und trank einen Kaffee mit einem Typ, der in einem Topf Stofffarbe anrührte. Er war kräftig gebaut, blond, etwa in meinem Alter und hatte eine gesunde Haut und einen Pferdeschwanz. Genau genommen sah er aus wie ein typischer Surfer.

„Ich war Model", erzählte er. „Aber dann war ich 17 Jahre lang Transvestit. Mir wuchsen Brüste. Da war's aus mit Shows für Männerbademoden."

„Das glaub ich."

„Ich bin Truly de Vyne."[3]

„Bitte?"

„Truly de Vyne." Er buchstabierte es für mich. „Ich trat in King's Cross als Dragqueen namens Truly de Mented[4] auf. Aber jetzt habe ich eine friedlichere Phase meines Lebens begonnen, und so habe ich mich in Truly de Vyne umbenannt."

Die Gehsteige draußen füllten sich mit alternden Babyboomers, die gerade mit einem der Busse angekommen waren. Mir fiel ein, was Robert Fantom über Nimbin erzählt hatte. Dass die sanfte Kultur des Dopes vom üblen Stoff aus Sydneys Hinterhöfen durchsetzt würde und sich die Stadt dadurch gewissermaßen selbst zerstörte. Jetzt verstand ich, was er damit gemeint hatte. Auf der gegenüberliegenden Seite der Cullen Street war zu sehen, wie der Verfall um sich griff. Ein Pulk schwarz gekleideter Punks hing dort im Schatten herum; sie schlichen sich an jeden heran, der in ihre Nähe kam, und quatschten ihn aus dem Mundwinkel an. Sie wirkten brutal und ungepflegt, offensichtlich Schlägertypen. Auf die Fingerknöchel hatten sie „H-A-T-E" (Hass) tätowiert und ihre kahl rasierten Schädel zierten schwarze Strickmützen. Sie lehnten an Laternenpfählen

[3] Truly divine = wirklich göttlich
[4] Truly demented = völlig wahnsinnig

und bohrten sich mit Zahnstochern im Mund herum. (Stimmt nicht. Das mit den Zahnstochern habe ich dazu gedichtet. Aber es hätte gut ins Bild gepasst.)

„Reizend, nicht wahr?" beschwerte sich ein Typ in einem zerrissenen Overall. Er war gerade mit dem *Sydney Morning Herald* unter dem Arm aus dem Laden gekommen und hatte gesehen, dass ich die Szenerie beobachtete. „Dieser Abschaum dealt auf offener Straße mit hartem Stoff." Er schüttelte seinen grauen Zottelkopf. „Ich meine, es gab hier immer ein paar Junkies. Jeder kannte sie, und sie behielten ihre Probleme für sich. Und sie versuchten nicht, die ganze Stadt damit anzustecken." Er seufzte. „Das ist nicht mehr das echte Nimbin, aber was kann man schon tun?" Damit schloss er seinen zwanzig Jahre alten senffarbenen Mercedes auf, warf die Zeitung auf den Beifahrersitz und fuhr mit einem Blick auf die Punks los.

Ich fragte mich, wie wohl das echte Nimbin aussah.

Immer noch kein Zeichen von Robert Fantom. Ich spürte, wie mich eine gewisse ärgerliche Ungeduld packte angesichts der allgegenwärtigen Hippie-Insignien: nackte Füße, Zigarettenhalter und Batikmuster. Es war eine alternde Stadt, die Angst hatte, sich weiter zu entwickeln, und an Totems einer Subkultur festhielt, als seien es religiöse Reliquien. Gegen ein wenig Nostalgie und Schwelgen in der Vergangenheit habe ich nichts einzuwenden, aber wer will sein Leben schon auf einem Dachboden voller Spinnweben verbringen? Ich brauchte Luft zu Atmen, also packte ich meine Sachen und brach wieder auf.

Am schönsten ist Nimbin, wenn man es verlässt. Das knisternde Gegrummel der Cullen Street verstummte hinter mir, als ob jemand die Nadel von einer alten Grammophonplatte genommen hätte. Plötzlich sangen die Vögel wieder, und die Sonne wärmte, statt nur Licht zu spenden. Die Straße trieb mich weiter; durch die Nightcap Ranges mit ihren Vulkankratern und Regenwäldern, an Plantagen von Australischen Haselnüssen vorbei bis in die Stadt Murwillumbah mit ihren wuchernden Bougainvilleen, Teeplantagen und tropischen Pfahlbauten. Früh am nächsten Morgen fuhr ich an den Strand von Tweed Heads. Es war sonnig und warm, das Sonnenlicht glitzerte auf den Wellen des Pazifiks. Die Stadt war noch ruhig, es war Sonntagmorgen. Auf Zehenspitzen passierte ich das kleine Schild auf der Straße, das die Grenze zu Queensland markiert.

KAPITEL 5

Spießrutenlauf an der Goldküste

RADIO GOLD COAST – auf der UKW-Frequenz 92,5 – veranstaltete eine Grillparty im Strandpark von Coolangatta, einem alten Badeort, der an Tweed Heads grenzt. Eine kleine Menschenmenge, überwiegend Einheimische, hatte sich eingefunden, um kostenlos Grillwürstchen, Tütenmilch in verschiedenen Geschmacksrichtungen und T-Shirts mit Werbeslogans abzustauben. Gut gelaunt rollte ich in den Park, angezogen von dem warmen, sommerlichen Duft von Hotdogs am Strand. Ich hatte seit zwei Tagen nichts Warmes gegessen, und dieses Mahl hier würde mich noch nicht einmal etwas kosten. Ich lehnte mein Fahrrad gegen eine Böschungsmauer und stellte mich um die Wurst an. Dabei blickte ich verstohlen um mich, um herauszufinden, ob man möglicherweise auch eine zweite bekommen konnte. Was ich sah, machte mir Mut. Ein paar Jogger, eine Frau mit einer Art Spaniel und zwei junge Mütter mit vier Kindern stellten sich hinter mir an.

Die Würstchen schlugen alle Rekorde. Mit baumelnden Beinen auf der Mauer hockend, verschlang ich sechs Stück. Queensland war klasse. Ich war so stolz auf mich, dass ich es bis zur Grenze geschafft hatte, dass mir sogar die klaren Linien der Wohnblocks am Strand und die ruhigen, sonnenbeschienenen Straßen gefielen. Die Autos am Straßenrand sahen aus, als dösten sie in der Sonne. Palmen warfen deutliche Schatten. Der Pazifik glitzerte hellblau. Alles hier strahlte gefällige Schlichtheit aus, wie Kalifornien in den 50er Jahren, und ebenso dieselben Mythen: freie Berufswahl, mehr als dreihundert Tage Sonne im Jahr und bezahlbare Acht-Zimmer-Häuser mit Strandzugang und Swimmingpool.

Als Australien in den 90er Jahren von einer schlimmen Rezession heimgesucht wurde, zogen Tausende von Familien auf der Suche nach Wohlstand und Sonne in den Norden an den Pacific Highway, der auf diese Weise so etwas wie eine nährende Mutter wurde. Selbst wenn man keinen Job fand, war es doch zumindest ein wundervoller Ort, um arbeitslos zu sein. Kilometerlanger goldfarbener Sandstrand, weiße Gischt auf tiefblauem Meer und Sommer ohne Ende. Ich hatte für den *Melbourne Sunday Age* ein paar Geschichten über diese Migration um die Jahrhundertwende geschrieben. Infolge des üblicherweise nicht gerade üppigen Reisebudgets der Zeitung sah ich allerdings nur die trostlose Seite der Sache: im Hintergrund ein Umzugslaster vor einem unscheinbaren Vorstadthäuschen unter grauem Himmel, dazu ein Ehepaar, das aufmerksam zusieht, wie die Glaskartons verladen werden, und währenddessen ein paar zerstreute Bemerkungen abgibt.

Hier sah ich zum ersten Mal, wohin sie gewollt hatten. Das Wunder von Queensland. Ein paar hundert Meter hinter der Grenze, die ich hungrig und verdreckt überfahren hatte, hatte ich bereits einen vollen Bauch und ein schönes neues T-Shirt und genoss den Schutz von Sonnenmilch, die mir eine Einheimische geschenkt hatte, nachdem sie mich vor den nie nachlassenden Sonnenstrahlen von Queensland gewarnt hatte. Ich war angekommen.

Es wurden noch immer Würstchen gebraten, als ich gegen elf aufbrach, um über Uferstraßen, an altmodischen billigen Motels und weiteren sonnenbeschienenen Wohnblocks, Ferienwohnungen und Seniorenresidenzen vorbei weiterzuziehen. Coolangatta ist der beschaulichste Ferienort an diesem Abschnitt der Küste. Sobald man weiter nach Norden kommt, nimmt das Tempo rapide zu. Ein paar Meilen weiter in Broad beach geriet ich in einen Verkehrsstrom. Sportliche Sierras mit offenem Verdeck, am Steuer braun gebrannte junge Leute mit Igelfrisuren und Surfbrettern überholten ältere Limousinen mit sonnenhungrigen Rentnern an Bord. Gestylte Männer und Frauen – zweifellos Immobilienmakler – glitten in blitzenden BMWs vorbei. Da gab es die individuell ausgebauten Campingbusse deutscher oder englischer Touristen und große, leise, klimatisierte Charterbusse voll mit Touristen oder abgespannten Konferenzteilnehmern oder japanischen Pärchen in den Flitterwochen, die ihre Nasen gegen das kühle, getönte Glas drückten. Da waren Mietwagen, Limousinen vom Flughafen und Taxis. Und dreihundert Meter über uns in der warmen Morgenluft war eine Qantas 737 im Anflug auf den Bilanga Airport.

Vor mir in der Ferne schimmerten die Hochhäuser am Strand von Surfers Paradise im Meerdunst wie Perlmutt. Ich näherte mich Australiens Costa del Sol, seinem Ipanema, seinem Miami Beach: ein Glitzerstreifen aus Apartmenthäusern und riesigen Ferienanlagen, pulsierenden Nachtclubs und Karaokebars, 35 000 Motelzimmer, 500 Restaurants, einem fürstlichen Casino und mehreren gigantischen Themenparks. Dieser von der Sonne verwöhnte Streifen Strand ist schon seit über hundert Jahren ein beliebter Erholungsort. Bis vor dreißig Jahren aber war er nur eine Ansammlung von Gebrauchtwagenhändlern, flackernden Neonreklamen und Strandbars. In Sydney und Melbourne hatte ich Freunde um die Dreißig, die oft nostalgisch von den Ferien schwärmten, in denen sie dort oben als Kinder Sandburgen gebaut hatten; das Surfbrett auf den alten Holden geschnallt, ging's den Pacific Highway hoch. Die Sommer waren so frei wie der Himmel über Queensland. Dann kamen die raffgierigen 80er Jahre. Ein Schwarm gewiefter Geschäftemacher, die so genannte White Shoe Brigade, wurde mitsamt Schiffsladungen voller Dollars von der Flut an Land gespült und verwandelte die Gold Coast in das, was sie heute ist. Wäre Bugsy Siegel Australier gewesen, es wäre mit Sicherheit seine Idee gewesen.

Einer der schillerndsten dieser Großen Gatsbys war ein Mann namens Christopher Skase, inzwischen einer der meist gesuchten Flüchtigen Australiens. Einstmals der Edelmann unter den Unternehmern des Landes, war er mit seinem schlanken, sonnengebräunten Konterfei regelmäßig in Hochglanzmagazinen und Gesellschaftskolumnen zu sehen. Der

Besitzer eines landesweit ausstrahlenden Fernsehsenders hatte prächtige Luxusferienanlagen gebaut und schmiss ausgefallene Partys, die in Sachen Extravaganz neue Maßstäbe setzten. Nach dem großen Börsencrash packte Skase ganz schnell seine Koffer und floh nach Mallorca, wo er seinen Gläubigern eine lange Nase zeigte und sich fürderhin hinter den sicheren Mauern einer hübschen mediterranen Villa ganz dem Tennisspielen widmete.

Im Laufe der Jahre empörte Skases hämische Unantastbarkeit – Spanien weigerte sich, ihn auszuliefern – seine australischen Landsleute so sehr, dass er so etwas wie ein Comic-Bösewicht wurde, eine Art nationale Piñata, die jeder, vom Premierminister abwärts, so lange schlagen wollte, bis die Süßigkeiten herausfielen. Vor ein paar Jahren brachte ein Fernsehkomiker eine Marathonsendung mit dem Titel „The Chase for Skase" (Die Jagd auf Skase). Mit dem Erlös sollten amerikanische Kopfgeldjäger finanziert werden, die den Flüchtigen entführen und zurück nach Queensland bis vor den Kadi geleiten sollten. Die Zentrale des Senders konnte sich vor Spendern kaum retten. Tausende von Dollar kamen zusammen. Als schließlich eine beträchtliche Summe erreicht war, ließ sich der Generalstaatsanwalt in der Show blicken und erklärte gutmütig, dass die australische Regierung einer Entführung niemals zustimmen würde, noch nicht einmal um Skase dingfest zu machen.

Das Kopfgeld wurde für gute Zwecke verwendet. Überall an australischen Stammtischen seufzte man tief und schleuderte verärgert die Arme in die Luft. Sicher bekamen auch ein paar arme Hunde einen Tritt.

Der Gold Coast Highway war eine einzige Aneinanderreihung von Nachtclubs, Tankstellen, Motels, Immobilienbüros, Fastfood-Restaurants, Hochhäusern und Touristennepp. Ein Teil von Surfers Paradise war im Begriff aufzuwachen, während der andere gerade nach Hause wankte. Man pflegte seinen Kater, starrte mit trübem Blick in das leere Portemonnaie, nippte übertrieben vorsichtig am doppelten Espresso und fragte sich, ob es wohl helfen würde, etwas zu essen. An einer Ampel vor Jupiter's Casino hielt neben mir ein Einheimischer auf einem Fahrrad, ein blonder Mann Mitte Vierzig. Er nickte mir zu und sagte hallo. An der nächsten Ampel stellten wir uns vor, er hieß Paul. Wir unterhielten uns, während wir uns zwischen den Autos durchschlängelten, und drei Ampeln später lud er mich für denselben Nachmittag zum Grillen ein – ein Akt der Gastfreundschaft, die typisch für Queensland ist, wie ich noch öfter feststellen sollte.

Ich folgte Paul durch ein Labyrinth von Seitenstraßen, die immer schmaler und stiller wurden, bis wir schließlich in einem beschaulichen Arbeiterviertel mit schmucklosen Häusern, zotteligen Mangobäumen und wuchernden Bougainvilleen ankamen. Es war ein hübscher, verschlafener Ort, gut ein halbes Jahrhundert von der Glitteratmosphäre des schnellen Geldes am Meer entfernt. Wir hielten in der Auffahrt eines verwitterten Queensland-Hauses – einer der traditionellen Tropenbungalows, die auf Pfähle gebaut sind, damit die Luft darunter zirkulieren kann. Er lag in der prallen Sonne, offene Holzlaternen ließen so viel Zugluft wie möglich durch. Im Innern krächzte ein Radio. Wir lehnten unsere Fahrräder gegen einen Schuppen und gingen die Stufen hinauf.

Paul war Profitaucher, geschieden, zur Zeit arbeitslos und teilte sich die Wohnung mit seinem 80-jährigen Vater. Die Räume strahlten die lockere Leichtigkeit einer Zwei-Mann-WG aus. Paul öffnete einen alten Kühlschrank und drückte mir ein eiskaltes Bier in die Hand. Wir tranken und hörten der Übertragung eines Rugby-Spiels im Radio zu. Paul erzählte, seine Familie habe zu den ersten gehört, die sich hier in den 70er Jahren des 19. Jahrhunderts niedergelassen hätten. Die meisten, die hier lebten, zumindest die jüngeren Alters, würden heute ernsthaft darüber nachdenken, ob sie nicht ihre Zelte abbrechen. „Uns allen gefällt überhaupt nicht, was aus diesem Ort geworden ist. Sie hätten das alles vor ein paar Jahren sehen sollen. Damals gab es hier nur ein paar nette, kleine Feriendörfer und Seniorenresidenzen. Jeder kannte jeden. Aber dann brach der Wahnsinn aus. Die Leute kamen in Massen aus dem Süden, schnappten uns die Jobs weg und brachten Korruption, Enge und Kriminalität aus der Stadt mit. Kaum hatte man sich einmal umgedreht, gab es schon wieder ein neues Restaurant oder einen neuen Themenpark. Ein Stück Buschland, das vorher niemand geschenkt haben wollte, wurde plötzlich zum begehrten Immobilienobjekt. Immobilienpreise und Mieten für Sozialwohnungen sind in die Höhe geschossen. Viele von denen, die ihr ganzes Leben hier verbracht haben, können sich das kaum noch leisten."

Ein Strom nichtstaatlicher Gelder hatte ehemalige Arbeiterkneipen in „Bistros" verwandelt, eingerichtet ganz in Messing, mit Farnen geschmückt und Bier für fünf Dollar; oder aber es wurde das Gegenteil daraus: lärmende Spelunken für partywütige Rucksacktouristen, in denen „Wet-T-Shirt"-Wettbewerbe und Limbo-Tanz geboten werden. Es gab keine Jobs mehr, es sei denn, man wollte stundenweise Hamburger wenden oder in Motelzimmern Betten machen. „Man kann sich nachmittags nicht mal mehr in die Sonne legen", klagte Paul, „weil die Hochhäuser am Strand die ganze Sonne verdecken. Die meisten meiner Freunde hatten die Nase voll und sind weggezogen. Ich denke auch schon darüber nach. Ich habe gehört, dass in Westaustralien Einzelhändler gesucht werden, in den Eisenminen und auf den Förderinseln in der Timor-See. Ein Freund hat mir kürzlich geschrieben, und er sagt, man kann dort locker einen Tausender pro Woche verdienen. Ich denke, ich bleibe noch ein paar Wochen hier, vielleicht tut sich noch irgendwas auf, wenn nicht, gehe ich nach Port Hedland. Die Gegend hier kannst du abschreiben."

Das Barbecue fand bei seiner Tante statt, die in einem ähnlichen für die Tropen gebauten Bungalow lebte. Im Garten wuchs ein riesiger Mangobaum. Es war jede Menge Verwandtschaft da, weil eine weitere Tante zu einem seltenen Besuch gekommen war; sie hatte nach dem Zweiten Weltkrieg einen amerikanischen Soldaten geheiratet und lebte in Kentucky. Es war ein typisches Aussie-Barbecue: Unmengen verkokelte Würstchen und Koteletts, frischer Salat, Brot und Butter, Musik, Gelächter und eiskaltes Bier. Alle amüsierten sich köstlich. Es war schon spät, als wir heimfuhren. Die leeren, dunklen Straßen bildeten einen krassen Gegensatz zum entfernten Glitzerstreifen von Surfers Paradise. Ich schlief im Gästezimmer.

KAPITEL 6

Dämmerzeit in Brisbane

NACH DEM FRÜHSTÜCK brach ich Richtung Brisbane auf. Im hektischen Montagmorgenverkehr bahnte ich mir einen Weg durch den Vorstadtgürtel, der sich bis zur Küste erstreckt. Mitten am Nachmittag kam ich schließlich in Brisbane an. Der Verkehr brummte, und die bereits tiefer stehende Sonne sandte ihre warmen Strahlen über die Stadt und spiegelte sich auf den bunten Glasfassaden der Skyline. Die Stahlseile der Story Bridge warfen lange Schatten, die über mein Gesicht flatterten, als ich über den Brisbane River ins Stadtzentrum rollte. Über 700 Meilen hatte ich seit meiner Abreise aus Sydney bereits abgespult. Doch es hatte nichts mit Nostalgie zu tun, dass mich dieser anmutige Stahlbau aus der Zeit der Depression an die Harbour Bridge erinnerte. Beide wurden von demselben Architekten entworfen, einem australischen Bauingenieur namens John Bradfield. Diese hier war sein Meisterstück gewesen.

Ich rollte am Nordende von der Brücke und ließ mich mit dem Verkehrsstrom in die City treiben. Bürogebäude und schöne alte viktorianische Bauten warfen rechteckige Schatten auf die Straßen. Das Herz der

Stadt liegt in einer Biegung des Brisbane River, um einen tropisch-üppigen Botanischen Garten herum. Ich legte mein Fahrrad hin, setzte mich auf ein Stück Rasen und genoss den Blick über den Fluss und die Ruhe, nachdem ich mich den ganzen Tag von Southport bis hierher durch dichten Verkehr gequält hatte.

Ich hatte länger bis Brisbane gebraucht als geplant. Als ich am Morgen losgefahren war, hatte ich gehofft, die Stadt innerhalb eines Tages hinter mir zu lassen und irgendwo im Busch nördlich von Caboolture zu campen. Es wäre meine bislang längste Etappe geworden, doch da ich schon im Morgengrauen aufgebrochen war, hielt ich die Strecke für realistisch. Ich hatte weder mit grantigen Montagmorgenpendlern noch mit kilometerlangen Baustellen gerechnet. Außerdem hätte ich nicht gedacht, dass meine Verzweiflung so weit gehen könnte, dass ich 15 Meilen zusätzlich fahren würde, einzig und allein um ruhigere Seitenstraßen zu finden. Doch die Schatten wurden immer länger. Es hatte keinen Sinn mehr, weiterzufahren. In wenigen Stunden würde der Feierabendverkehr einsetzen. Wenn ich jetzt weiterfuhr, würde ich bei Sonnenuntergang mit Sicherheit irgendwo in einer Vorstadt stecken. In leidvoller Erinnerung an das, was mir in Sydney passiert war, beschloss ich, mir in einem Backpacker's Hostel ein Bett zu suchen und am nächsten Tag in aller Frühe aufzubrechen.

Durch diese bequeme Lösung hatte ich den Rest des Nachmittags frei. Komischerweise hatte ich dabei ein schlechtes Gewissen. Es ist gar nicht so leicht, nach so vielen Jahren das protestantische Arbeitsethos einfach abzustreifen. Irgendwie kann einem sogar das Leben auf der Straße Bürozeiten vorgaukeln. *Easy Rider* trifft auf Johann Calvin. Zwei Stunden Tageslicht lagen mindestens noch vor mir, so früh hatte ich meiner Faulheit nachgegeben.

Nach einer Weile überkam mich das Gefühl, ich müsse noch etwas anfangen mit diesen unverhofft gewonnenen Sonnenstunden, und so schlenderte ich hinunter zur Fähranlegestelle an der Eagle Street. Und ich ließ mir Zeit dabei. Inzwischen hatte mir die untergehende Sonne zum Glück das Ruder aus der Hand genommen. Es war zweifellos viel zu spät, um jetzt noch weiterzufahren.

Ich lehnte mein Fahrrad gegen eine Mauer, ließ mich auf dem warmen Waschbeton nieder und sah zu, wie sich die Stadt vom Tag verabschiedete.

Kühle, dunkle Schatten krochen über die Promenade, der Himmel wurde milde, und die Sandsteinklippen am Kangaroo Point am gegenüberliegenden Ufer schimmerten honiggolden. Bald war die Fähre voll mit Pendlern auf dem Heimweg, alle mit Aktentaschen, Rucksäcken, Blumensträußen in Folie, Zeitungen und Einkaufstüten bepackt. Überfüllte blau-weiße City Cat Ferries schipperten über das Wasser. Über die Story Bridge floss der Feierabendverkehr, dessen Lichter sich an ihren Verstrebungen brachen und warm gegen die blau-violette Dämmerung abhoben.

Ich musste mir eine Bleibe für die Nacht suchen.

KAPITEL 7

Multi-Kulti im Zuckerland

Es herrschte aggressiv reger Verkehr auf den Hauptadern durch Brisbanes ausufernden Norden. Ich testete ein paar Strategien zur Umgehung des Verkehrschaos, geriet dabei aber immer wieder in steile Seitenstraßen und Sackgassen. Irgendwann fand ich mich dann auf der Gympie Road wieder, einer lärmenden LKW-Trasse, die sich wie eine Schneise durch die rapide wuchernden Vorstädte zieht. Schließlich folgte ich ihr einfach in der Hoffnung, dass sich Brisbane langsamer ausdehnte, als ich in die Pedale treten konnte.

Dreißig traumatische Meilen weiter war ich in Caboolture, einer ehemaligen Milch- und Ananasstadt, die längst zur Satellitenstadt von Brisbane verkommen ist. Am Stadtrand entdeckte ich eine ruhiger wirkende Straße, die Richtung Norden führte, zu den Zuckerrohrplantagen um die Glass House Mountains, einer Reihe von spektakulären Landengen vulkanischen Ursprungs, die Captain Cook seinerzeit an die Schmelzöfen seiner Heimat Yorkshire erinnert hatten – daher der Name. In dieser Nacht campte ich in einem versteckten Winkel im Busch nahe der Straße und träumte von rosa Zementmischern, die auf dem Weg zur nächsten Baugrube an meinem Ellbogen vorbeirauschen.

Dem alten Herrn in Cooroy gefiel ich überhaupt nicht. Er stand auf der Veranda des Gemischtwarenladens und beäugte mich so mürrisch, als ob ich ein wandelnder Gesetzesbruch wäre. Es war früh am Morgen. Eine halbe Stunde zuvor hatte ich westlich von Noosa meine Zelte abgebrochen. In Cooroy wollte ich wieder auf den Küsten-Highway fahren. Ich war zwei Tagesetappen nördlich von Brisbane, und abgesehen von der Verschnaufpause in den Glass House Mountains war die ganze Strecke die Hölle gewesen.

Das war allerdings zum Teil auch auf meine schlechte Planung zurückzuführen. Ich war an die Küste zurückgekehrt, weil ich die Straße benutzen wollte, die am Ufer entlangführte – so wie es zumindest meine Karte besagte. Statt einer unbekümmerten Fahrt durch wohlhabende Strandorte erwartete mich ein Spießrutenlauf durch heftigen, aggressiven Verkehr, vorbei an Baustellen auf und neben der Straße, ausufernden Einkaufszentren, Autohäusern und Fastfood-Restaurants. Was den Meerblick anging, hätte ich genauso gut in Alice Springs sein können. Als ich einen Bauarbeiter fragte, ob ich auf der richtigen Straße sei – schließlich zeigte meine Karte eine rote Linie, die direkt an der Küste entlang verlief –, lachte er nur. Das Meer sei nur ein paar hundert Meter weiter zu meiner Rechten, hinter den Sandhügeln.

Erst 30 Meilen weiter, kurz vor Coolum Beach, konnte ich endlich freien Blick auf das Meer genießen. Die Strecke von Noosa bis hier hatte all das erfüllt, was ich mir von der gesamten Sunshine Coast versprochen hatte – und was sie wahrscheinlich auch früher einmal geboten hat, bevor die Baulöwen alles zubetonierten. Noosa, ein beliebter Ferienort und Mekka für Surfer, hat nicht nur die Hastings Street mit vielen schicken Läden zu bieten. Per Gesetz ist es hier verboten, Häuser zu bauen, die höher sind als die Bäume.

Einziger Haken an diesem kurzen, angenehmen und luftigen Küstenabschnitt war, dass er hier endete. Jeder, der weiter Richtung Norden strebte, musste wohl oder übel den Bruce Highway nehmen. Und so hatte ich an diesem Morgen meine Sachen gepackt und war über den Zuckerbrot-und-Peitschen-Hügel geradelt, der besonders bei Noosas Triathleten beliebt war, und rollte nun nach Cooroy hinein, wo mich der herrische Blick des alten Knackers empfing. Weil sonst niemand zu sehen war, fragte ich ihn, wie die Straße im weiteren Verlauf sei.

Er biss mir fast den Kopf ab. „Was soll das heißen? Das ist unser National-Highway! Eine gute Straße ist das natürlich."

„Selbstverständlich. Ich wollte nur wissen, ob sie vielleicht einen Randstreifen hat."

„Natürlich nicht! Ich sage Ihnen doch, dass das eine gute Straße ist. Da wird ständig dran gebaut! Nein, da gibt es keine Randstreifen."

Dumme Frage, dumme Antwort. Das geschah mir gerade recht. Ich weiß nicht, was ich mir davon versprochen hatte. Vielleicht war da der Wunsch Vater des Gedankens gewesen; ich hoffte, dass es nicht ganz so schlimm werden würde wie weiter im Süden. Ohnehin hatte ich keine Wahl, wenn ich möglichst schnell nach Norden und den zubetonierten Südosten von Queensland hinter mir lassen wollte.

Jedenfalls hätten alle wirklich nützlichen Ratschläge in Bezug auf die Straße, die ich bislang bekommen hatte, leicht auf einen Reifenflicken gepasst. Autofahrer und Radfahrer sehen die Dinge einfach unterschiedlich. Der Alte von Cooroy hatte zumindest in zwei Punkten absolut ins Schwarze getroffen: es gab keine Randstreifen, und es wurde ununterbrochen gearbeitet.

Dieser erbarmungslose, schmale, kaputtgefahrene Asphaltstreifen voller Schlaglöcher – 25 Meilen bis Gympie – war die gefährlichste und furchterregendste Straße, die ich je das Pech hatte befahren zu müssen. Es war eine Kamikaze-Tour zwischen donnernden Trucks, durch Großbaustellen, über gesperrte Fahrbahnen und verschlammte Nottrassen. Wenn ich sage, die Bautrupps arbeiteten an der Straße, so ist das eigentlich nicht ganz richtig. Im Grunde standen hinter einem Slalomkurs aus Plastikkegeln überall riesige Gerätschaften herum, während harte Typen in fluoreszierenden orangen Jacken, an Schaufeln gelehnt, herumstanden, sich unterhielten und hin und wieder brennende Kippen ins hohe Gras schnippten. Der Morgen roch nach heißem Asphalt. Der Verkehr staute sich kilometerlang, während wir auf ein Leitfahrzeug warteten, das uns durch das schlammige Chaos führen sollte. Die Gemüter erhitzten sich wie Wasserkessel in der stickigen Hitze.

Zwischen den Baustellen, wo die Straße mehr einem Flickenteppich glich und an den Rändern jäh in tiefe Gräben abfiel, versuchten alle, die verlorene Zeit mit Bleifuß auf dem Gaspedal wieder aufzuholen. Die Trucks stießen dicke Dieselwolken aus, PS-starke Limousinen schlitterten, ihren Federweg maximal ausreizend, um die Kurven. Oder man spielte Kamikaze, indem man auf einer kurzen Geraden überholte, während die entgegenkommenden Fahrer totenbleich auf die Lichthupe drückten – und der Verfasser dieser Zeilen voller Panik in den Straßengraben entfleuchte.

Seine freundlichste Maske trug der Tod, wenn er sich in der Gestalt von sonnenhungrigen Rentnern zeigte, die auf der lange erträumten Australien-Rundreise ihre Wohnwagen die Küste nordwärts zogen. Unerschrockene Großväter und Großmütter, die wahrscheinlich in ihrem ganzen Leben nie einen Anhänger bewegt hatten, bis zu dem Morgen, an dem sie in dem brandneuen Landcruiser losfuhren, den sie die Woche zuvor vom Erlös ihres Rentenfonds gekauft hatten. Sie bretterten in halsbrecherischem Tempo über den Highway und besichtigten staunend die Tropenlandschaft, ohne im Mindesten an den Vierbett-Millard zu denken, der hinter ihnen her hüpfte. Sie winkten und hupten überschwänglich, wenn sie an mir vorbei fuhren, während ich den Luftzug ihrer weit ausragenden Zusatzrückspiegel im Gesicht spürte. Wenn ich wieder einmal in einem mit Unkraut überwucherten Straßengraben gelandet war und zusah, wie sie in der Ferne verschwanden, musste ich unweigerlich an meinen eigenen Großvater denken. Er hatte die erstaunliche Gabe, jeden verfügbaren Raum mit seinen knochigen Ellbogen, seinen Spinnenbeinen und Riesenfüßen auszufüllen, und wunderte sich dabei stets über die Unbeholfenheit der anderen.

Es dauerte den ganzen Vormittag, bis ich schließlich in der alten Goldgräberstadt Gympie ankam. Seinen Namen hat der Ort vom Wort der Aborigines für Brennnesseln, die hier in erstaunlichen Mengen am Flussufer wachsen. Es fiel Dauerregen, als ich die Hauptstraße entlangrollte. Gerade hatte ich im Außenbezirk der Stadt die bislang knappste Begegnung mit einem Truck gehabt. Meine Nerven waren am Ende. Außerdem war es Essenszeit. Ich kaufte mir ein heißes Hühnchen in einem Feinkostladen und aß es unter dem Verandadach des Postamtes. Es war Mittagspause, und eine ganze Reihe Ladenbesitzer und junge Mütter gesellten sich zu mir, um ihre Post zu öffnen und zuzusehen, wie der Regen vom Dach tropfte. Ich fragte ein wenig herum und entwickelte dann eine alternative Route über Nebenstraßen, die mich bis Maryborough 55 Meilen weiter nördlich bringen würde, ohne dass ich allzu oft den Highway benutzen musste. Der Weg war kompliziert und verschlungen – selbst die Einheimischen waren sich über bestimmte Details nicht einig und gerieten darüber in scherzhafte Auseinandersetzung – und sogar ein bisschen weiter, aber er erhöhte meine Chancen erheblich, den heutigen Tag unbeschadet zu überstehen.

Nach einer Stunde ließ der Regen etwas nach. Es gelangten sogar ein paar vereinzelte Sonnenstrahlen durch die Wolkendecke und verliehen den aufgesetzten Hausfassaden der Hauptstraße einen frisch-fröhlichen Anstrich, der sich gegen die düsteren Hügel hinter der Stadt abhob. Das warme Straßenpflaster dampfte. Ich warf die Hühnerknochen weg, wusch in der Toilette eines Roadhouses meine fettigen Finger und schwang mich wieder in den Sattel.

Nach ein paar Meilen fuhr ich an dampfenden Zuckerrohrfeldern und Bananenplantagen vorbei, die mit ihrem satten Smaragdgrün einen Farbkontrast zu den grau-schwarzen Wolken bildeten. Die traumatische Erinnerung an den Bruce Highway verblasste langsam. Genau so hatte ich mir meine Radtour durch Queensland vorgestellt.

In einem verschlafenen Nest namens Bauple entdeckte ich das schönste Queensland-Haus, das ich je gesehen hatte. Es ist ein Baustil, den es nur in Australien gibt. Die auf Pfählen ruhenden Bungalows sind von allen Seiten mit breiten Veranden gesäumt und mit Gitterbalustraden, kunstvollen Schneckenverzierungen, Geländern, Schmuckbögen und dekorativen Vordächern geschmückt. Die Queensland-Architektur geht vermutlich auf den indischen Kolonialstil der Raj-Zeit zurück, in Australien aber hat sie sich eigenständig weiterentwickelt. Ich hatte diese altmodischen Häuser tief im Süden, in Murwillumbah, gesehen, im Norden in New South Wales und auch eine ganze Menge davon rund um Brisbane herum. Die meisten davon waren durch irgendeine bauliche Veränderung verschandelt: eine unbeholfen angebrachte Veranda, hässliche Jalousien oder ein angebautes Solarium, das überhaupt nicht zum Stil passte. Doch dieses hier war perfekt: hell und luftig im Schatten von Mangobäumen und mit Blumen geschmückt lag es inmitten eines Tropengartens. Es erinnerte an die Zeiten von frischem weißem Leinen, Sonnenschirmen und Krügen voller eisgekühlter Zitronenlimonade. Auf der Terrasse saß eine Frau mit ein paar Kindern. Sie lächelte mich an und sagte: „Hallo."

Mir wurde bewusst, dass ich sie angestarrt hatte. Um Verzeihung heischend winkte ich zurück. „Kümmern Sie sich nicht um mich. Ich bewundere nur Ihr Haus. Es ist wunderschön."

Sie nahm meinen Akzent auf: „Ich nehme an, es gibt nicht viele Häuser dieser Art dort, wo Sie herkommen."

Ich lachte bei der Vorstellung, in Neuengland einen Winter in einem solchen Haus zu verbringen. „Nein, in der Tat."

„Kommen Sie herein, ich zeige Ihnen alles."

„Sehr gerne, wenn's Ihnen nichts ausmacht."

„Nicht im Geringsten."

Ich lehnte mein Fahrrad an einen der Pfähle, ging die Holztreppe hinauf und stellte mich vor. Die Frau hieß Deb; die Kinder Claire, Tom und Declan. Sie waren gerade aus der Schule gekommen, und die Veranda war über und über voller Spielsachen. Deb wies mit der Hand auf das Durcheinander. „Wir leben praktisch auf der Veranda. Dafür sind diese alten Tropenhäuser gebaut; man kann die ganze Zeit über draußen sein. Selbst wenn es in Strömen regnet, können die Kinder hier draußen spielen. Sie können sogar mit den Rädern unter dem Haus herumfahren."

Deb zeigte mir alles. Die Zimmer waren hell und angenehm kühl. Schmuckbögen über den Türen und hohe Decken ermöglichten Durchzug auch bei geschlossenen Türen. „Das Haus ist rund neunzig Jahre alt. Es gehört uns seit 15 Jahren, aber wir sind erst kürzlich hergezogen. Vorher haben wir weit draußen im Busch gewohnt. An das Leben in der Stadt haben wir uns immer noch nicht richtig gewöhnt. Es ist nicht leicht. Bislang kannten die Kinder immer nur die School of the Air. Jetzt fällt es ihnen schwer, sich an den täglichen Trott zu gewöhnen und immer mit anderen Kindern zusammen zu sein."

Ich war fasziniert. Bisher hatte ich noch nie jemanden kennen gelernt, dessen Kinder die legendäre australische Outback-Schule „besuchten", wo der Unterricht via Funk in abgelegene Schaffarmen und einsame Ranger-Stationen übertragen wird. Ich wollte wissen, wie diese Schule war. „Es war fantastisch", erzählte Deb. „Die Herausforderung ist wesentlich größer, und so arbeiten alle auch viel härter. Die School of the Air legt großen Wert auf höchstes Niveau, damit die Kinder im Outback nicht hinter den Stadtkindern zurückbleiben. Diese Notwendigkeit gibt es in der regulären Schule nicht. Da versucht man nur, irgendwie einen gemeinsamen Nenner zu finden."

Während wir uns noch unterhielten, kam Debs Mann Darryl nach Hause. Er war Förster, braun gebrannt, jemand, der immer draußen lebt. Er trug Khakihosen und rauchte eine Stummelpfeife. Seine leuchtenden Augen strahlten viel Humor aus.

Deb und Darryl luden mich zum Essen ein und richteten das Gästebett für mich her. Es gab Pasta, Gemüse und frisches Obst. Vom Esszim mer aus sah man in die samtene tropische Nacht hinaus. Nachtfalter flatterten im Eingang herum. Die Erde dampfte nach dem Regen des Tages, und es war angenehm warm. In der Nähe brannte ein Zuckerrohrbauer sein Feld ab, und wir sahen das Feuer in den Himmel züngeln. Über dem ganzen Zuckerland hing der für die Erntezeit typische Geruch nach verbranntem Sirup. Die Luft war voller Asche.

Nachdem das Geschirr gespült und aufgeräumt war, holten sie den Atlas heraus und fragten mich über meine Reise aus; was ich schon gesehen hatte und wohin ich noch wollte. Wir saßen um den Tisch herum, und Deb und Darryl nutzten den Abend geschickt als Erdkundestunde für ihre Kinder. Sie waren eine Familie, die gemeinsam etwas unternahm; teils weil sie lange Zeit zusammen in der Abgeschiedenheit des Outback gelebt hatten, vor allem aber weil sie sich liebten, fest zusammengewachsen waren und die Gesellschaft der anderen genossen.

Deb und Darryl waren geschickte und humorvolle Lehrer, die interessante und kreative Wege fanden, um die Geographie, Geschichte, Flora und Fauna einzelner Orte am Rande meiner Route zu erklären. Es lohnte sich auch für mich, die Ohren aufzusperren; ich lernte eine Menge an diesem Abend. Abwechselnd schlugen sie Dinge nach oder flitzten zum Bücherregal, das überquoll mit zerlesenen Führern und Bildbänden über Gestein und Mineralien, Wildblumen, Bäume, Vögel, Tiere, Geographie und Archäologie – fast alles hatte mit Natur zu tun. Es war ein unterhaltsamer Abend, doch der Tag auf dem Land endet ebenso frühzeitig wie er beginnt; um neun Uhr war Feierabend.

Am nächsten Morgen weckte mich das Geräusch des Regens, der vom Dach des Queensland-Hauses tropfte. Der Himmel hing voller tiefer, grauer, dampfender Wolken. Die feuchten Blätter der Mangobäume glitzerten. Ich frühstückte mit den Kindern, die in ihren Schuluniformen sauber, ordentlich gekämmt, aber ein bisschen nervös aussahen. Die Begeisterung vom Vorabend, Dinge zu ergründen und Neues zu lernen, war müder Resignation gewichen: „Ich hasse Schule", brummte Declan. „Ich wünschte, wir würden wieder in die School of the Air gehen."

Ich verabschiedete mich und nahm eine schmale Nebenstraße in Richtung des alten Flusshafens Maryborough. Der Regen verwandelte sich in ein warm dampfendes Nieseln. Hin und wieder setzte sich die Sonne durch, brachte den Asphalt zum Schimmern und die grünen Zuckerrohrfelder zum Leuchten, so dass sie sich besonders vor den düsteren Wolken im Hintergrund abhoben. Ein riesiger Farmtruck mit einer Ladung Zuckerrohr donnerte vorbei und hinterließ mit seinen Staubwirbeln den typischen Geruch von verbranntem Sirup. Ansonsten war die Straße ruhig, nur das Brummen von Insekten und das sanfte Surren meiner Reifen auf dem nassen Asphalt war zu hören. Zwanzig Meilen weiter war ich wieder an der Küste – und in Maryborough. Ein neuer Regenschauer setzte ein, als ich durch Seitenstraßen, an weiteren eleganten Queensland-Häusern vorbei, in ein altmodisches Stadtviertel einfuhr, das im trüben Morgenlicht wie ein verblasstes Postkartenmotiv der Industrie- und Handelskammer aussah.

In den 70er Jahren des 19. Jahrhunderts war Maryborough einer der wichtigsten Häfen an der Küste von Queensland gewesen – reich geworden durch den Goldrausch in den Minen um Gympie, überfüllt von Einwanderern aus Europa, die Kais beladen mit Zucker, Holz und Wolle, die über den Mary River weitertransportiert wurden. Und nicht zuletzt war die Stadt Zentrum des berüchtigten Blackbirding Trade, einer südpazifischen Variante der Sklaverei: Leute aus dem Landesinneren, die zur Arbeit auf den Zuckerrohrfeldern „einberufen" waren, wurden häufig von skrupellosen Schiffskapitänen gekidnappt, die für jeden Mann eine Prämie kassierten – ohne viel Fragen beantworten zu müssen.

Es war Donnerstag. Adelaide Street und Kent Street waren für den wöchentlichen Heritage Market Day gesperrt. Einheimische wie Touristen schlenderten über die regennassen Straßen an den Ständen entlang. Ich kaufte ein Päckchen in Honig gerösteter Australischer Haselnüsse und hockte mich in einen überdachten Hauseingang, um sie zu essen und das Ende des Regens abzuwarten. Was leider nicht kam. Also machte ich mich auf den Weg zu dem kleinen Urlaubsort Hervey Bay, wo ich spät nachmittags durchnässt und müde ankam. Ich nahm ein Zimmer in einem Backpacker's Hostel.

Außer mir war nur eine Hand voll Gäste da: eine Engländerin mittleren Alters, eine junge Irin namens Una, ein Neuseeländer, der Dean hieß und in seinem zerbeulten 1969er Valiant auf der Suche nach einem Obstpflückerjob die Küste abfuhr, und die Deutschen. Sie waren zu zweit und hießen, wie ich später erfuhr, Jürgen und Frank. Ich traf sie in der Küche, wo sie mit freiem Oberkörper und braun gebrannten Waschbrettbäuchen sämtliche vorhandenen Töpfe, Teller und Utensilien benutzten, um eine Art Nudelgericht zuzubereiten. Sie waren Anfang, Mitte Zwanzig, flachsblond und trugen Quicksilver-Shorts. Die Zehen an ihren nackten Füßen waren weit gespreizt vom Festkrallen am Surfbrett. Von Franks Hals baumelten ein paar billige Plastikkettchen, Jürgen trug eine Goldkette und hatte eine Stimme, die jedes Schloss geknackt hätte.

Ich suchte nach einer freien Stelle, wo ich mein Essen zubereiten konnte. Sämtliche Arbeitsplatten waren begraben unter Tüten mit Lebensmitteln, leeren Thunfischdosen, sonstigen Verpackungen oder dem Abfall von geschrappten Karotten. Aus den Töpfen auf dem Herd stiegen große Dampfwolken auf. Sie unterhielten sich auf Deutsch. Ich räusperte mich. „Verzeihung."

Jürgen warf mir einen eisigen Blick über die Schulter zu. „Verschwinde. Kannst wieder kommen, wenn wir fertig sind." Damit nahm er sein Gespräch wieder auf, als sei ich schon wieder draußen.

„Ich denke, wir können uns die Küche teilen."

Jürgen fuhr fort, mit den Töpfen herumzuhantieren, als ob ich nicht da wäre. Frank wischte genervt einen Haufen Zwiebelschalen beiseite – auf der frei gewordenen Stelle hätte vielleicht eine Teetasse Platz gehabt – und bedeutete mir, dass ich dort arbeiten könne, wenn ich schon so penibel wäre. Ich war so penibel. Nachdem ich die freie Stelle noch ein wenig vergrößert hatte, machte ich mir mein Essen. Gleich darauf machte Jürgen eine Bemerkung auf Deutsch, die unglaublich komisch gewesen sein muss. Frank grölte los, warf mir einen Blick zu und lachte noch mehr. Sie machten ihr Essen fertig und trugen dann ihre dampfenden Teller ins Fernsehzimmer, einen Stapel dreckiger Töpfe in der Spüle hinterlassend.

Einen davon säuberte ich und kochte klebrige Spaghetti darin. Anschließend ging ich ihnen nach ins Fernsehzimmer. Sie sahen *Dead Man Walking* auf Video und quatschten auf Deutsch dazu. Es muss zweifellos eine Komödie gewesen sein. Mit einem heißem Mahl im Magen ging Jürgen direkt aus sich heraus. Er nickte mir durch den Raum hindurch zu, stellte sich vor und begann Smalltalk. „Ist das dein Fahrrad, was draußen steht?"

Ich bestätigte.

„Wie lange bist du schon unterwegs?" Seine Frage klang wie eine Provokation. Es war aber nur seine Art.

„Bin in Sydney gestartet. Und ihr?"

„Sieben Monate, aber nicht mit dem Fahrrad."

„Wie gefällt euch Australien?"

Er schnaubte. „Australien ist Zeitverschwendung." Er zog von einem Plastikbecher Schokoladenmousse die Deckelfolie ab und steckte einen Plastiklöffel hinein. Irgendwie sah er aus wie ein schmollender kleiner Lord Fauntleroy.

„Wieso, was ist daran verkehrt?"

Er zuckte die Achseln, lugte in den Pudding und nahm einen zweiten Löffel voll in den Mund. „Es ist einfach null. Ein bescheuertes, leeres Land voll mit bescheuerten, leeren Leuten. Es gibt überhaupt nichts Interessantes hier. Ich meine, es ist lächerlich, was hier für ein Zirkus um irgend so einen winzigen Bach gemacht wird. Dann fährt man extra 2000 Meilen, um ihn zu besichtigen, und was kriegt man am Ende? Einen lächerlichen kleinen Bach. Super."

„Wo war das?"

„Katherine Gorge."

„Oh." Dazu konnte ich nichts hinzufügen. Ich hatte von der alten Schlucht im Northern Territory und von seinen Galerien mit der Felskunst der Aborigines gehört, aber ich war selbst noch nie dort gewesen.

„Die Leute geben immer damit an, wie toll alles in Australien ist, aber ich habe alles gesehen, und es gibt hier absolut nichts, was größer oder besser wäre als irgendwas anderes auf der Welt. Und ich meine wirklich gar nichts."

„Schon am Great Barrier Reef gewesen?"

„Da sind die Fijis besser."

„Uluru?"

„Nur ein großer roter Felsen."

„Irgendwas muss euch doch gefallen haben. Ihr seid immerhin sieben Monate geblieben."

„Cairns ist ein ziemlich guter Ort für Partys."

„Lass mich raten: Berlin ist besser, oder?"

Der mit Pudding volle Mund verzog sich zu einem schiefen Grinsen. Er stach mit dem schokoladenverschmierten Löffel nach mir. „Genau."

Ich spülte mein Geschirr ab und ging ins Freie, mit einer Vliesjacke gegen die Abendkühle geschützt. Der Regen hatte nachgelassen, eine frische Brise wehte vom Meer her. Ich ging die Esplanade um die Bucht entlang. Hervey Bay ist keine einzelne Stadt, sondern besteht aus einer Kette von fünf Weilern, die sich um einen halbmondförmigen Strand schmiegen. Es ist der Ausgangspunkt für Fahrten nach Fraser Island, der größten Sandinsel der Welt mit einem einzigartigen Regenwald-Ökosystem. Während ich an den hell erleuchteten Pizzarestaurants, Cafés und Gaststätten in Torquay, dem touristischen Schwerpunkt der Gemeinde, vorbeispazierte, spielte ich mit dem Gedanken, einen Tag zu bleiben und mir die Insel anzuschauen. Andererseits stieß mir schon auf diesen ersten Blick das aggressive Tourismusmarketing auf. Sie müssen unbedingt eine Allrad-Tour über die Insel machen. Sie müssen einen Bootstrip zu den Walen hinaus machen. Sie müssen eine Wandertour in den Dschungel unternehmen. Ich hatte überhaupt keine Lust, mich einem Haufen Lemminge anzuschließen, um ein paar sauber portionierte Abenteuerhäppchen zu schlucken. Ich entschloss mich, am anderen Morgen weiterzufahren.

Ich ging durch die dunkler gewordenen Straßen abseits des Strandes wieder zurück. Auf den düsteren, regennassen Trottoirs herrschte Stille, nur von irgendwoher klang schwach der Refrain von „How Much Is That

Doggie in the Window?". Es kam von der alten Memorial Hall her. Ich steckte kurz meinen Kopf durch die Tür und sah, dass zehn Mitglieder der Hervey Bay Musical Society gerade bei ihrer Donnerstagsprobe waren. Sie hatten sich auf einer altmodischen Bühne aufgestellt, eine Frau mittleren Alters an einem E-Piano dirigierte. Ansonsten war die zugige Halle menschenleer. Die Tür fiel hinter mir mit einem Knall ins Schloss. Alle blickten auf. Entschuldigungen murmelnd, stolperte ich ungeschickt ins Licht. Die Chorleiterin stand halb auf und sah von ihren Tasten aus prüfend zu mir herüber. Dann zeigte sie auf einen senfgelben Plastikstuhl mitten im Raum. „Setzen Sie sich! Wir freuen uns immer über Publikum."

Die folgenden zwei Stunden saß ich in der ersten Reihe, Mitte, wie ein Impresario, während die Hervey Bay Musical Society sich durch ein Medley aus alten Musicalsongs, Beatles-Hits und Gassenhauern probte. Die Leiterin hieß Zella Bridle. Sie erzählte mir, dass sie ursprünglich aus England komme und eine Weile in Neuseeland gelebt habe. Vor vielen Jahren habe sie bei einem Wettbewerb für Operngesang den zweiten Platz hinter einer damals noch völlig unbekannten Dame namens Kiri Te Kanawa belegt. Sie nahm ihre Sänger hart ran, denn im September stand ein Auftritt an. „Nein! Die Soprane stürzen ab dort drüben!" Man räusperte sich, klack, klack, einmal tief Luft holen, dann „Rock Around the Clock" von vorne. Gegen halb elf war die Probe zu Ende, und wir strömten in die feuchte Nacht hinaus. Mit „Mame" in den Ohren ging ich zur Herberge zurück.

Als ich ankam, brachten sich Jürgen und Frank gerade in Stimmung für eine lange Nacht. Aus der Jukebox dröhnte Heavy Metal. Sie lehnten daneben an der Wand, schüttelten wild zur Musik die Köpfe, zwischendurch immer an ihren Fourexflaschen saugend. Ein gutes Dutzend leere Flaschen lag überall auf dem Boden, auf dem Tresen und auf der Musikbox herum. Der ganze Raum muffelte nach abgestandenem Bier. Ein paar Gäste, die fernsehen wollten, blickten sie finster an. Es war nicht klar, ob die beiden das bemerkten, wenn ja, war es ihnen herzlich egal. Zwischen zwei Songs fasste sich die Engländerin ein Herz und ging auf sie zu.

„Verzeihen Sie, aber wir würden gerne den Film sehen."

Jürgen zuckte die Schultern. „Und wir wollen das hier hören." Er stellte sein Bier ab und steckte ein paar Münzen in den Schlitz. Kurze Pause, dann brach „Enter Sandman“ von Metallica aus den Boxen. Jürgen und Frank gaben sich wieder dem Headbanging hin. So ein Abend würde das also werden. Ich ging zu Bett und zog mir ein Kissen über die Ohren.

Der neue Tag zeigte sich grau und eintönig und verhieß weiteren Regen. Ich ging am Strand spazieren. Die Bucht hatte die Farbe von angelaufenem Zinn. Es herrschte Totenstille, und bis auf eine Frau, die ihren Hund Gassi führte, und einen Fischer, der in gelbem Ölzeug auf einem Felsen saß und seine Angel auswarf, war kein Mensch zu sehen. In einer Bäckerei, die gerade im Begriff war zu öffnen, besorgte ich mir ein paar Sachen fürs Frühstück und kehrte zur Herberge zurück. In der Küche herrschte Betriebsamkeit. Frank war verkatert und schlich mit verschwollenen und verschlafenen Augen um den Toaster herum. Er sah aus, als würde er augenblicklich in Millionen Stücke zerspringen, sobald ihn jemand anfasste. Von Jürgen war nichts zu sehen. Der Gedanke, dass er gerade einen Vier-Aspirin-Kater durchlitt, wärmte mich von innen heraus. Doch es kam sogar noch schöner. Zufällig bekam ich mit, wie jemand erzählte, dass Jürgen am Abend zuvor noch ins Pub gegangen war. Dort bekam er Streit mit einem Scherer, der ihm schließlich die Nase zu Brei schlug.

So genoss ich ein wunderbares Frühstück mit zwei Tassen Kaffee und einem extra Donut. Kurz nach acht brach ich Richtung Bundaberg auf.

KAPITEL 8

Bundaberg Bayou

WENN MAN DIE KÜSTE von Queensland entlangfährt, muss man zwangsläufig an den Süden der USA denken. Hier herrschen dieselbe Fruchtbarkeit, dieselbe großzügige Gastfreundschaft, dieselbe Provinzialität und derselbe tief verwurzelte Konservativismus mit teilweise rassistischen Untertönen. Viele Jahre lang regierte hier mit eiserner Faust ein Erdnussbauer namens Joh Bjelke-Petersen, eine australische Ausgabe von Huey Long, der in Louisiana lange Zeit die Zügel in der Hand gehalten hatte. An die Macht gekommen war Joh Bjelke-Petersen dank geschickter Wahlkreisschiebungen, infolge derer seine Bauernkumpels doppelt so viel Stimmen abgeben konnten wie die Stadtbevölkerung. Ende der 80er Jahre ging seine Ära zu Ende – nicht wie bei Huey Long durch den Schuss aus einer 0,22-Kaliber-Pistole, sondern auf mehr traditionelle australische Art durch eine Sonderabstimmung im Hinterzimmer der Partei.

In der Zwischenzeit hat Queensland zum Rest des Landes aufgeschlossen, doch auch im frühen 21. Jahrhundert ist der schwüle Hauch des Tiefen Südens noch nicht verflogen. Als ich in die alte Rum- und Zuckerstadt Bundaberg einfuhr, hatte ich das Gefühl, irgendwo in Louisiana in eine Kleinstadt zu kommen. Vielleicht lag es an der feuchten Hitze, den endlosen eintönigen Fahrten vorbei an raschelndem Zuckerrohr oder an der Bigotterie. Vielleicht aber auch an dem Auto voller Rednecks, die mich jenseits der Innenstadt mit quietschenden Reifen und Sand aufwirbelnd überholten und mir Hurra schreiend ein Knallbonbon ins Gesicht warfen.

Gegen vier Uhr rollte ich die Bourbong Street entlang, gereizt nach der Begegnung mit den Rednecks und völlig verschwitzt von den 82 Meilen, die ich in nur sechs Stunden von Hervey Bay her zurückgelegt hatte. Die Geschäfte an der Einkaufsstraße waren im Begriff, fürs Wochenende zu schließen, und die einheimischen Jungs bereiteten sich auf den Samstagabend an der Jukebox vor. Ich saß im Pavillon, aß Erdnüsse und sah beim Paarungsritual zu. Eine Traube halbwüchsiger Mädchen posierte nervös rauchend vor der Milchbar und beobachtete aufmerksam die schmierigen Typen, die auf der Frontbank eines Kingswood mit Dreifachvergaser, Plüschwürfel am Rückspiegel und kreischendem Radio zu viert nebeneinander vorbeidefilierten, den Bizeps strategisch günstig ins offene Seitenfenster drapiert. Die 50er Jahre ließen grüßen.

Zum Glück wusste ich bereits, wo ich schlafen würde. Am frühen Nachmittag hatte ich in einem Park an der Straße gehalten, um etwas zu essen. Dabei hatte ich eine Jugendgruppe getroffen, die sich auf einem Ausflug befand. Zwei der Betreuer, Peter und Beverley, hatten mir Kost und Logis angeboten, wenn ich nach Bundaberg käme. Ihre Adresse hatte ich in der Tasche. Sie hatten mir gesagt, dass sie gegen fünf Uhr zu Hause sein müssten. In der Dämmerung machte ich mich auf den Weg zu ihnen. Sie nahmen mich freundlich auf und bewirteten mich mit einer doppelten Portion Shepherd's Pie[5].

Am nächsten Morgen gingen wir in die Kirche zu einem energiegeladenen, charismatischen Gottesdienst im Christian Outreach Centre in der Elliott Heads Road. Die Kirche war ein großer postmoderner Saal, vor dem drei Kreuze im Rasen steckten. Einen so vollen Parkplatz hatte ich nicht mehr gesehen, seit ich an der Gold Coast an Jupiter's Casino vorbeigefahren war. Die Gemeinde war jung; zumeist junge Familien. Es gab keinen

[5] Auflauf aus Hackfleisch mit einer Schicht Kartoffelbrei darüber

Altar, nur eine Kirchenrockband mit Keyboarder, zwei Gitarristen, einem enthusiastischen Drummer und einer gemischten Gruppe Sängerinnen, die in ihre Mikrofone gurrten. Sie spielten vierzig Minuten durch, ein ausgelassenes Medley aus alten Jazz-, Blues- und Rocknummern. Und sie waren hervorragend. Die Gemeinde ließ sich leicht anstecken, man klatschte mit und sang und lobte Jesus.

Und genau in dem Moment, indem man sich gerade an das Konzerterlebnis gewöhnt hatte, zog sich die Band zurück und überließ dem Pfarrer das Feld. Der Übergang war so sanft, dass man es kaum bemerkte. Er war ein schwungvoller Vierziger mit rotblondem Haar und beginnender Glatze, gekleidet im typisch legeren Queensland-Stil mit grauem T-Shirt, weißem Leinenjackett und schwarzen Hosen. Er sah aus wie ein Bandleader, klang aber wie ein Football-Coach in der Halbzeit des Endspiels, bei dem sein Team mit 6 zu 66 Punkten zurückliegt. Es war eine aufwühlende Rede, vorgetragen in einem schönen tragendem Bariton. Am Ende waren alle davon überzeugt, dass die Aussichten ziemlich trübe und der Satan auf dem Vormarsch sei und dass wir alle so rasch wie möglich etwas dagegen unternehmen müssten: härter drangehen, direkter drauf zugehen und weniger herumlavieren.

Nach einer feurigen halbstündigen Rede folgte der Aufruf, und ein paar Sünder trotteten zögerlich und angesichts des voll besetzten Saales nervös dreinblickend nach vorne, um errettet zu werden. Ein großer, schlanker, dunkel gekleideter Mann mit silbrigem Haar trat ruhig hinter sie, während der Pastor mit fest geschlossenen Augen, vor himmlischer Anstrengung rot anlaufend, ihre Hände hielt und ihnen dann einen leichten Schubs gab. Mit leicht eingeknickten Knien traten sie einen Schritt zurück. Der Typ im dunklen Anzug fing sie auf und nötigte sie sanft auf den Teppich, wo sie regungslos liegen blieben, vom Geist in den Bann geschlagen.

Dann ging er diskret weiter, um den nächsten erlösten Sünder aufzufangen. Die Band fing wieder an zu spielen. Es kamen immer mehr Menschen, die geheilt werden wollten. Die meisten hatten Rückenschmerzen und steife Nacken und streckten sich alsbald neben den anderen auf dem Teppich aus. Es gab weitere Bekenntnisse, Friedenswünsche und die Kommunion, dann ein weiteres Zwischenspiel Bibelrock – die Band war wirklich klasse –, bis der Gottesdienst gegen 12 Uhr zu Ende ging. Bevor er uns gehen ließ, warnte uns der Priester noch, dass in Bundaberg Hexen ihr Unwesen trieben. Auf ihre Untaten gedächte er in der Messe um 18 Uhr 30 näher einzugehen.

Nach der Kirche fuhr ich zum Pavillon in der Bourbong Street und legte mich in die Sonne, um mich nach der morgendlichen Erweckungsfeier ein wenig zu entspannen. Dazu aß ich eines des Schinken- und Käse-Sandwiches, die mir Beverly beim Frühstückmachen netterweise eingepackt hatte. Die Einkaufsstraße lag ruhig da, überall blühten Blumen, und die Sonne strahlte hell und klar. Plötzlich hörte ich bekannte Stimmen, und als ich mich umwandte, sah ich Una und Dean von der Herberge in Hervey Bay das Trottoir entlang kommen. Sie waren an diesem Morgen mit Deans schwer schnaufendem Valiant hergekommen und hatten sich in einer schäbigen Rucksackherberge einquartiert, direkt gegenüber vom Tattoo-Laden. Eine knappe Stunde später war ihnen ziemlich klar, dass es hier keine Erntearbeit geben würde. Dabei hatte ihnen der Typ an der Rezeption versprochen, dass sie jede Menge Jobs haben würden, wenn sie nur blieben und warteten – alles von Avocados bis Zucchini. Una war skeptisch. „Ich denke, das ist nur ein Trick, mit dem er die Leute zum Bleiben bringen will, damit sie ihm jeden Tag 15 Dollar für seine vergammelten Zimmer zahlen." Es klang lustiger, als sie es sagte. Wenn es um beißende Ironie geht oder darum, jemandem zu sagen, dass er sich zum Teufel scheren soll, geht nichts über einen irischen Akzent.

Ich aß meine Sandwiches auf.

Wir schlenderten zusammen zum Fluss hinunter, wo einige Jachten am Kai festgemacht waren. Ein Weltumsegler, ein braun gebrannter Holländer namens Hans, schrubbte den Bug seines Katamarans *Funtastic* und schimpfte, weil er immer noch auf seine Chartergenehmigung wartete. Er war vor ein paar Wochen in Bundaberg vor Anker gegangen, um von hier aus Trips nach Lady Musgrave Island, ein hübsches Korallenatoll im Great Barrier Reef, anzubieten und anschließend weiter die Küste aufwärts zu fahren. Doch die Marinebehörden von Queensland ließen sich Zeit, und so hing er hier in Bundaberg fest und zahlte 60 Dollar Liegeplatzgebühren pro Tag. Diese Woche, so hoffte er, würden sie endlich so weit sein, dass er seine Ausflüge anbieten konnte.

Dean, der stets die Ohren gespitzt hielt, fragte Hans, ob er nicht an Deck ein paar helfende Hände gebrauchen könnte.

„Ja." Hans nickte. „Sobald ich meine Genehmigung habe. Das ist ein 14-Personen-Katamaran, da kann ich Hilfe tatsächlich gut gebrauchen. Wollt ihr gleich bleiben? Ihr müsst bloß fürs Essen zahlen, bis es losgeht. Und das kann eigentlich jederzeit sein."

Als ich mich aufmachte, waren sie noch am Überlegen. Dean meinte, es wäre auf jeden Fall eine gute Idee, auf einem Charterboot zu arbeiten, selbst wenn die Sache mit Hans ins Wasser fiel. Sie konnten jederzeit nach Arlie Beach gehen und dort auf einem der Taucherboote anheuern. „Ist jedenfalls viel besser als Obsternte", freute sich Dean.

Ich überquerte den Fluss auf einer alten Eisenbrücke und fuhr auf Nebenstraßen nach Gin Gin. Fünfundzwanzig Meilen später rollte ich im honigfarbenen Licht der tief stehenden Sonne durch spärlich bewaldetes Ackerland. Eine graue Limousine überholte mich, und die Insassen, ein Paar mittleren Alters, winkten mir vergnügt zu. Nach einer weiteren Meile sah ich das Auto wieder, geparkt vor einem kleinen grünen Haus mit Schmiedeeisenverzierungen um die Veranda. Das Paar war noch im Hof. Ich fuhr zu ihnen hinüber und fragte, ob ich auf ihrer Koppel auf der anderen Straßenseite zelten dürfe. Doch Phil und Alva wollten nichts davon hören: „Da haben wir doch was Besseres zu bieten!"

Zwanzig Minuten später saß ich geduscht und rasiert auf ihrer hinteren Terrasse, vor mir ein Teller mit Käse, Crackern und frisch geschnittenem grünem Paprika, in der Hand ein Glas mit gutem Scotch. In der Küche köchelte das Abendessen, das nach einem deftigen Rindfleischeintopf duftete. Auf dem Tisch stand bereits geöffnet ein 1981er Brown Brothers Cabernet Sauvignon. Ein leichter Geruch von Zuckerrohrasche lag in der dämmrigen Luft. Der „schwarze Schnee", wie sie genannt wurde, bildete sich, wenn ein Zuckerrohrbauer seine Felder abbrannte.

Diese Ecke des Queensland-Busches schien traditionell besonders gastfreundlich zu Durchreisenden zu sein. Alva erläuterte: „Wir leben hier am Fuß einer langen, schweren Steigung, die früher für die alten Dampfloks auf dem Weg nach Norden Richtung Gladstone eine echte Herausforderung war. Zu Zeiten der großen Depression kamen aus der ganzen Gegend die Landstreicher hierher, um auf den dahinkriechenden Güterzug aufzuspringen. Sie hofften, irgendwo an der Bahnlinie Arbeit zu finden. Das waren immer höfliche und anständige Männer, die eben nur schlechte Zeiten durchlebten. Meine Mutter hat niemals einen ohne Mahlzeit ziehen lassen. Naja, abgesehen von einem brutal aussehenden Typ mit schwarzen Locken, der ganz offensichtlich ein Spitzbube war. Den hat sie mit ihrer Schrotflinte verjagt. Sie war eine gute Schützin; konnte einen Falken am Flügel treffen. Die Landstreicher legten immer einen Stein auf den Zaun der Häuser, wo sie gut aufgenommen worden waren und etwas zu essen bekommen hatten. Wir waren immer stolz auf den Stein auf unserem Zaun. Ich denke, Sie können jetzt auch einen dahin legen."

In der Tat. Ich übernachtete in einem restaurierten Bauarbeiterwaggon, eine Art Gästezimmer, wenn die Enkel zu Besuch kommen. Am nächsten Morgen gab es Tee, Toast, Käse und Vegemite[6] zum Frühstück, während aus dem Küchenradio *Dad & Dave* knisterte, eine Comedy-Serie über Leute im Busch, die versuchen, aus Queenslands stoppeligen Darling Downs das Beste herauszuholen. In den 30er Jahren war es eine der beliebtesten Radiosendungen in Australien, und selbst heute wird sie von Lokalsendern gelegentlich noch ausgestrahlt. Nach dem Frühstück fuhr ich weiter.

Die Straße Richtung Norden nach Rosedale, Lowmead und Miriam Vale verlief entlang der Bahnlinie, also auch über den langen Anstieg, der einstmals die alten Dampfloks und noch heute Radfahrer jeden Alters zum Keuchen bringt. Direkt nach dem kleinen Weiler Rosedale hörte die Straße auf und ging in eine steinige Piste über. Die Sonne schien, und es war still hier, nur die Vögel in den Bäumen waren zu hören. Hin und wieder kam ich an einem Holzfällercamp vorbei, wo Bahnarbeiter Schwellen für die Gleise herausgeschlagen hatten. Doch es war keine Menschenseele zu sehen, nur das sauber aufgestapelte Holz, das in der Sonne trocknete.

Meile für Meile kam ich voran. Lowmead war nichts weiter als eine Straßenkreuzung mit einem Pub, einem Jacaranda-Baum und einem verfallenen Haus, vor dem ein Haufen Aborigine-Kinder Kricket mit dem Stock spielten. Im Pub lieferte sich ein morgendlicher Trinker ein sanftes

[6] Dunkler, salziger Brotaufstrich aus Hefeextrakt, sehr beliebt in Australien, Besucher finden den Geschmack meist gewöhnungsbedürftig.

Geplänkel mit der Dame hinter der Bar. Ich bestellte einen Orangensaft, setzte mich auf die Stufen und sah den Kindern bei ihrer Version von Kricket zu. Irgendwo im Busch ließ sich ein Lachender Hans vernehmen. Die Sonne zog am Himmel ihre Bahn.

Ein paar Meilen hinter Lowmead geriet ich in eine Sackgasse. Ein Schild teilte mit, dass die Straße gesperrt sei. Sie war aufgerissen und unpassierbar, offenbar war dies der Auftakt zu einer Verbesserungsmaßnahme. Ein weiteres Schild verwies auf eine Umleitung über einen Feldweg, der in meiner Karte nicht verzeichnet war. Ich folgte dem Schild. Ein paar Abzweigungen später, mitten in einem schweigenden Walde, in dem es weit und breit weder Schilder noch Verkehr gab, begann ich mich ernsthaft zu fragen, wohin das wohl führen sollte. Ich beschloss, am nächsten Haus nach dem Weg zu fragen.

Das nächste Haus war eine heruntergekommene, düster wirkende Hütte, vor der kein einziges Auto stand. Einziges Lebenszeichen war ein knurrender Rottweiler, der an der Grundstücksgrenze auf und ab sprang. Er war nicht angekettet. Ich fuhr weiter.

Rund eine Meile weiter kam das nächste Haus, das ebenso finster und verfallen aussah und nicht wesentlich einladender wirkte; Schilder warnten mich, dass „Betreten auf eigene Gefahr“ sei und man „Achtung vor dem Hund“ haben solle. Doch das Auto im zugewucherten Hof sah aus, als sei es erst kürzlich bewegt worden, und ich konnte keinen Wachhund entdecken. Ich lehnte mein Fahrrad gegen das Tor und ging auf das Haus zu. Dabei fiel mein Blick auf zwei hässliche Promenadenmischungen, die neben der Garage in der Sonne schliefen. Wahrscheinlich hingen sie an der Kette, vielleicht war da aber auch nur der Wunsch Vater meines Gedankens.

Zum Umkehren war es jetzt jedenfalls zu spät. Ich trat ganz leicht auf, um keine schlafenden Hunde zu wecken. Vorsichtig klopfte ich an die Tür. Die Hunde wachten auf und begannen mich anzubellen, kamen aber nicht ums Haus gerannt. Durch ein Panoramafenster sah ich ein spartanisch möbliertes Wohnzimmer, in dem ein paar Kleinkinder auf dem Teppich spielten. Sie hielten inne und starrten heraus. Ich lächelte. Sie reagierten nicht. Dann ging die Tür einen Spalt auf, und ein Mann sah mich misstrauisch an.

„Was ist los?“

Ich versuchte, fröhlich zu klingen, hörte mich dabei aber wahrscheinlich an wie ein Lexikon-Vertreter, der versucht, einen Fuß in die Tür zu bekommen. Ich erklärte meine Lage. „Hoffentlich habe ich mich nicht verirrt. Direkt hinter Lowmead war eine Umleitung, aber seitdem habe ich kein Schild mehr gesehen, und jetzt frage ich mich, ob das immer noch der richtige Weg nach Miriam Vale ist.“

Er linste über meine Schulter und entdeckte das Fahrrad, das am Tor lehnte. Ohne seinen misstrauischen Blick aufzugeben, nickte er leicht. „Nur weiter, Kumpel, dann kommst du schon hin.“ Die Tür schloss sich vor meiner Nase.

Ich ging zu meinem Rad zurück, während ich spürte, wie sich Blicke zwischen meine Schulterblätter bohrten. Die Hunde bellten. Ich stieg auf und fuhr los. Hinter mir ging eine Tür, dann war das Gebell der Hunde überall auf dem großen, von Unkraut überwachsenen Hof zu hören. Er hatte sie losgelassen. Heute keine Besucher mehr, danke. Ich überlegte, was wohl hinter all dem steckte: Zeugenschutzprogramm? Drogenhandel? Versteckspiel? Was es auch sein mochte, es ging mich nichts an. Ich fuhr weiter.

Die Straße wurde breiter und ansehnlicher. Eine Stunde später befand ich mich mitten in einem Weideland voller Eukalyptusbäume. Langsam fuhr ich hinter einer Schafherde her, die von einem Bauern auf einem Motorrad gehütet wurde. Es war spät am Nachmittag. Die schräg einfallenden Sonnenstrahlen brachen sich im Staub und überzogen die Schafe, die enge Straße und den Baldachin der Gummibaumkronen mit einem goldenen Schleier. Ich fragte den Viehzüchter nach Miriam Vale, und er erwiderte, es liege direkt vor uns. In der Dämmerung steuerte ich den Pub des Ortes an und beschloss, mir ein Zimmer zu nehmen. Meine Erfahrungen mit der Gastfreundschaft in Queensland hatten mich verweichlicht.

Im Pub herrschte das schläfrige Gemurmel frühabendlicher Gäste. Mit dem Zimmerschlüssel in der Hand wollte ich gerade nach oben gehen, als mich eine raue Stimme aus dem Gastraum zurückhielt. „Hey, sind Sie das, der mit dem Fahrrad um ganz Australien fährt?“

Ich wandte mich um und sah in das große, zerfurchte Gesicht eines Mannes in den Sechzigern. Er saß mit einer schlanken, braun gebrannten Frau am Tisch, die offenbar seine Gemahlin war. Ich sagte Ja.

„Sie sind ein Idiot." Er zündete seine Pfeife an, lehnte sich selbstgefällig im Stuhl zurück und wartete auf meine Reaktion.

Er gehörte zu der Kategorie der klassischen australischen Dummschwätzer. Ich grinste. „Lächle gefälligst, wenn du so was zu mir sagst, Kumpel."

Durch eine Wolke duftenden Rauch grinste er zurück. „Wenn du dich eingerichtet hast, kommst du runter. Ich lad dich auf ein Bier ein."

Seine Frau meldete sich zu Wort. „Und Sie tun besser, was er sagt. Er ist bei der Militärpolizei."

„Melde mich gehorsamst zum Biertrinkappell um 17 Uhr 30."

Ich ging auf mein Zimmer. Australische Pubs haben nichts mit Motels gemein, wie die Preise vielleicht vermuten lassen würden. Sie sind altmodisch, gebaut für Reisende des (vor-)letzten Jahrhunderts: Duschen über dem Flur und so kleine Zimmer, dass gerade einmal ein durchgelegenes Bett, eine alte Kommode und vielleicht ein Schrank hineinpassten. In den Tropen gehört meist noch ein Deckenventilator dazu. Ich warf mein Gepäck aufs Bett, zog ein paar saubere Kleidungsstücke heraus und wankte den Flur entlang zur Dusche. Als ich mich sauber genug fühlte, ging ich hinunter. Auf dem Tisch wartete schon ein Bier auf mich. Ich stellte mich vor und setzte mich.

Es war ein äußerst erhellender Dämmerschoppen. Wobei „Happy Hour" für unsere Unterhaltung eine nicht ganz zutreffende Bezeichnung war. Graham und Coral waren das hart gesottenste Rentnerpaar, das mir je begegnet ist. Mit ihren beiden geliebten Dackeln fuhren sie die Küste nordwärts zu einem Stück Land nahe dem Daintree Rain Forest, das sie vor vielen Jahren gekauft hatten; in der guten alten Zeit, also bevor die Weltverbesserer aus dem Süden kamen und alles verdarben. Alles ist inzwischen den Bach runtergegangen, so ihre einhellige Meinung, seit Joh aus dem Büro geschmissen wurde.

Coral lauschte wie gebannt und nickte mir aufmunternd zu, um sich zu vergewissern, dass ich mitkam, während Graham lautstark vom Stapel ließ, was heutzutage alles mit Queensland falsch lief. Linke Politiker,

Grüne, Gewerkschaften, Aborigines, Arbeitslose, Asiaten und Schwächlinge aus Sydney und Melbourne, die nicht kapierten, wie die Dinge hier funktionierten. Die schmarotzenden Umweltschützer hätten dem Daintree Forest so viele Schutzgesetze aufgezwungen, dass sie, Graham und Carol, zu ihrem kleinen Flecken Paradies keine Straßen bauen oder Stromleitungen legen dürften. „Man sollte diese Arschlöcher rausholen und an die Krokodile verfüttern", schnaubte Graham und zündete sich zum x-ten Mal die Pfeife an. Carol nickte wie immer zustimmend. Und was die Aborigines angeht: „Sie sollten eine unbeschränkte Jagdzeit für sie einführen, wie bei den Enten."

Ich fragte mich, ob er wirklich an all das glaubte, was er da erzählte, oder ob er für mich speziell ein paar besonders krasse Ansichten zusammengeklaubt hatte. Ein paar Mal fing ich einen Blick von ihm auf, der mich in meiner letzteren Vermutung bestärkte. Doch dann war ich mir wieder nicht mehr so sicher. Aber abgesehen von seinen politischen Ansichten vermittelte er den Eindruck, dass auf dieser Welt für ihn ohnehin nur eins zählte, nämlich die Frau, die an seiner Seite saß, und vielleicht noch die zwei Hunde, die draußen im Wohnwagen warteten. Coral legte mir eine Hand auf den Unterarm: „Sie sollten sie wirklich kennen lernen, sie sind einfach süß."

KAPITEL 9

Und so folgte ich der Spur des Steinbocks

AUSTRALIER HABEN SICH von der Topographie noch nie unterkriegen lassen. Hier in Rockhampton markierte ein rühriger Stadtrat den Wendekreis des Steinbocks, der ein paar Meilen nördlich verläuft, durch einen bunt bemalten Stein, der vor dem Fremdenverkehrsbüro prangt. Besucher können sich mit einem Bein in der „Gemäßigten Zone" und einem in der „Heißen Zone" ablichten lassen und sich anschließend drinnen mit Postkarten, Geschirrtüchern und Filmen eindecken.

Als ich an einem schwülen Augustmorgen, zwei Tage nach Miriam Vale, hier ankam, waren kichernde Touristen gerade dabei, sich gegenseitig zu fotografieren, wie sie „drin" und „draußen" waren. Ich lehnte mein Rad gegen die „Heiße Zone", setzte mich mit einem Müsliriegel und einer Flasche Wasser in die tropische Sonne und begann meine Karte zu studieren. Es war Zeit für eine Bestandsaufnahme.

Ich war inzwischen 1000 Meilen nördlich von Sydney. Bislang war ich im Wesentlichen immer an der Küste entlang gefahren, auf den ausgetretenen Pfaden australischer und ausländischer Sonnenhungriger. Auch wenn ich nicht sagen wollte, Australien wiederholte sich, so hatte ich doch das Gefühl, mehrere Strophen desselben Liedes jetzt zu kennen. Jede Landmarke an der Küste schien von Captain Cook entdeckt worden zu sein. Jede Bucht war als potenzieller Ort für ein Straflager begutachtet worden, anschließend von flüchtigen Kriminellen erkundet und von harten Schotten mit guten Beziehungen schließlich besiedelt worden, die mittels Wolle, Rindfleisch oder Zucker zu Wohlstand gelangten. Jeder Ort am Meer hatte seine Schilder für Urlauber draußen hängen, eine hübsche Hauptstraße mit falschen viktorianischen Fassaden und Immobilienmakler, die Häuser und Grundstücke nur zwanzig Minuten vom Strand anbieten.

Von alledem hatte ich nun eine ganz gute Vorstellung. Jetzt wollte ich einen Szenenwechsel.

Rockhampton markiert den Beginn des Capricorn Highway, eines dünnen Asphaltbandes, das über fast 500 Meilen in westlicher Richtung dem Wendekreis des Steinbocks bis in das staubtrockene Outback von Queensland folgt. Ich hatte die dünne rote Linie auf der Karte sicherlich tausend Mal im Geiste nachgefahren und mir vorgestellt, wie ich durch diese endlosen Weiten fahren würde, abgeschiedene Siedlungen passierend, die Namen hatten wie Dingo, Comet oder Alpha, um schließlich in dem Ort mit dem bezeichnenden Namen Longreach anzukommen. Das war das legendäre Outback, wo Viehzüchter sich mit dem Flugzeug fortbewegten und ihre Kinder per Radio unterrichtet wurden, wo Banjo Paterson „Waltzing Matilda" geschrieben und Big Jackie Howe – der John Henry des australischen Outback – 1892 in Alice Downs an einem einzigen Tag 321 Schafe geschoren hat. In dieser Nacht schlief ich am Ufer des Fitzroy River. Am anderen Morgen brach ich Richtung Westen auf.

KAPITEL 10

Unterwegs in den Outback

DER CAPRICORN HIGHWAY war für mich der erste richtige Vorgeschmack auf das Reisen im Outback. Ein paar flüchtige Eindrücke hatte ich als Bergbau-Korrespondent für den *Sydney Morning Herald* schon gewinnen können. Doch das waren immer nur kurze Geschäftstrips gewesen. Ein oder zwei Tage Recherche im Outback – dabei wurde ich von einem Minen-Leiter über eine zerklüftete, sonnenbeschienene Anlage geführt –, und dann ging es wieder zurück in die Stadt. Die vielen leeren Stunden in 12 000 Meter Höhe – auf dem Hin- wie auf dem Rückweg –, in denen ich auf die von der Sonne verbrannte Unendlichkeit hinunter blickte, gaben mir einen mittelbaren Eindruck von der Einsamkeit, aber mehr auch nicht. Jetzt hatte ich alles in Augenhöhe vor mir. Ich war unten im Dreck mit all den Fliegen und dem Staub und würde mir jede einzelne Meile mit harter Arbeit, Schweiß und Ausdauer erarbeiten müssen. Und ich war dumm genug, mich darauf zu freuen.

Ich verließ Rockhampton am Vormittag über die Umgehungsstraße, wo der Wendekreis des Steinbocks tatsächlich verläuft, und fuhr dann Richtung Westen an den ausgedehnten Viehweiden entlang über ein schmales Asphaltsträßchen, das sich bis zum Horizont erstreckte. Es war bemerkenswert, wie schnell das Grün und die Betriebsamkeit der Küste zu Ende waren. Generationen von australischen Schulkindern haben wahrscheinlich Dorothea MacKellars Ode an den Outback „I love a Sunburnt Country" auswendig gelernt, als wäre es ein Treuegelöbnis. Doch wenn es darum geht, einen Ort zu finden, an dem man leben möchte, dann wählen sie alle eine grüne, gut bewässerte Vorstadt in der Nähe des Strandes. Nie wird einem diese Tatsache anschaulicher vor Augen geführt als bei der ersten Reise Richtung Westen. Die Landschaft öffnet sich plötzlich, wird heißer, trockener und flacher, während die Städte gleichzeitig kleiner, härter und abgeschiedener werden.

Fünfundsiebzig Meilen anstrengendes Fahren brachte mich in die Eisenbahnstadt Duaringa. Das Pub, jahrhundertealt und wenig einladend, lag in einem Eukalyptushain ein paar hundert Meter von der Straße weg. Es dämmerte bereits, als ich ankam. Die Kneipe war voll und laut, und die Türen standen weit auf, um den kühlen Abend herein und das hohle Gelächter sowie den Gestank nach Schweiß und Rauch hinaus zu lassen. Ich setzte mich direkt an die Tür und bestellte ein Bier. Der Barmann hatte schulterlanges schwarzes Haar und einen ZZ-Top-Rauschebart. Er war über einsachtzig groß und sehnig. Er sah ziemlich fähig aus, und an einem Ort wie diesem bedeutete das, dass er sich wahrscheinlich einhändig über den Tresen schwingen konnte und mit allem fertig wurde, was im Raum vor sich ging. Er zapfte mir ein Bier und betrieb höflichen Smalltalk, während er mein Geld an sich nahm. Dann lehnte er sich wieder mit verschränkten Armen und freundlich aufmerksamem Blick an die Bar. Das kühle Bier schwemmte den Staub aus meiner Kehle. Ich lehnte mich zurück, kippte meinen Stuhl gegen die Wand und justierte mein Gehör auf die Gespräche rund um mich herum. Innerhalb einer halben Stunde lernte ich Folgendes:

Erstens: Kleine bissige Typen können große starke Typen umhauen wie nichts. Eigentlich fast immer oder jedenfalls meistens. Oder zumindest manchmal.

Zweitens: Es gibt einen bissigen Bergmann drüben in Clermont, der hat jeden starken Typen zwischen Mount Isa und hier schon umgehauen wie nichts. Seine fiesen kleinen Fäuste hinterlassen Blutergüsse so groß wie Essteller.

Drittens: Sein Geheimnis: Ziel auf die Rippen. Am besten direkt über das Herz.

Benebeltes Nicken ringsherum. Yep, stimmt genau, direkt aufs Herz.

Finger hoben sich, um noch eine Runde zu bestellen. Ein Kerl fing an, die Story zu erzählen, als er mal in Blackall war. Ich trank mein letztes Bier aus, schlich unauffällig zur Tür und suchte über die Veranda den Weg zu meinem Zimmer. Hinter mir schallte das Ha-Ha-Ha, das seine Pointe ausgelöst hatte, in die Nacht. Die dünnen Wände und Türen schluckten kaum etwas davon.

Aus einer Dose Sardinen, einer Avocado und ein paar getrockneten Pfirsichen machte ich mir ein Abendessen und las dazu einige Seiten in The *Bush Untertaker* (zu Deutsch: Der Busch-Bestatter), eine zerlesene Ausgabe des Henry-Lawson-Klassikers, die ich heute Morgen in Rockhampton erstanden hatte. Bis zu meiner Reise hatte mich australische Literatur wenig interessiert, doch dann fand ich eine Taschenbuchausgabe von Banjo Paterson, die irgendjemand in der Herberge in Hervey Bay hatte liegen lassen und die meine Neugier weckte. Es gefiel mir. Meine Reise im Schneckentempo, Wind, Hitze, Regen und dem scharfen Geruch des Eukalyptus schutzlos ausgesetzt, hatte Paterson Landschaften neues Leben eingehaucht. Und mir gefiel sein Sinn für Humor.

Lawson gefiel mir sogar noch besser. Seine Figuren waren keine lustigen Landstreicher mit rosigen Wangen und zwinkernden Augen, die in unbeholfenen Versen Seemannsgarn spinnen. Die meisten von ihnen waren Gammler, die die Welt aus der Froschperspektive sahen und mit beißender Ironie kommentierten. So wie Lawson selbst, der jahrelang umherzog und 1922 völlig mittellos als Alkoholiker starb. Angesichts seiner düsteren Lebensumstände nimmt es nicht Wunder, dass er Patersons launige Berichte von einem fröhlichen, sorglosen, sonnigen und allzeit erbaulichen Leben im Outback mit Verachtung strafte. Der poetische Buschmann ist ein Mythos, schrieb Lawson. Viele davon seien „engstirnig, zutiefst ignorant und unabänderlich dickköpfig".

Im weiteren Verlauf des Abends bebte das alte Pub von Duaringa vor alkoholdurchtränktem Gelächter und Geschrei, krachenden Tischen, einer dröhnenden Jukebox und zwei schwer überarbeiteten freischaffenden Damen. Und mich beschlich das Gefühl, dass in der Tat Lawsons Outback lebte, während das von Paterson nur noch ein verblasstes Trugbild war. Der Tumult unten in der Bar klang wie die Geräuschkulisse einer mittelalterlichen Plünderung.

Die Morgendämmerung war von einem Schnarchkonzert und trockenen Würgen aus der Toilette am Ende des Flurs begleitet. Ich gab meinen Schlüssel beim Wirt ab, der gerade dabei war, die Gaststube aufzuwischen, und schwang mich in den Sattel. In Dingo, rund zwei Stunden weiter auf dem leeren Highway, sah ich meinen ersten Roadtrain, einen mit drei Anhängern, am Straßenrand vor einem Diner geparkt. Langsam rollte ich an ihm vorbei und ließ seine unglaublichen Dimensionen auf mich wirken. Roadtrains gibt es nur im australischen Outback. Halb so lang wie ein Fußballfeld, bis zu 170 Tonnen schwer, sehen sie wahrhaft Furcht erregend aus, wenn sie einen verlassenen Highway entlang donnern und mit ihren 62 Rädern brodelnde Wolken aus Staub und Kies aufwirbeln. Sie versorgen die abgeschiedenen Siedlungen und Stationen mit Lebensmitteln, Sprit und Textilien und bringen ihre Wolle oder ihr Fleisch zum Markt. Dieser hier hatte gerade eine Herde Vieh auf dem Verkaufsgelände bei Rockhampton abgeliefert. Seine massiven Anhänger, die dicht mit Staub überzogen waren, stanken noch nach Tier.

An der Küste hatten mich wohlmeinende Städter vor den Gefahren der Roadtrains gewarnt. Der Seitensog dieser rasenden Monster, so unkten sie, sei so stark, dass ich unter die Räder gezogen würde, oder ihre hinterste Achse würde so weit ausschwenken, dass ich weggeschleudert würde. Ich hatte das so oft gehört, dass ich wirklich nervös war. Doch jetzt, da ich an diesem klobigen Ungeheuer vorbeistrampelte, fühlte ich mich wie Bambi, das um den dösenden Godzilla herumschleicht. Kein Zweifel, auf den Highways im Outback war das hier der König unter den Raubtieren.

Ich hatte bereits gesehen, welche Spuren sie hinterließen; die zahlreichen von Fliegen übersäten Überreste von Kängurus und selbst großem Vieh, das ihnen vor die wuchtigen Kuhfänger geraten war. Einige der Gerippe schienen bis zu 15 Meter in den Busch geschleudert worden zu sein. Selten gab es Schleuderspuren zu sehen. Offenbar fuhren die Ungetüme einfach durch, brummten weiter die Wüsten-Highways entlang zu ihren einsamen Zielorten, die Hunderte von Meilen voneinander entfernt lagen. Ich hätte mir indes keine Sorgen machen müssen. Als mich der Roadtrain ein paar Meilen westlich von Dingo einholte, bretterte er majestätisch – und völlig ungefährlich – an mir vorbei. Sein Fahrer gewährte mir mit einem freundlichen Gruß ein breites Stück der Straße.

In den nächsten Monaten, in denen ich Tausende von Meilen durch das Outback reiste, hatte ich kein einziges Mal auch nur das geringste Problem mit Roadtrains, und ich habe keinen Radfahrer getroffen, der mir etwas anderes berichtet hätte. Die Fahrer waren samt und sonders höflich und ließen immer viel Platz; in dieser weiten Landschaft war genug Straße für alle da. Ich empfand stets eine Art Euphorie, wenn mich mit Donnerknall in einer Wolke aus Staub einer dieser Ungeheuer überholte. Immer wenn ich einen von ihnen sah, dachte ich an das, was Huckleberry Finn fühlte, als nachts ein Mississippi-Frachter an ihm vorbeiglitt: Das war schon eine Riesensache, Bootsmann auf so einem Boot zu sein.

Während ich immer weiter nach Westen vordrang, überschritten die Temperaturen die 30-°C-Grenze. Ich musste häufiger halten, um mich im Schatten auszuruhen und etwas zu trinken. Zum ersten Mal musste ich meine Vorräte einteilen und die Entfernung zur nächsten Siedlung genau berechnen. An der Küste waren Ortschaften, Tankstellen und Lebensmittelläden ebenso gesprossen wie die Pflanzen. Doch hier draußen empfing mich jenseits der Stadtgrenzen nichts als dreißig, 40 oder 50 Meilen ausgedörrter Busch.

Die Landschaft strahlte eine Art brutaler Pracht aus. Riesige, schroffe Weiten unter einer sengenden Sonne; der schaurige Anblick von großen Keilschwanzadlern, die Fleischfetzen aus einem Kängurukadaver zerren, und am Ende des Tages eine rote Sonne, die brodelnd im Busch versinkt. Manchmal meinten die Adler, ich wollte ihnen ihr von Fliegen übersätes Aas streitig machen. Dann sperrten sie die Straße, mit ihren zwei Metern Flügelspanne eifersüchtig ihre Beute abschirmend. Ich sah in ihre blitzenden Augen und machte einen weiten Bogen um sie. Einmal schnellte ein Fetzen von einem LKW-Reifen auf und versuchte mich in den Knöchel zu beißen – das vermeintliche Stück Gummi war in Wirklichkeit eine tödliche braune Königsnatter. Hin und wieder hatte ich das Gefühl, in Wirklichkeit auf den Highway zur Hölle geraten zu sein.

Am dritten Tag erreichte ich Emerald, wo ich mich mit Lebensmitteln eindeckte und meine Wasserflaschen auffüllte. Inzwischen waren es sechs Stück, die zusammen 6,1 Liter fassten. Am Nachmittag fuhr ich weiter, vorbei an einer Reihe verrosteter Güterwagen, an abgeernteten Baumwollfeldern, die jetzt braun und stoppelig dalagen, in den Busch in Richtung der alten Saphirminen bei Anakie. Der Tag hatte heiß, grell und schwül begonnen, doch rund eine Stunde später bemerkte ich eine Wolkenfront, die sich im Süden zusammenzog wie ein Haufen fetter, dunkler Trauben.

Wo ich fuhr, war es immer noch sonnig, wenngleich die Luft bereits kühler und das Licht weniger intensiv war. Donner grollte. Das Lüftchen, das den ganzen Morgen über sanft aus dem Norden geweht hatte, wurde heftiger. Plötzlich blies es mit voller Wucht aus Süden, kalt und frisch, als ob jemand eine leistungsstarke Klimaanlage eingeschaltet hätte. Eine unerwartete, heftige Böe hätte mich fast aus dem Sattel gehoben. Immer mehr Wolken bildeten sich, und jetzt flankierten sie mich auch im Osten. Tief am Himmel hängend, überzogen sie die Landschaft mit großen Flecken und dunkel violetten Regenschauern. Blitze zuckten wie gruselige grünliche Schlangenzungen.

Ich trat wild in die Pedale und eierte vom Seitenwind gebeutelt die Straße entlang. Kaum hatte ich ein paar Hundert Meter hinter mich gebracht, platschten die ersten dicken tropischen Regentropfen um mich herum zu Boden. Eine Meile weiter war ich nass bis auf die Haut. Dann plötzlich hörte der Wüstensturm ebenso schnell auf, wie er begonnen hatte, und zog weiter nach Norden. Ich hielt und sah zu, wie er sich entfernte, die Luft mit Blitz und Donner erfüllend. Als ich aufsah, brach die Sonne durch, und ein Regenbogen spannte sich makellos über die Ebene.

Die Sonne hatte in ihrer Kraft nachgelassen; der Charakter des Tages hatte sich verändert. Immer noch hingen Sturmwolken am Himmel, und jähe kühle Windstöße bliesen Grashalme über die Straße. Donner lag in der Luft, und als ich am späten Nachmittag Anakie erreichte, tröpfelte es leicht. Unter einem Gerüst mit Blechdach fand ich Schutz und richtete mich für die Nacht ein.

Die Straße westlich von Anakie war verlassener als alles, was ich bis dahin gesehen hatte. Bis zur nächsten winzigen Siedlung, Alpha, waren es 80 Meilen. Auf dem ganzen Weg lag nur eine gottverlassene Eisenbahnstation namens Bogantungan. Später auf meiner Reise sollten mir 80 Meilen ohne Wasser keinerlei Schrecken mehr einjagen, doch in diesem Stadium waren sie eine echte Herausforderung für mich. Ich überprüfte mein Fahrrad nach allen Regeln der Kunst und füllte jeden verfügbaren Behälter (sieben mit insgesamt 7,6 Liter Fassungsvermögen) mit Wasser. Ich brach in aller Frühe auf, glücklich über den verhangenen Himmel und die kühle Morgenluft.

Der erste Abschnitt, die rund 30 Meilen bis Bogantungan, gingen relativ schnell. Ich hatte gehofft, dass die alte Bahnstation noch bewohnt ist, so dass ich die Möglichkeit hätte, meine Wasservorräte aufzufüllen und vielleicht sogar eine Packung Milch zu kaufen, falls es so etwas wie einen Lebensmittelladen gab. Und tatsächlich, es gab ein winziges, altmodisches Lädchen, türkisblau gestrichen, mit einem sauberen Garten und einem Auffangbecken für Regenwasser. Es war eine heimelige Oase in diesem Ort, der zweifellos bald eine Geisterstadt sein würde. Allerdings gab es keine Milch – oder sonst irgendwelche Produkte. Die Regale waren leer, bis auf ein paar verstaubte Dosen Ingwer- und Sarsaparilla-Bier sowie drei Schokoriegel.

„Ich habe mich schon lange nicht mehr um Nachbestellungen gekümmert", erklärte Robyn, die Ladenbesitzerin, während sie die letzten Dosen zu ihrem Auto trug. „Keiner mehr da, der was kaufen würde, seit die Bahnlinie stillgelegt ist. Ich mache jetzt endgültig zu." Ich kaufte ihr die letzten Schokoriegel ab. Sie schloss den Kofferraumdeckel ihres Wagens und sperrte den Laden zu. „Nehmen Sie sich vom Regenwasser."

Nachdem sie abgefahren war, füllte ich meine Flaschen auf und nahm einen ausgiebigen Schluck Wasser. Die verlassene Stadt lag ruhig unter einem graubedeckten Himmel. An der Tür einer klapprigen Hütte mit einem überwucherten Garten stand ein grauhaariger alter Mann. Er beobachtete mich mit einem Ausdruck freundlicher Neugier und rief: „Wohin wollen Sie?"

„Nach Westen. Longreach."

Er schüttelte den Kopf. „Nie da gewesen. Weiter als Emerald bin ich nie gekommen. Mache mir nicht viel aus langen Autofahrten."

Er hieß Frank und hatte siebzig Jahre seines Lebens in Bogantungan verbracht. „Das war früher mal eine wirklich lebendige Eisenbahnerstadt, vor vielen Jahren, als ich noch ein Kind war. Zu Zeiten meines Vaters gab es hier über zwanzig Pubs – manche davon waren nur schlichte Blechhütten, mit ein paar Krügen voller Rum, aber es gab auch ein paar große, ordentliche zweistöckige, mit Eisenverzierungen an der Veranda. Direkt da drüben war ein besonders hübscher.“ Er zeigte auf einen mit Unkraut bedeckten Platz, wo Bougainvilleen wuchsen. „Abgebrannt, ach, vor vielen Jahren schon.“

Er blickte auf mein Fahrrad und lehnte sich gegen einen Baum. „Da haben Sie ganz schön was vor sich, wenn Sie Richtung Westen wollen. Die nächsten 50 Meilen gibt es kein Wasser, und Sie müssen über die Drummond Range, da ist die Straße so.“ Er hielt seinen Unterarm im spitzen Winkel. „Ich schätze, Sie werden schieben müssen, wenn Sie da hoch wollen.“

Der Pass über die Drummond Range war nur rund 550 Meter hoch, doch der Aufstieg über die Serpentinenstraßen war so erbarmungslos in der brütenden Hitze, dass ich an eine von Lawsons lakonischen Bemerkungen denken musste: „Im Outback gibt es keine Berge, sondern nur Grate auf dem Höllenboden.“ Der Blick von oben ließ an die Apokalypse denken: Eine leere, in mattes Rot getauchte Ebene, die sich endlos weit unter einem zinnfarbigem Himmel erstreckt, während der ferne Horizont von dunkelblauem Dunst verschleiert ist. Über viele Meilen säumten die zahllosen verdorrten Überreste von überfahrenen Kängurus die Fahrbahn, ihre ausgetrockneten Schädel sahen aus wie der leibhaftige Tod. Die frischeren Kadaver waren von Fliegen übersät. Es stank. Ich fragte mich, wie dieser verlassene Highway wohl an einem wirklich heißen Tag aussah.

Auf dem Pass leerte ich eine meiner Wasserflaschen und fuhr dann die Westflanke der Bergkette hinunter in einen nervtötenden Gegenwind, der mich bis Alpha piesackte. Als ich endlich in der Stadt ankam, war ich todmüde, hatte Sonnenbrand und einen Bärenhunger. Nach der langen und einsamen Etappe freute ich mich auf ein gutes Essen und ein paar freundliche Gesichter.

Mit seinen breiten Straßen, die an diesem verschlafenen Sonntagnachmittag totenstill da lagen, sah Alpha nicht gerade viel versprechend aus. Ein Schäferhund, der auf der Veranda des Pubs lag, sprang auf, legte die Ohren an und knurrte mein Fahrrad an. Ein grimmiges Gesicht lugte aus dem Pub. Ich stieg ab, brachte das Rad zwischen mich und den Hund und ging die leere Hauptstraße entlang bis zu einem Café, dessen Werbeschild ich schon auf dem Highway einige Meilen vor dem Ort gesehen hatte. Das leise Geräusch eines Radios, das durch die Tür drang, legte die Vermutung nahe, dass es geöffnet war.

Ich berührte die Tür. Als sie nachgab, trat ich ein und bekam den mir von der Straße allzu bekannten Geruch von heißem Fett in die Nase. Ein sprödes, bebrilltes Mädchen hinter der Theke beäugte mich mit einer Mischung aus Feindseligkeit und Misstrauen. Sie nahm meine Bestellung auf – einen Hamburger – und eilte dann in die Küche, als ob sie mein Konterfei von einem Steckbrief wiedererkannt hätte. Ich nahm eine Packung Milch mit Kaffeegeschmack aus der Kühlbox, öffnete sie und setzte mich auf einen grünen Plastikstuhl, der neben einem Regal mit Leihvideos stand. Dabei versuchte ich, so zu tun, als würde ich die Gesichter, die mich aus der Küche heraus anstarrten, nicht bemerken. Ein Mann brachte mir schließlich meinen Burger, während das Mädchen aufmerksam aus dem Hintergrund zusah. Wortlos nahm er mein Geld entgegen und entschwand dann wieder auf seinen Beobachtungsposten in die Küche. Sie sahen mir beim Essen zu. Ich legte meine besten Tischsitten an den Tag. Zumindest schoss niemand auf mich.

So sehr ich diesen Aufenthalt an diesem gastlichen Ort auch genoss, hielt ich es doch für geboten, alsbald weiterzufahren. Die Sonne senkte sich rasch über dem Bahngelände, doch die Wolken lösten sich schnell auf, sodass der klare Abendhimmel mir sicher noch eine gute Stunde lang ausreichend Licht spenden würde. Ich aß meinen Burger auf, warf das Papier in einen großen Müllcontainer und verließ die Stadt. An der Tankstelle hielt ich, um alle sieben Wasserflaschen aufzufüllen. In der Abendkühle fuhr ich noch rund zehn Meilen, bevor ich mein Zelt aufschlug. Der Himmel leuchtete rosarot, und die ersten Sterne waren schon zu sehen.

In der Nacht schob sich eine massive Kaltfront über den Osten Australiens, viele tausend Meilen aus den polaren Breiten des Ozeans kommend. Wie ich anderntags im Radio hörte, fiel bis hoch in den Norden, in

Stanthorpe im Süden von Queensland, der erste Schnee. Hier, am Wendekreis des Steinbocks, gab es natürlich keinen Schnee, aber nichtsdestotrotz wachte ich mitten in der Nacht vor Kälte schlotternd auf. Draußen fegte ein eisiger Wind durch die Kronen der Eukalyptusbäume, und der Himmel war sternenklar. Erstaunt über den unerwarteten Klimawechsel, zog ich hastig die Gore-Tex-Hülle meiner Dackelgarage zu und kuschelte mich tiefer in meinen Schlafsack.

Ich wachte früh auf und blickte in die Dunkelheit. Die Luft war eisig, und aus dem Süden wehte immer noch ein kalter Wind. In meine warme Vliesjacke gehüllt, brach ich eilends auf und bahnte mir auf der einsamen, schmalen Straße einen Weg durch den Busch. Mein Atem dampfte in der kalten Morgenluft.

KAPITEL 11

Von Schafen und Menschen

ZWEI TAGE SPÄTER erreichte ich schließlich Longreach und das Ende des Capricorn Highway. Longreach ist eine klassische Outback-Stadt, mitten im Australien der Mythen und Legenden gelegen. Es ist das Zentrum des Royal Flying Doctor Service, der „Fliegenden Ärzte", hier „besuchen" die Kinder die School of the Air. In den Pubs löschen Schafscherer ihren Durst. Am Stadtrand steht der Originalhangar aus den 20er Jahren, wo der medizinische Notdienst aus der Luft, der Queensland & Northern Territory Aerial Service, heute unter dem Akronym Qantas bekannt, seinen tollkühnen Anfang nahm.

Ich mietete mich ein paar Tage in einem billigen Wohncontainer ein, um ein wenig Hausarbeit zu erledigen: die abgefahrene Kette an meinem Fahrrad wechseln, ein paar weitere Wasserbehälter kaufen (jetzt hatte ich insgesamt neun) und meine Sachen waschen. Obwohl ich bereits seit 15 Jahren in Australien lebte, war ich noch nie zuvor in einem Schäferschuppen gewesen. Longreach, wo den 3700 Einwohnern rund eine Million Schafe gegenüberstand, schien eine geeignete Adresse zu sein, um diese ungewöhnliche Bildungslücke zu schließen. Ich erfuhr, dass auf einem zehn Hektar großen Gelände in Fairfield, rund 20 Meilen vor der Stadt, gerade geschoren wurde. Ich rief den Züchter an, dem die Anlage gehörte – er hieß Rob Macintosh – und er lud mich ein.

„Nehmen Sie die Muttaburra Road stadtauswärts", erklärte er mir, „und fahren Sie, ab dem Stadtrand gerechnet, über fünf Gatterroste drüber. Das Haus liegt auf der rechten Seite rund eine Meile von der Straße entfernt. Der Scherschuppen liegt noch mal vier Meilen weiter dahinter. Um dahin zu kommen, fahren Sie über die Landebahn …"

In dem Moment wusste ich, dass dies genau das Australien war, für das ich 1500 Meilen weit geradelt war. Früh am nächsten Morgen brach ich nach Fairfield auf.

Die Straße war schwieriger, als ich erwartet hatte, mit tiefen Furchen, die an manchen Stellen knöcheltief mit feinem Staub gefüllt waren. Ein heißer, böiger Gegenwind zwang mich, fast im Schritttempo zu fahren. Erst am späten Vormittag entdeckte ich das Anwesen, das in der sirrenden heißen Luft flimmerte. Rob war gerade zurückgekehrt, um seinen Lastwagen aufzutanken und ein paar neue Schafböcke zu holen. Er war ein strohblonder Mann, Anfang Dreißig, rund eins achtzig groß und achtzig Kilo schwer, mit humorvollen Augen. Wollflusen hingen an seinem Hemd, dessen Ärmel er bis zu den Ellbogen aufgekrempelt hatte. Ich mochte ihn sofort.

„Wir sind alle unten im Schuppen. Du kannst dein Fahrrad am Hangar stehen lassen und mit mir fahren." Und das tat ich dann auch, wobei ich die Beifahrertür des Trucks fest halten musste, damit sie nicht aufging.

Wir holten die Schafböcke aus einem Pferch unweit des Hauses und fuhren dann einen staubigen Weg zum vier Meilen entfernten Scherschuppen. Es war eine alte, baufällige Scheune aus verrostetem Blech, die in der heißen Sonne von Queensland stand. Hunderte von Schafen verharrten träge in den Pferchen. Über ihnen lag eine Staubschicht, die ich fast schmecken konnte. Der Klang von Stimmen und Bewegung drang aus dem Schuppen, um sich sogleich in der Stille der endlosen Weite zu verlieren. Rob und ich trieben die Schafe von der Ladefläche des Lasters – alle bis auf eins, ein unglückseliger alter Bock war in der Enge erstickt – auf das in der Sonne liegende Gelände.

Wir kletterten die Stufen zum Schuppen hinauf. Nach der gleisenden Hitze in Freien mussten sich meine Augen erst an das dämmrige Licht gewöhnen. Die Motive, die zu sehen waren, hätten auch auf die Leinwand eines Tom Robertson gepasst, den romantisch-patriotischen Naturmaler, der in den 90er Jahren des 19. Jahrhunderts für Australien etwa dasselbe war, wie Frederic Remington für die USA. Der Vorgang des Scherens hat sich im letzten Jahrhundert wenig verändert: düstere, massive Schuppen, gebeugte Scherer mit ihren Werkzeugen in der Hand, Lattenfußböden und Pferche, in denen die Schafe auf ihre Schur warten, ein Geruch aus Lanolin, Maschinenöl und Schweiß. Die Familie war mitten in der Arbeit. Robs Frau Margot warf das Vlies auf eine Bank und schnitt die schmutzigen Ränder ab. Ihre Schwester Alison sammelte es ein und trieb den Scherern neue Schafe zu. Drei Scherer waren angeheuert worden: Dave, Doug und Tolly, ein schlanker, dunkler und melancholisch wirkender Typ, der das Team leitete.

Eine kleine Pause wurde zur Begrüßung, verbunden mit einem kräftigen Händedruck, eingelegt, dann tranken sie aus einem Wasserkrug, und zurück ging's an die Arbeit. Rob arbeitete an der Wollpresse, die das Vlies zu Ballen von rund hundert Kilogramm presste. Diese wurden in Leinwand eingewickelt, auf die per Schablone der Name Fairfield aufgedruckt wurde. Etwas abseits vom Geschehen in einer sicheren Ecke spielten die vier Kinder der Macintoshs auf den Wollballen. Kichernd und schüchtern, aber neugierig blickten sie zu mir herüber.

Während er die Presse bediente, klärte mich Rob über die Geschäfte in Fairfield auf. „Zur Zeit haben wir rund 12 000 Schafe. In den nächsten Tagen werde ich sie alle reinbringen, nass machen und dippen, um sie von Parasiten zu befreien. Du kannst gern hier bleiben und helfen, wenn du möchtest."

Mit größtem Vergnügen sagte ich zu.

Am späten Nachmittag waren wir fertig, oder zumindest fast. Kurz vor Feierabend bemerkte ich, wie Tolly leise ein paar Sätze mit Rob wechselte. Es folgten etliche Seitenblicke in meine Richtung und unterdrücktes Lachen. Dann kam Rob grinsend auf mich zu und legte mir eine Hand auf die Schulter: „Die Scherer haben beschlossen, dass du diesen Schuppen nicht verlässt, ohne ein Schaf geschoren zu haben."

Ich lachte, doch dann wich mir die Farbe aus dem Gesicht. „Das ist ein Witz, oder?"

„Nein, nein. Sie haben eins für dich übrig gelassen. Nur zu."

Tolly passte auf, und die anderen grinsten amüsiert, während ich mich mit der schweren Schermaschine und dem dicken alten Mutterschaf abmühte, das sie mir zugedacht hatten. Das Schaf merkte genau, dass es sich in den Händen eines blutigen Anfängers befand, und machte es mir unglaublich schwer. Verzweifelt krallte ich mich ins Fell, während die Schermaschine laut summend meinen Unterarm zum Zittern brachte. Eigentlich hatte ich mich nach einem Monat im Sattel in recht guter Verfassung gewähnt, doch als ich etwa die Hälfte geschafft hatte, tat mir das Kreuz weh und die Oberschenkel brannten wie Feuer. Tolly rief mir Anweisungen und Ermunterungen zu und dann – als er das Gefühl bekam, dass ich dem Schaf mehr einen sanften Fassonschnitt als eine ordentliche Schur verpasste – tadelte er mich: „Nein! Fester! Du bestiehlst ja den Farmer!"

Ich wusste, dass die Schafschur ein ebenso harter wie anspruchsvoller Job war. Aber es ist doch etwas anderes, dies bei einem kühlen Bier in einem gemütlichen Pub erzählt zu bekommen, als sich über ein widerspenstiges Schaf zu beugen und es am eigenen Körper zu erfahren. Als ich endlich fertig war und das arme, undankbare, aber gleichwohl frisch geschorene Tier in die Schütte – die „Geldbox" im Slang der Scherer – geschubst hatte, fragte ich Tolly, wie viele er an diesem Tag geschoren habe. „Tja, 202." Ich blickte auf seine starken Hände und erinnerte mich an einen Rat, den mir ein alter Haudegen ein paar Tage zuvor in einem Pub in Ilfracombe gegeben hatte: „Leg dich nie mit einem Scherer an, du ziehst immer den Kürzeren."

Das Licht wurde schwächer, als wir zurück zum Anwesen fuhren. Die goldenen Strahlen der untergehende Sonne schienen durch die verstaubte Windschutzscheibe auf das Gesicht von Mary Macintosh, die bei ihrem Vater auf dem Schoß saß und den Lastwagen lenkte. Sie sang „You Are My Sunshine" und äugte regelmäßig zu mir herüber, um sich zu vergewissern, dass ich ihre Fahrkünste bewunderte – die tatsächlich erstaunlich waren, in Anbetracht ihres zarten Alters von drei Jahren. „Wir fahren jetzt auf ein Tor zu, Mary", schalt Rob sie sanft. Sie korrigierte den Kurs, und wir schossen zwischen den beiden Pfosten hindurch, hinter uns eine Staubwolke nachziehend.

Rob muss wohl das eingefrorene Grinsen auf meinem Gesicht aufgefallen sein. „Eines Tages könnte einer von uns verletzt werden, und dann wäre sie vielleicht die Einzige, die Hilfe holen kann. Kinder müssen hier draußen schnell erwachsen werden."

Der neue Tag begann vor dem Morgengrauen mit einer Schüssel Haferflocken, Obst, dicken Scheiben frisch gebackenen Brots und dampfendem Tee. Sobald es draußen hell war, schlug Rob einen Ausflug ins Gelände vor, vor allem um herauszufinden, wo sich die Schafe aufhielten, aber auch, um mich ein wenig herumzuführen. Wir schoben die alte Cessna 172 aus dem Hangar, kletterten hinein und holperten dann, eine Staubwolke hinter uns aufwirbelnd, über die unebne Piste. Wir ließen die Erde unter uns, und dann lag das verlassene, rostrot schimmernde und majestätische Outback von Queensland, das bis zum dunstigen Horizont reichte, unter uns.

Unten auf dem einsamen Anwesen, einer kleinen Welt für sich, kamen die Kinder aus ihrem kleinen Schulhaus gerannt, um ihrem Daddy zuzuwinken. Margot, die die Wäsche aufhängte, blickte ebenfalls nach oben, im Gemüsegarten sah ich ein paar junge Lämmer herumspringen. Dieser Augenblick hatte etwas Magisches. Zum ersten Mal seit vielen Jahren fand ich es aufregend, in Australien zu sein.

Während die Cessna von der morgendlichen Thermik durchgeschüttelt wurde, erzählte mir Rob die Geschichte von Henry Redford, Australiens kühnstem Viehdieb. Weil er immer nur im Schutz der Dunkelheit aktiv wurde, hatte er den Beinamen Captain Starlight bekommen. 1870 hatte er einmal tausend Stück Vieh von der Mount Crawford Station, direkt nördlich von hier, gestohlen. Über tausend Meilen durch unerforschte Wüste hatten der zähe Buschmann und seine Männer die Herde bis zum Markt in Südaustralien getrieben. „Das war dasselbe Land„, erklärte Rob, „das Burke und Wills getötet hat." Damit bezog er sich auf die zwei ebenso heldenhaften wie unglückseligen Entdecker, die 1860 versucht hatten, den unbekannten Kontinent auf Kamelen zu durchqueren. „Redford war eben ein echter Buschmann, der von den Aborigines gelernt hatte, wie man in der Wüste zurecht kommt. Er hat die Wüste nicht nur durchquert, sondern die ganze gestohlene Viehherde hindurch geführt. Um ein Haar wäre er sogar damit durchgekommen. Nur weil ein auffälliger Shorthorn-Bulle in der Herde war, flog die ganze Sache auf."

Redford wurde in Melbourne festgenommen und zurück nach Queensland gebracht, um dort vor Gericht gestellt zu werden. Der Fall war eine Sensation, da Redford mit seiner Tollkühnheit und seinem Wissen über den Busch nicht nur die Fantasie der Leute anregte, sondern auch ihre Sympathie gewann. Eine Jury, die nur aus Outback-Bewohnern wie ihm selbst bestand, fällte schließlich ein salomonisches Urteil: Nicht schuldig, aber er muss die Herde zurückgeben.

Ein empörter Richter forderte die Geschworenen auf, nochmals zu beraten. Ergebnis: Nicht schuldig, und er kann die Herde behalten! „Ein knallharter Typ kann es in diesem Land ziemlich weit bringen", schloss Rob. Er schwenkte steil ab, weg von dem zerklüfteten Vorgebirge, das als Starlight's Lookout bekannt ist, über eine Schafsherde – dicke graue Punkte, die einige hundert Meter unter uns in einer Reihe durch die abwechslungsreiche rostrot-olivgrüne Landschaft liefen. Später würden wir im Landcruiser hinausfahren, um sie zusammenzutreiben.

Ich blieb ein paar Tage in Fairfield und half Rob, Schafe zusammenzutreiben, eine Windmühle zu reparieren und ein Stück Zaun zu spannen. Es war schweißtreibende, harte, staubige Arbeit, die oft erst nach Sonnenuntergang zu Ende war. Die Macintoshs hatten 12 000 Schafe auf ihrem Land, und ich glaube, ich habe jedes Einzelne davon gesehen.

Einen Tag lang putzten wir das Vieh. Eine Sippe besonders widerspenstiger Schafe schätzte es überhaupt nicht, dass wir ihnen Medikamente zum Entwurmen in den Hals schoben. Sie bissen und schlugen aus. Ein besonders hintertriebenes und bösartiges Exemplar ließ zunächst zu, dass ich ihm die Medizin einflößte. Doch dann, als ich ihm den Rücken zugekehrt hatte, wirbelte es herum, scheuchte die ganze Gruppe auf und rammte mir rachsüchtig seine Hörner in die Kniekehlen. Ich fiel hin und fluchte vor Schmerz und Überraschung über diesen miesen Trick. Der Bock hingegen hatte seine Würde wieder hergestellt und verschwand mit einem selbstgefälligen Blitzen in seinen kleinen, fiesen Augen in der Menge.

Am nächsten Tag trieben wir in der Mittagshitze Metallpfosten in den harten, rissigen Boden, denn eine Parzelle für einen neuen Garten musste eingezäunt werden. Mein Rücken tat weh. Meine weichen Bürohände bekamen erst Blasen, dann bildeten sich blutige Schwielen.

Meine Lieblingsarbeit war das Zusammentreiben der Schafe – durch den Busch ziehen mit einer Herde Schafe, die Staubwolken vor uns aufwirbeln –, während Rob mir alles über die Schafzucht erzählte. Wie man zum Beispiel die Herde zusammen- und im richtigen Tempo vorwärtstrieb, so dass sie nicht in zu Laufen begann. Man musste dabei immer ein Auge auf eventuell trächtige Tiere haben, denn diese waren langsamer als der Rest und brauchten behutsameren Antrieb. Oder wie man mit Jack, Sarah und Biddy zurecht kam – lebhafte Schäferhunde, die ihre Arbeit sofort niederlegen und sich angewidert in den Schatten der Scherschuppen zurückziehen würden, wenn sie das Gefühl hatten, die Anordnungen kommen von einem, der von der Sache nichts versteht. Ich lernte Traktor fahren, Tore und Zäune zu schweißen und wie man mit einem Frontlader einen falsch gesetzten Zaunpfosten aus dem Boden stemmt.

„Weißt du, wie man mit einer Flex umgeht?“ fragte mich Rob eines Morgens beim Frühstück. „Nein? Na, dann lernst du‘s heute.“ Und wir verbrachten den Vormittag damit, Metall für ein neues Tor zuzuschneiden. Ich stellte fest, dass Rob mich auf die allerfreundlichste Weise unter seine Fittiche nahm, und zwar nicht um einem Greenhorn mal zu zeigen, wie hart man sein muss, um hier draußen zu überleben, sondern weil er dieses Leben liebte und seine Begeisterung mit mir teilen wollte. Was ihm auch gelang, und wenn es nicht seine Erwartungen übertraf, dann zumindest meine. Die Arbeit verursachte mir Müdigkeit, Schmerzen und Sonnenbrand, und oft fühlte ich mich ein wenig nutzlos. Doch eines Nachmittags, als wir uns einen Weg durch den Busch bahnten, um 1200 Schafe zurückzutreiben, wurde mir bewusst, dass ich selten in meinem Leben mehr Spaß gehabt hatte.

Einmal grillten wir abends unten am Billagong, Rob, Margot, Alison, die vier Kinder und ich. Direkt nach Sonnenuntergang fuhren wir los, während der Himmel im Westen noch vom warmen Schein der Abendsonne erhellt war. Über uns zeigten sich die ersten Sterne im Dunkel. Im nachlassenden Licht sammelten wir altes Holz und schleppten auch ein paar brauchbar aussehende Holzstämme heran. Bald knisterte ein schönes Feuer. Margot verteilte Salate und Brot, frisches Gemüse und Dip-Saucen auf der Motorhaube des Landcruisers. Rob und ich tranken Rum aus Tassen. Lammkoteletts brutzelten auf dem Rost. Wir aßen im Dunkeln mit Blick auf die Sternbilder, die sich im Wasser spiegelten, und leckten uns gierig das Fett von den Fingern.

Danach lagen wir faul auf dem Boden, schauten in das endlose Firmament über uns, erzählten uns Gruselgeschichten, tauschten Nichtigkeiten über alte Filme aus und lösten die Probleme der Welt. Nachdem wir einige Tassen Rum geleert hatten, drängte mich Rob, „The Star-Spangled Banner" zu singen. Ich hatte gerade genug geladen, um mich dazu bereit zu erklären, natürlich nur unter der Bedingung, dass Rob zuerst den kompletten „Man from Snowy River" rezitieren würde. Ich hielt das für eine sichere Wette, weil die berühmte Ballade von Banjo Paterson über tausend Zeilen hat. Zu meiner Überraschung sprang er mit verzücktem Grinsen auf die Füße, erklärte, die Wette gilt, und begann mit Ausdruck, Schwung und ohne Fehler das Epos zu deklamieren. Mein Liedvortrag nahm sich dagegen armselig aus.

Das Feuer brannte kaum noch, und die Kinder schliefen längst. Die Stille war beinahe spürbar, als auch wir schläfrig wurden, auf unserem gemütlichen Bett aus warmer, weicher Erde, mit dem Sternenhimmel über uns. Regelmäßig und gleichermaßen beruhigend, wie eine alte Wohnzimmeruhr, knarrte die Windmühle im leichten Wind.

Ich verbrachte sechs Tage in Fairfield. In dieser Zeit passierte nichts Außergewöhnliches. Es war eine ziemlich normale Woche auf einer Schaffarm in Queensland. Doch meine Beziehung zu Australien hatte in diesem wenigen Tagen eine erstaunliche Metamorphose durchgemacht. Bei der Abfahrt wusste ich, dass sich meine Reise schon allein deswegen gelohnt haben würde, da ich die Macintoshs kennen gelernt hatte und ihr Leben für einen kurzen Moment teilen durfte.

KAPITEL 12

Lex Birricannia

EINER DER GRÖSSTEN VORTEILE AM REISEN mit dem Fahrrad ist das langsame Tempo. Man bewegt sich so gemächlich durch die Landschaft, dass man ungefiltert alles sehen, hören und schmecken kann: die bunten Flügel eines Papageis, der durch den Busch huscht, das Surren der Insekten, den Duft des Eukalyptus. Man ist Wind, Sonne und Regen ausgesetzt und weiß jede überstandene Meile zu schätzen.

Eben diese Vorzüge können sich aber auch als ziemlich zermürbend erweisen, etwa wenn man eine 500 Meilen lange einsame und abgelegene Wegstrecke vor sich hat. Obwohl ich in Rockhampton von den ausgetretenen Touristenpfaden wirklich die Nase voll hatte, beabsichtigte ich immer noch, weiter nordwärts nach Cairns zu fahren und mir die üppige Tropenlandschaft der Atherton Tablelands anzusehen. Doch das bedeutete, dass ich an die Küste zurückkehren musste. Am einfachsten wäre es sicherlich gewesen, auf dem Capricorn Highway zurückzukehren. Doch die Aussicht, dieselben Städte und Berghöhen nochmals zu durchradeln, die ich vor zwei Wochen erst passiert hatte, erschien mir nicht sehr verlockend. Ebenso wenig aber hatte ich Lust, mit Bus oder Zug zurückzufahren. Als ich diese Reise angetreten hatte, war es mein Ziel gewesen, mich den Zufällen und Umständen der Straße anzupassen. Ich wollte gerade nicht Entfernungen am Schalter kaufen und mich der bequemen Sicherheit eines Fahrplans aussetzen.

Margot kam schließlich auf die rettende Idee. Ich könnte mit dem Postlaster fahren, der ein paar Mal die Woche an Fairfield vorbeikam. Er fuhr einsam gelegene Stationen an der Straße ab und konnte mich bis Muttaburra mitnehmen. Dort müsste ich dann halt sehen, wie es weiterging. „Ich rufe Nobby an und frage ihn, ob er dich mitnehmen kann“, sagte sie. Der Postmann war einverstanden. Am nächsten Morgen begleitete mich die ganze Familie zum Tor, um mich zu verabschieden.

Es tat mir Leid, dass ich gehen musste. Nach nur wenigen Tagen hatte ich das Gefühl, als würde ich die Macintoshs schon mein Leben lang kennen. Während wir uns verabschiedeten, packte Nobby, ein gedrungener Typ mit dunkler sonnenverbrannter Haut, mein Fahrrad zwischen seine Ladung aus Postsäcken, Kabelrollen, Pfosten, Zaunmaterial, Bierkästen für den Pub von Muttaburra, und ein paar Konserven für den Lebensmittelladen. Es war eine staubige und umständliche Fahrt bis Muttaburra mit Stopps bei den abgelegenen Schaffarmen entlang des Wegs, um Pakete mitzunehmen oder abzugeben und ein bisschen mit den Farmbesitzern zu tratschen.

Kurz vor zwei kamen wir schließlich in der Stadt an. Unter einem makellos blauen Himmel lag der Ort totenstill da. Überall schmeckte es nach Staub.

In den letzten Jahren hatte in Zentral-Queensland war fast überall Dürre geherrscht. Hier draußen war es beinahe der Normalzustand. Den ganzen Capricorn Highway entlang hatten die Menschen darüber geklagt, Rob und Margot hatten jeden Morgen über ihre Weiden nach Norden geblickt, in der Hoffnung, Regenwolken am Horizont zu entdecken. Doch so etwas wie diese ausgedörrte Landschaft bei Muttaburra an diesem Augustnachmittag hatte ich noch nie gesehen. Das hier war Kummerland. Im Umkreis von mehreren Meilen war ein von der Sonne ausgedörrter, rissiger Boden zu sehen. Nur ein paar schwarze blattlose Stecken ragten aus der Ebene, und ganz selten einmal sah man ein abgemagertes Schaf einsam durch den Staub trotten. Einmal entdeckte ich am fernen, am flimmernden Horizont einen Emu, der ungerührt durch das grelle Licht stapfte. Ansonsten war die Landschaft tot, geradezu apokalyptisch.

Später am Nachmittag unterhielt ich mich im Exchange Hotel mit einem alten Mann, der es auf den Punkt brachte: „Hier draußen gilt ein Mann als reicher Züchter, wenn er noch genug Sprit und Munition hat, um hinauszufahren und seine Schafe anständig zu erschießen."

Muttaburra war eine Schafschererstadt, doch die meisten Scherer, schlecht bezahlte Maori aus Neuseeland, waren schon vor Wochen weitergezogen, um in New South Wales oder sogar Westaustralien nach Arbeit zu suchen. Die Straßen wirkten ausgestorben und leer.

Ich half Nobby, seine Ladung Bier beim Exchange Hotel abzuliefern, und hörte mich nach einer Mitfahrgelegenheit nach Norden oder Osten um. Der Wirt schüttelte den Kopf: „Nichts. Kaum jemand fährt überhaupt je in diese Richtung." Ich versuchte es im Lebensmittelladen und auf dem Postamt, wo ich jeweils die gleiche Antwort erhielt. Nobby fragte mich, ob ich mit ihm wieder zurück nach Longreach fahren wolle, aber ich wollte nicht weg. Ich sagte, ich würde warten. „Wir sehen uns dann in ein paar Tagen", meinte er grimmig, während er in die Fahrerkabine seines Lasters kletterte. „Hinter dem Pub dürfen Sie wahrscheinlich campen."

Ich sah ihm nach, wie er aus der Stadt fuhr. Stille senkte sich über die Straße. Eine Krähe krächzte. Die Sonnenstrahlen wurden stärker und durchdringender. Ich überlegte, ob ich versuchen sollte, mit dem Rad weiterzufahren, aber die Straße war so staubig, dass ich am Ende wohl hätte schieben müssen. Ich lehnte das Rad an die Veranda des Pubs und ging dann hinein in die dämmrige Kühle, um bei dem einen oder anderen Bier einfach abzuwarten.

Es war ruhig im Pub. Ein alter Mann spielte allein Pool-Billard. An einer Wand hing eine vergilbte Karte von Queensland mit einem Einschussloch. Der Alte versenkte die letzte Kugel und fragte, ob ich Lust auf ein Spiel hätte. Wir spielten ein paar Runden und tranken ein Bier. Dann ging er.

Andere kamen und gingen. Ein paar raubeinige Schafzüchter unterhielten sich lautstark auf der Veranda; eine Bank hatte 30 000 Hektar Land weiterverkauft, und der bankrotte Farmer hatte noch Glück, dass er für den Hektar fünf Dollar bekam. Verfluchte Banken.

Ich trank gerade ein weiteres Bier, als ein junger Typ namens Pete auf meinen Tisch zu kam. Er sagte, er hätte gehört, dass ich eine Mitfahrgelegenheit aus der Stadt suche. „Ich fahre nach Birricannia, sobald ich mein Bier ausgetrunken habe."

„Wo ist das?"

„Oh, das ist eine Schafzucht rund 75 Meilen von hier. Ich weiß ja nicht, wo du anschließend hin willst, aber immerhin bist du dann 75 Meilen weiter als Muttaburra."

„Da hast du absolut Recht. Ich habe aber ein Fahrrad dabei. Ist das okay?"

„Klar. Das kommt hinten auf den Laster."

Ein paar Bierchen später brachen wir auf.

Peter fuhr schnell. Auf der staubigen Straße wirbelte sein Gefährt eine Staubfahne auf, die meilenweit zu sehen war. Er war Bauarbeiter und hatte schon überall in Queensland auf Baustellen gearbeitet. Nach Birricannia fuhr er nun, um ein paar Kumpels zu besuchen.

„Morgen früh gehen wir alle zum Pferderennen in Townsville, um unseren Monatslohn durchzubringen. Wenn du zurück zur Küste willst, können wir dich hinten drauf mitnehmen. Es wird ziemlich holprig werden, aber du kommst immerhin weiter. Was hältst du davon?"

Ich konnte mein Glück kaum fassen.

„Besser als in Muttaburra herumzusitzen, oder?"

„Ich wollte mir eigentlich ein Haus dort kaufen, um mich zur Ruhe zu setzen."

„Letzten Januar wärst du kaum noch in den Pub reingekommen, so voll war der. Du hättest keine fünf Minuten warten müssen, um irgendwohin mitgenommen zu werden. Aber wegen der Dürre suchen sich die Leute anderswo Arbeit. Warte noch ein paar Wochen, und es wird niemand mehr da sein. Ein Jammer. Muttaburra ist eine hübsche Stadt."

„Das Einschussloch in der Karte hatte sowas Anheimelndes."

„Du hast es bemerkt? Vor zehn oder zwölf Jahren ist dort einmal jemand ermordet worden, wegen eines Dartspiels, glaube ich. Ein Typ schoss von draußen durch das Fenster auf ihn, kam dann rein und verpasste ihm

– poff – sicherheitshalber noch eine in den Kopf. Hier wird nicht lange gefackelt."

Pete fuhr eine Weile schweigend und fing dann leise an zu lachen. „Das ist schon ein verrückter Ort. Hast du die Baustelle neben der Bar gesehen? Ein Typ dachte, dass irgendein anderer Typ in der Bar seine Freundin anmacht, und da ist er mit seinem Wagen einfach durch die Wand gefahren. Im Damenklo blieb er mit laufendem Motor schließlich stehen."

„Und was hat die Freundin gesagt?"

„Nichts, Mann! Sie war noch nicht mal da! Er hatte sich das nur eingebildet! Die Kerle in der Bar zogen ihn aus dem Auto und verprügelten ihn, weil er so ein Dickschädel war. Natürlich hat die Sache zwei Seiten. Hast du das Mädchen in der Bar gesehen, das klasse Weib, das mit dem Typ mit der Hasenscharte geredet hat? Also, das ist ein ziemlich wildes Ding. Vor ein paar Monaten hat sie diesen Typen zum Essen eingeladen, und er hat sich falsche Hoffnungen gemacht. Dachte, da geht was bei ihr. Jedenfalls, als sie mit Essen fertig waren, meinte er, jetzt wäre es Zeit, aufzusatteln. Aber sie hatte einen ganz anderen Film im Kopf, für sie war's nur Freundschaft. Naja, er war ziemlich sauer und hat ihr Känguru erdrosselt, ihr Haustier. Daraufhin rastete sie aus und verpasste ihm die übelste Tracht Prügel seines Lebens. Er hätte dabei fast ein Auge verloren."

„Was für eine rührende Geschichte. Jetzt scheinen sie sich ja wieder bestens zu verstehen."

„Oh ja, das ist ja schon Monate her."

Vergiss es, Mann, das hier ist Muttaburra.

Die kupferfarbene Sonne stand inzwischen so tief am Himmel, dass die Kiesel auf der Straße Schatten warfen, als wir zu einem Roadtrain kamen, der halb im Straßengraben hing. Die Fahrer wechselten schlecht gelaunt einen Reifen. Pete hielt, um zu sehen, ob sie Hilfe brauchten – auf diesen einsamen Straßen war man verpflichtet anzuhalten –, aber sie kamen allein zurecht. Wir standen noch eine Weile herum, und Pete unterhielt sich mit den Fahrern über gemeinsame Bekanntschaften in Städten und auf Stationen überall in Zentral-Queensland. Die Welt ist klein. Als wir weiterfuhren, war die Sonne gerade hinter dem Horizont verschwunden. Im schwächer werdenden Tageslicht suchten ein paar Kängurus am Straßenrand nach Nahrung.

Ein blasser Vollmond schimmerte am rosablauen Himmel, während wir durch die Tore von Birricannia Station auf das Anwesen zu fuhren. Pete hatte vom Pub aus angerufen, um Bescheid zu sagen, dass er mich mitbringen würde. Der Schafzüchter, Tom Kendall, und sein Sohn John warteten am von Bougainvilleen überwachsenen Torbogen, der zum Hof führte. Tom war ein knorriger, sonnengebräunter Mittfünfziger und trug abgetragene Khaki-Hosen. Er hatte ein freundliches, zerfurchtes Gesicht. Sein Sohn, braun gebrannt und durchtrainiert, war die jüngere Ausgabe von ihm. Tom streckte mir eine breite, schwielige Hand entgegen und sagte: „Willkommen in Birricannia." Er sagte das so ernst und förmlich, dass ich mir wie ein Botschafter vorkam, der eine Audienz bei Hofe hat.

Tatsächlich hatte Birricannia etwas von einem abgelegenen Königreich: 50 000 Hektar im hintersten Winkel des Outback, den ich – bis dahin – kennen gelernt hatte. Und doch wirkte das Haus der Kendalls wie der Mittelpunkt des Universums.

Wir gingen hinein, und dann wurde kühles Dosenbier verteilt. Anschließend zeigten sie uns unsere Zimmer. Pete hatte ein festes Zimmer hier. Als einer von Johns ältesten und besten Freunden war er praktisch ein Mitglied der Familie. Das Haus, groß, verschachtelt und altmodisch, war seit 1917 im Besitz der Familie. Alte Gewehre hingen an den Wänden, und die Regale quollen über vor alten Romanen, die Hinterlassenschaft mehrerer Generationen von Kendalls, die sich die langen, heißen und einsamen Abende im Outback mit Lesen vertrieben hatten.

Das Abendessen fand mit derselben ernsten Förmlichkeit statt wie die Begrüßung am Tor. Tom saß am Tischende und verteilte die panierten Koteletts, während Wendy, seine Frau, Salat und Gemüse auf den Tisch stellte und Tee einschenkte. Trinkend und redend saßen wir bis in die Nacht hinein um den großen polierten Tisch.

Am nächsten Morgen nach dem Frühstück ging es weiter. Pete, John und ein Typ von einer benachbarten Station quetschten sich in die Fahrerkabine von Johns Laster, Gepäck und Bier in Kühlbehältern kamen auf die Ladefläche. Ich warf meine Sachen oben drauf und streckte mich auf einer alten Matratze aus, die Wendy ausgegraben hatte, um mir die Fahrt bequemer zu machen.

Und dann ging's los. Mit den Taschen voller Geld und ein bierseliges Wochenende beim Pferderennen in Aussicht, verloren sie keine Zeit. John donnerte durch den Busch wie der Pacemaker bei der Rallye Paris-Dakar. Ich linste durch das Rückfenster, wobei ich mir die Nase am Glas anstieß, und sah, wie die Tachonadel bei 80 zitterte. Hinter uns wurde eine eindrucksvolle Staubwolke aufgewirbelt.

Am schlimmsten waren die Gatterroste. Mit vollem Tempo bretterten wir darüber, so dass ich erst in die Luft geschleudert wurde und dann mit markerschütterndem Krachen wieder auf die Ladefläche knallte. Ich weiß nicht, wie die Fahrt in der Kabine war, aber ich wurde herumgeschleudert wie eine Puppe und klammerte mich aus Angst ums nackte Überleben fest. Die hin und her rutschende Ladung zerquetschte mich beinahe, und mehrmals musste ich Sachen festhalten, damit sie nicht vom Laster fielen. Die Augen fest geschlossen, versuchte ich mich zu beruhigen, indem ich mir immer wieder sagte, dass ich so zur Küste zurückkehrte.

Es wurde etwas besser, als wir ein paar Stunden später westlich von Charters Town den asphaltierten Highway erreichten. Während wir über den glatten Asphalt rasten, schlief ich ein.

Als ich aufwachte, fuhren wir gerade in Townsville ein. Dicke tropische Sturmwolken, die sich am Horizont auftürmten, und die Korallen-See breiteten sich vor unseren Augen aus. Die Jungs fuhren zu einem Motel, stiegen aus und starrten wortlos auf das Chaos auf der Ladefläche – und mich mittendrin. Meine Augen waren rot gerändert, mein Gesicht voller Ruß, mein Haar vom Wind zerzaust und so voller Staub, dass es in alle Richtungen abstand. Von Sonne, Wind und Erschöpfung betäubt, sah ich aus wie eine groteske Parodie von Don King.

John schüttelte den Kopf. „Himmel, Mann, das tut mir Leid. Warum hast du nicht aufs Dach geklopft, um mich zur Vernunft zu bringen?"

KAPITEL 13

FNQ

ICH NAHM MIR EIN ZIMMER oberhalb des Busbahnhofs von Townsville und schlenderte hinunter zum Wasser. Dort setzte ich mich auf eine Parkbank und ließ mir die Sonne auf den Pelz brennen, während ich einer Fähre zusah, wie sie in der Ferne durch die Bucht Richtung Magnetic Island schipperte, das verschwommen bläulich in der warmen, salzigen Luft lag.

Nach zwei Wochen Staub und leerem Horizont war es ein seltsames Gefühl, wieder an der Küste zu sein, mit ihrer vom Meer aufsteigenden Feuchtigkeit und dem gedrängten, chromblitzenden Verkehrsstrom einer dicht bebauten 140 000-Einwohner-Stadt. Townsville ist ein schöner Ort, eine Militärstadt an der Korallen-See, in deren Einkaufsstraße sich Schwärme von laut schreienden Schmuckloris in allen Farben des Regenbogens tummeln, daran erinnernd, dass der Busch nicht weit entfernt liegt. Es ist nicht unbedingt das, was die meisten Leute im äußersten Norden von Queensland erwarten, das hier Far North Queensland oder „F. N. Q.", genannt wird. Da Townsville als die Hauptstadt des tropischen Australiens gilt und als solche wichtigster Ausgangspunkt für Touren zum

Great Barrier Reef ist, wird im Allgemeinen angenommen, die Stadt sei von demselben üppigen Regenwald umgeben, der die Berge um Cairns weiter nördlich bedeckt. In Wirklichkeit liegt Townsville an einem eintönigen, mit Buschwerk bewachsenen Küstenabschnitt. Die üppige Flora beginnt erst hundert Meilen weiter nördlich, wo die Berge bis ans Meer reichen.

Ich hatte 1987 schon einmal hier übernachtet, als ich von der Eröffnung einer Goldmine unweit von Charters Towers berichtete. Mit einer ganzen Blase waren wir ins Breakwater Casino eingefallen, um uns die Nacht um die Ohren zu schlagen. Gegen Mitternacht unterhielt ich mich mit einem amerikanischen Manager der Minen-Gesellschaft, einem grobschlächtigen Texaner, der schon gut eine halbe Flasche Bundaberg-Rum intus hatte. Wir standen am Two-Up-Tisch, wo eine Traube lärmender Zuckerrohrschneider, große, bierselige Männer, die Taschen voller Geld, bei jedem Münzwurf ein paar hundert Dollar setzten. Der Laden hallte wider von Geschrei, Gelächter und Schulterklopfen. Der Texaner blickte sich um, lächelte, beugte sich näher zu mir und brüllte mir in seinem gedehnten texanischen Slang ins Ohr: „Wissen Sie, ich dachte ja immer, Australien wäre ein bisschen krass, aber das hier ist wirklich klasse!"

Am nächsten Morgen brach ich nach Cairns auf. Durch eine grelle Schneise, gesäumt von Betonbauten, Gastanks, Elektrogeschäften und LKW-Reparaturwerkstätten verließ ich die Stadt. Ich fuhr am Hauptquartier der Royal Australien Air Force vorbei zum James Cook Highway, der die Küste von Nord-Queensland entlang bis Cairns führt. Von der Straße stieg eine flimmernde Hitze auf. Ich war fast eine Woche lang nicht Rad gefahren, aber das Eintreiben von Schafen und Errichten von Zäunen in Fairfield hatte mich merklich fitter gemacht. An diesem Tag schaffte ich meine erste 100-Meilen-Etappe.

Mit diesem Meilenstein erreichte ich die Tropen, wo hohe Berge an eine von Palmen gesäumte Küste grenzen und die Täler von großen Zuckerrohrplantagen bewachsen werden. Am Tag war es sonnig, heiß und dunstig, doch in der Nacht beschlug mein Zelt mit Tau, der eiskalt wie Regen war. Drei Tage nachdem ich Townsville verlassen hatte, erreichte ich vormittags Cairns.

Auch Cairns bedeutete für mich eine Reise in die Vergangenheit. 1982 war ich schon einmal hier gewesen, ein paar Wochen nachdem ich als frisch diplomierter Geologe nach Australien gekommen war, um an einer archäologischen Expedition der University of Sydney teilzunehmen. Wir suchten im Atherton Tableland ein altes Goldgräberlager aus der Zeit des Goldrausches am Palmer River, in den 70er Jahren des 19. Jahrhunderts. Cairns, unser Ausgangspunkt, war damals ein verschlafener Ferienort gewesen, eine Ansammlung von Ferienhotels, zahllosen Palmen und einem Flughafen, auf dem Fokkers für Pendelflüge bereitstanden.

Natürlich hatte ich damit gerechnet, dass Cairns sich seither verändert hatte. Doch auf die tobende 100 000-Einwohner-Stadt, die sich vor mir ausdehnte, als ich über das Auf und Ab der hügeligen Vorstädte blickte, war ich nicht vorbereitet. Eine Skyline aus Kränen und Ferienanlagen säumte die weiche Biegung der Trinity Bay. Und als ich in das Gewühl der Stadt eintauchte, bemerkte ich über mir im Dunst einen nicht abreißenden Strom von Qantas-Jumbojets im Landeanflug, die nonstop aus Nordamerika und Asien eintrafen.

Ich fand den Weg zur Esplanade, dem touristischen Kern von Cairns, mit seinen gar nicht so billigen, aber trotzdem hässlichen Backpacker-Hostels, T-Shirt-Läden, Cafés und unzähligen Touristenständen, die Fahrten zum Riff, Tauchunterricht, Bungeejumping, Skydiving, Rafting, Schnorcheln und Mountainbiking anboten. Die Gehsteige waren überfüllt von braun gebrannten schlanken Twens, mit gerichteten Nasen und falschen Bollé-Sonnenbrillen und Zigaretten, die sie locker in der Hand hielten. Die Bäuche so flach wie das Innere meiner Hand und auf den gebräunten Schultern die neuesten Tattoos, eben Backpacker-Mode. Sie unterhielten sich auf Dänisch, Deutsch, Schwedisch, Niederländisch und Londoner Englisch, tranken Cappuccino unter Sonnenschirmen oder aßen billige Döner. Mit pfennigfuchserischer Genauigkeit studierten sie das Kleingedruckte auf den Werbebroschüren oder rechneten Preise in ihre eigene Währung um. Sie prahlten, lachten und flirteten miteinander. Cairns war nichts für einen 38-Jährigen.

Ich aß einen Hamburger an einer Imbissbude und fand in einer kleinen Seitenstraße eine ruhige Herberge, die nahezu leer stand. Alles spielte sich hier auf der Esplanade ab. Cairns ist oder, besser gesagt, war ein beliebter Ausgangspunkt für Touren ins Great Barrier Reef. Inzwischen hat ihm allerdings das trendigere und exklusivere Port Douglas 40 Meilen weiter nördlich in dieser Hinsicht längst den Rang abgelaufen. Auf Grund seiner Größe und seines internationalens Flughafens jedoch ist Cairns immer noch eine der Hauptdrehscheiben für Besucher. Dank des Riffs blüht und gedeiht die Stadt in der Flut aus Yen, D-Mark und Dollars ebenso gut wie die Korallen in der klaren, warmen Strömung.

Und die gedeihen wahrhaft üppig. Fans versichern, dass die Riffs zwischen Cairns und Port Douglas die schönsten an der ganzen Küste von Queensland, wenn nicht der ganzen Welt sind. Ich habe keine Ahnung. In all den Jahren, die ich in Australien lebte, war ich kaum je am Strand, geschweige denn Schnorcheln oder Tauchen im Great Barrier Reef – oder sonst wo auf der Welt. Nicht dass ich Angst vor dem Wasser hätte oder nicht schwimmen könnte oder sofort krebsrot von der Sonne würde; nein, es kommt mir einfach nur nie in den Sinn, es zu tun.

Vielleicht liegt es daran, dass ich in den White Mountains von New Hampshire aufgewachsen bin, zwei Autostunden entfernt von den schäbigen Stegen der Old Orchard Beach von Maine. Meine geistigen Prüfsteine liegen samt und sonders im Wald, an Forellenbächen und hoch oben auf Granitfelsen. Schwimmen gehen hieß für uns, in einem See, Fluss oder Biberteich zu plantschen. In den sieben Jahren in Sydney war ich nur drei Mal am Bondi Beach gewesen, und davon hatte ich zwei Mal die „City to Surf" mitgemacht, eine Vergnügungsfahrt, die am Strand endet. Es lag mir ebenso fern, surfen oder tauchen zu lernen, als ob man sich ein Jahresabo fürs Ballett kauft. Und nun, da ich in Cairns war, wurde meine Fantasie von den über der Stadt schwebenden Dschungelbergen in den Bann geschlagen, nicht von den Korallenriffs, die irgendwo hinter dem Meereshorizont lagen.

Vielleicht hätte ich Letztere tatsächlich nie gesehen, wären da nicht die Südafrikaner gewesen. Sie waren zu dritt unterwegs: Claire, Jaxson und Neil. Ich war ihnen kurz beim Frühstück in der Herberge in Townsville begegnet und traf sie dann zufällig auf der Esplanade hier in Cairns wieder. Wir gerieten ins Gespräch und schlenderten zusammen in ein Pub um die Ecke. Sie erzählten, dass sie am nächsten Morgen mit einem Tauchboot hinausfahren wollten. Ob ich nicht mitkommen wolle? Ich brachte ein paar lahme Entschuldigungen vor. Sie blieben hartnäckig, überrascht über mein Geständnis, dass ich noch nie geschnorchelt habe. Ein paar Pitcher Bier später ließ ich mich, amüsiert von ihrer Kumpelhaftigkeit, überreden.

Und ich werde ihnen ewig dafür dankbar sein, dass sie nicht aufgaben. Am anderen Morgen fuhren wir nach Michaelmas Cay, rund zwei Autostunden außerhalb von Cairns. Der Tauchmeister erklärte die Regeln und führte mich als blutigen Anfänger in die Grundkenntnisse des Schnorchelns ein. Leicht angewidert vom Spucken in die Taucherbrille schwang ich mich seitwärts, tauchte mein Gesicht in die Wellen und hätte beinahe den Schnorchel wieder ausgespuckt, so überrascht war ich von dem, was ich da sah. Vor meinen staunenden Augen öffnete sich eine bunte Traumlandschaft, die sinnlicher und gespenstischer war, als ich sie mir je hätte ausmalen können. Ein Zeitlupenkaleidoskop aus Rot, Gold, Blau und Orange, kunstvoll gemusterte Korallen, tiefe Spalten, in denen das Licht von schillerndem Smaragd zu dunklem Indigo changierte. Als ich, mit dem Gesicht nach unten an der Wasseroberfläche entlangstrampelnd, über eine dieser steilen Schluchten schwebte, glaubte ich zu fliegen. Unter mir im Riff tummelten sich torpedoförmige Fische, Schwärme regenbogenfarbiger Barsche und eine Spezies mit knalligen blauen und gelben Streifen. Weiter unten in den kühl-blauen Tiefen schwebte ein riesiger Maori-Lippfisch und eine große Wasserschildkröte paddelte vorbei.

Ich genoss jede Sekunde dieses Erlebnisses und beschloss, es eines Tages zu wiederholen oder sogar tauchen zu lernen. Andererseits – das Leben ist kurz und die Welt steckt voll wunderbarer Dinge. Auf dem Weg zurück zum Ufer ließ ich mich erneut vom Blick auf die vom Regenwald bewachsenen Berge über der Stadt einfangen. Auf diese Entfernung nahmen sich die teuren Ferienanlagen von Cairns vor den steilen Flanken und kilometerhohen Gipfeln wie winzige Zuckerwürfel aus. In diesem Augenblick wurde mir endgültig klar, dass es „Bergmenschen“ und „Wassermenschen“ gibt. Sobald die Saat gesät ist, lässt sich nichts mehr daran ändern. In dem Moment, als der Katamaran in Cairns anlegte, war der Tag im Riff bereits in das Reich meiner Erinnerung eingegangen, als wunderbare Erfahrung, die es zu hüten galt. Doch meine Gedanken gehörten schon wieder den Bergen. Am nächsten Morgen brach ich auf.

KAPITEL 14

Kentucky an der Korallensee

EIN JAHRHUNDERT ZUVOR wagten sich nur die Kühnen (oder Tollkühnen) in dieses Hochland vor, um in den tief im Dschungel verborgenen Wasserläufen nach Zinn oder Gold zu suchen. Die unwirtlichen vulkanischen Urwälder des Atherton Tableland gehörten zu den letzten Winkeln Australiens, die von den Europäern entdeckt wurden. Im Laufe der Jahre fanden immer mehr Siedler den Weg in die Berge. Sie entdeckten, dass sich auf dem nährstoffreichen vulkanischen Boden vortrefflich Tabak und Getreide anbauen ließ. Dennoch blieb das Tafelland immer eine abgelegene Gegend. Die kleinen Dschungelstädte haben ihre altmodische Provinzialität bis heute bewahrt.

Die Straße von der Küste aus ist steil, eng und kurvenreich. Dutzende von Haarnadelkurven und ein stetes Auf und Ab machten die Auffahrt ausgesprochen anstrengend. Die Sonne brannte. Insekten summten und Vögel zwitscherten. Meine Tasse, die locker an einer der hinteren Satteltaschen befestigt war, schepperte leise und rhythmisch, und irgendwie erinnerte mich das Geräusch an das Maultier eines Goldsuchers.

An einem Aussichtspunkt auf halber Höhe legte ich eine Pause ein, um einen letzten Blick zurück auf die Korallen-See und die im Schatten der Palmen liegenden Dächer um die Trinity Bay zu werfen. Von hier aus wirkte alles so still und beschaulich wie ein altes Postkartenmotiv. Der harmlose Teil meiner Reise ging jetzt dem Ende entgegen. Selbst die einsamsten Abschnitte des Capricorn Highway waren nur ein Sonntagsspaziergang verglichen mit dem, was mir nun bevorstand. Jenseits des Tafellandes und der Great Dividing Range ging das Land in eine riesige, leere Savanne über, die sich bis zum Golf von Carpentaria erstreckte. Ich peilte zunächst den Golf auf der Höhe von Karumba an. Anschließend wollte ich die große mit Spinifex-Gras bewachsene Ebene im Zentrum des Kontinents durchqueren, um an die Nordwestküste in die felsige Abgeschiedenheit der Kimberleys zu gelangen, ein altes Bergmassiv, das Australiens „letzte Grenze" bildet.

Vorausgesetzt, ich würde diese Reise überleben, wollte ich weiter Richtung Süden, durch die brütend heiße Einsamkeit der Great Sandy Desert. Die nächste größere Stadt auf meinem Weg würde das 2000 Meilen entfernte Darwin sein, nach weiteren 5000 Meilen und mehreren Monaten würde ich danach Perth erreichen. Zwischen diesen Antipoden zog sich ein einsamer Archipel aus Roadhouses, verschlafenen Nestern, beinharten Minenstädten, Aboriginal-Gemeinden und Viehstationen – jeweils ein bis zwei anstrengende Tage auf dem Fahrrad voneinander entfernt. Das war das Australien, das ich entdecken wollte. Die Fahrt nach Longreach und mein Aufenthalt in Fairfield hatten bei mir Appetit auf mehr geweckt.

Da ich aber mit dem Fahrrad unterwegs war, musste ich mir das Vergnügen hart erkaufen. Bald würde der Sommermonsun einsetzen, eine Zeit tödlicher Hitze und Luftfeuchtigkeit und – sollte ich mich zudem noch in der Tropenzone befinden, wenn der Monsun kam – strömender Regenfälle und Überschwemmungen. Auf Grund der großen Entfernungen zwischen den Siedlungen musste ich jede Menge Wasser und Lebensmittel einpacken, ganz zu schweigen vom Selbstvertrauen. Die in meiner Karte eingezeichneten „Flüsse" waren nicht mehr als knochentrockene Rinnen, die zu heimtückischen Wasserfällen anschwollen, sobald der Monsun einsetzte. In denen, die das ganze Jahr über Wasser führten, verbargen sich oft riesige, menschenfressende Krokodile.

Zufällig sah ich im Schaufenster einer Boutique in der Orchid Street in Cairns mein Spiegelbild, das mir gelinde gesagt einen Schrecken einjagte. Sieben Wochen zuvor, als ich am Circular Quay auf die Fähre nach Hunters Hill gewartet hatte, war ich mir wie ein Lackaffe vorgekommen, mit meiner nagelneuen Ausrüstung, den speziell für diese Gelegenheit erworbenen Shorts, T-Shirts und dem blitzblanken Fahrrad. Diese Zuckergussfrische hatte mich irritiert, weil sie mir das Gefühl gab, eine Rolle zu spielen. Ich fühlte mich wie jemand, der für ein Hochglanz-Modemagazin eine Fahrradtour macht. Nach 2000 Meilen hartem Strampeln war von dieser fabrikneuen Politur nichts mehr übrig. Sowohl mein Fahrrad als auch ich sahen verschlissen aus: die Satteltaschen waren abgenutzt und hingen durch, und das Wachstuch war von einer ansehnlichen Schicht Staub überzogen. Mein ausgewaschenes T-Shirt hing mir schlaff von den Schultern, und das hohlwangige und gebräunte Gesicht, das mir aus dem Schaufenster entgegenblickte, hatte ein paar Falten, die vorher noch nicht da waren.

Auch in meinen Augen hatte sich etwas verändert. Irgendwo auf dem Weg hatten sie ihre büromäßige Unschlüssigkeit verloren und eine Klarheit angenommen, die man bekommt, wenn man an den fernen Horizont schaut, anstatt auf einen nur 40 Zentimeter entfernten Computerbildschirm zu starren. Sie sahen gesünder aus. Seit ich unterwegs war, hatten die Kopfschmerzen, die mich bei der Arbeit immer gequält hatten, aufgehört. Ich konnte mich nicht einmal erinnern, wann ich zum letzten Mal welche gehabt habe. Meine Hände waren leicht schwielig vom Festhalten an Lenker und Bremshebeln, meine Reflexe und Überlebensinstinkte waren durch unberechenbare Autofahrer geschärft, und meine Erwartungen hatten sich meinem Tretrhythmus angepasst. Ich wusste jetzt genau, was eine Strecke von 100 Meilen bedeutete: eine Tagesreise, vielleicht auch zwei, wenn Wind, Hitze und Berge gegen mich waren.

Das Atherton Tableland war warm und angenehm, und die Straße schlängelte sich durch dichten Urwald. Spät nachmittags rollte ich in Tolga ein. Die Hauptstraße war bereits von langen kühlen Schattenstreifen überzogen. Ich hielt an einer Tankstelle, um eine weitere Wasserflasche zu kaufen (mein Trinkbehälterarsenal belief sich inzwischen auf acht Behälter) und um auszukundschaften, wo ich mein Zelt für die Nacht aufschlagen konnte. Ich geriet in ein Gespräch mit dem 19-jährigen Tankwart namens Doug. Mit einer verzückten Kleinstadtgastfreundschaft, die eher an die 50er Jahre des 20. Jahrhundert erinnerten, machte er mir freudestrahlend einen Vorschlag: Es war Samstagabend, und er und ein paar Freunde würden ins Autokino rüber nach Mareeba fahren, um Demi Moore in Striptease zu sehen. „Kommen Sie doch mit! Sie können Ihr Fahrrad beim Haus stehen lassen und bei uns übernachten."

Zu dritt nebeneinander – Doug, sein Freund Steve und ich – saßen wir auf der Vorderbank von Dougs alter Karre, auf dem Schoß fettige Schachteln von Kentucky Fried Chicken, die unser Abendessen enthielten. Ein paar weitere Freunde von ihm parkten neben uns in einem Lieferwagen. Sie waren alle um die 19, und ich kam mir ein wenig vor wie ein Vater, der nur so aus Interesse mal mitgekommen war. Aber sie nahmen es gelassen. Das alte Autokino von Mareeba war überfüllt. Demi Moore erschien riesig und körnig auf der Leinwand. Vom Popcorn-Stand erscholl lautes Geraschel und das Gekicher von Teenagern. Die Nachtluft war erfüllt von Insekten und dem Duft eines Joints, der zwei Wagen weiter geraucht wurde.

Kurz vor Mitternacht waren wir wieder bei Doug zu Hause. Seine Freundin Irena war gerade von ihrer Abendschicht als Kellnerin zurückgekommen. Bis spät in die Nacht unterhielten uns über alles, was uns in den Sinn kam, Filme, Geld, Australische Haselnüsse ... Irena entwarf gerade ein Tattoo für sich selbst und zeigte mir ein paar von ihren Ideen, zumeist keltische Motive. Doug warnte mich vor den Drogen anbauenden Hardcore-Typen der Gegend, die sich im dichten Dschungel versteckten wie einst die Schwarzbrenner in West-Virginia: „Leg dich nicht mit denen an. Die sind Furcht erregend."

Zwei Tage später verbrachte ich einen altmodischen Abend der etwas anderen Art in der abgelegenen Regenwaldstadt Ravenshoe. Gegen drei Uhr nachmittags kam ich dort an, rollte am Pub vorbei und hielt vor einem Krämerladen mit dem Namen Northland's Agencys. Irgendwie muss das Schicksal wieder die Hände im Spiel gehabt haben, denn es gab keinen ersichtlichen Grund für mich, ausgerechnet hier zu halten. Ich brauchte weder Hufnägel, noch Hühnerfutter, noch Bindedraht. Es muss derselbe Regisseur gewesen sein, der schon damals in Grafton Robert Fantom zu mir rüber gelotst hatte. Während ich auf dem Gehsteig herumstand, die Anschlagtafel des Ortes studierte und mich fragte, warum ich eigentlich nicht weiterfuhr, kam ein alter Engländer auf mich zu und begann zu erzählen.

Er hieß Arthur West, und mein Fahrrad hatte bei ihm bitter-süße Erinnerungen heraufbeschworen. In den 30er Jahren hatten nämlich er und seine Frau Ivy – beide damals jung und fit – in Wales ausgiebige Touren mit dem Tandem unternommen. „Wir waren 61 Jahre zusammen, Ivy und ich. Sie ist vor ein paar Monaten gestorben. Als ich Sie da stehen sah mit Ihrem Fahrrad, kamen so viele Bilder wieder hoch. Wir hatten so viel Freude damals."

Wir gingen in ein Café etwas weiter die Straße hinunter, um ein frühes Abendessen einzunehmen. Arthur erzählte mir, dass er aus Leicester in England komme und in den 50er Jahren hierher ausgewandert sei. Er war 83 Jahre alt. Seinem Sohn Graham gehörte der Futterladen, vor dem ich angehalten hatte. Nach dem Essen redeten wir bei einer Tasse Tee weiter. Als es Zeit war aufzubrechen, wollte der alte Herr nicht, dass ich draußen campen wollte. Er lud mich stattdessen zu sich nach Hause ein, wo wir, wie er meinte, noch ein wenig weiterquatschen könnten. Ich war begeistert. Ich hatte auf meiner Reise schon so viel Schönes erlebt: Robert Fantoms geduldiges Zuhören, die Gastfreundschaft der Macintoshs oder der Samstagabend im Autokino mit den Jungs. Es war ein gutes Gefühl, jetzt einmal etwas zurückgeben zu können, und Arthur, ein guter Erzähler mit scharfem Gedächtnis und einem Auge fürs Detail, machte mir die Sache leicht.

Wir saßen lange in Arthurs Salon, einem typischen englischen Vorkriegswohnzimmer mit dunklen Möbeln, tickender Uhr und einem bunten Sammelsurium aus Glas, Nippes und verblichenen Fotos. Er erzählte mir eine Liebesgeschichte. Sie begann 1932, als Arthur 19 war und ein Herrenausstattergeschäft in der Hauptstraße von Leicester führte. „Seidenkrawatten waren gerade in Mode gekommen", erinnerte er sich, „und ich war dabei, eine Auslage davon im Schaufenster zu arrangieren. Ich hielt den Kopf gesenkt, aber aus dem Augenwinkel sah ich einen schmalen grünen Schuh mit hohem Absatz am Fenster vorbeigehen. Er gefiel mir. Sogar sehr. Aber es war nur ein flüchtiger Blick gewesen. Es war Mittagszeit und die Straße voller Leute, und als ich aufsah, hatte sich die Menge bereits weiterbewegt. Die nächsten vier Tage verbrachte ich meine Mittagspause damit, aus dem Fenster zu schauen, und tatsächlich sah ich den grünen Schuh wieder. Diesmal sah ich mir aber auch den Rest des Mädchens an. Ich fragte herum und fand heraus, dass sie Ivy hieß und Ballett-Tänzerin war. Wir hatten sogar gemeinsame Freunde. Besser noch: Wie Ivy mir später erzählte, hatte sie mich auch bemerkt und sich nach mir erkundigt." Und noch über sechzig Jahre später leuchteten seine Augen wie die eines Schuljungen bei dem Gedanken an das Glück, dass die hübsche Ballerina ihn auch mochte.

Sie lernten sich kennen und verliebten sich unsterblich ineinander. Damals war Arthur ein begeisterter Radfahrer, doch plötzlich erschien ihm sogar das Radeln fad, ohne Ivy. Und so stöberte er schließlich ein uraltes Tandem auf, das bei einem Freund im Schuppen vor sich hinrostete, kaufte es für zehn Shilling und richtete es her. „Es war ganz schön schwierig, mein Rad zu lenken und zu balancieren und gleichzeitig das Tandem neben mir zu führen. Ich erinnere mich noch, wie ich im Zentrum von Leicester durch den Verkehr wackelte."

Arthur stand auf, kramte im Zimmer herum und kam mit einem Glasbriefbeschwerer wieder, der einen Uhrturm in einer geschäftigen Durchgangsstraße zeigte. „Hier. Stellen Sie sich vor, wie es ist, hier mitten am Nachmittag mit zwei Fahrrädern durchzukommen. Aber ich hab's nach Hause gebracht und wieder hergerichtet. Ivys Vater war im Krieg Fahrradmelder gewesen und hatte noch einige seiner alten Gepäckträger und Packtaschen. Wir schnallten sie ans Fahrrad, befestigten noch einen geflochtenen Fischkorb und fuhren nach Wales. Eine Woche lang radelten wir über das Land. Es war herrlich."

Die Verlobungszeit dauerte sechs Jahre, in denen sie zahlreiche Touren mit dem Rad unternahmen, bis er sich die 1925er Norton kaufte, mit der sie dann ebenso herrliche Ausflüge machten. Ich stellte mir vor, was für ein schneidiges Bild das gewesen sein muss: Er groß, schlank und britisch, hinter sich auf dem Sattel seine bildhübsche Beifahrerin. Kurz vor dem Krieg heirateten sie. Er musste an die Front, kehrte aber zu Ivys großer Freude und seinem Posten als Leiter des Botanischen Gartens zurück. Sie gründeten eine Familie und erwirtschafteten sich einen kleinen Wohlstand. Die Norton wurde alsbald gegen einen kleinen Vauxhall eingetauscht.

Doch das Leben im England der Nachkriegszeit konnte grau und trostlos sein, und so suchten Arthur und Ivy ihr Glück anderswo. Ende der 50er trafen sie den Entschluss, nach Australien auszuwandern. Bunte Plakate warben damals um Einwanderer und versprachen Arbeit und Sonne, und die australische Regierung war so scharf auf neue Siedler, dass sie sogar die Überfahrt mit dem Dampfschiff zahlte und die Umzugskosten übernahm. Für zehn Pfund Verwaltungsgebühr konnte man ein neues Leben in Down Under bekommen.

Ich trank meinen Earl-Grey-Tee, während ich zuhörte und mir Fotos anschaute, die mir Arthur zeigte. Weit nach Mitternacht sah ich, dass er gähnen musste, und es schien ihm ganz recht zu sein, dass ich es bemerkt hatte. Er stand auf, streckte sich und nahm meine leere Tasse. „Wissen Sie", sagte er, „ich glaube, ich werde heute Nacht richtig gut schlafen."

Als ich mich am nächsten Morgen auf den Weg machte, kam ich am Krämerladen vorbei. Es war noch früh; Ravenshoe war im Begriff aufzuwachen. Der Laden aber war bereits geöffnet, draußen auf dem Gehsteig standen Gartengeräte, und aus der offenen Tür drang Gelächter; Grahame befand sich im lautstarken Geplänkel mit einem Farmer, der versuchte, den Preis für Packdraht herunterzuhandeln. Trotz seiner britischen Art hatte Grahame die Ausdruckskraft eines Varieté-Künstlers, der mit den Händen spricht, Witze macht und auf die Leute einredet.

Sein Sohn Benjamin war ebenfalls da. Er half im Laden, bevor er zur Schule ging. Ich wusste von Arthur, dass Benjamin ein fanatischer Mountainbiker war. Jetzt sah ich, wie er ein wenig wehmütig auf mein startbereites und bepacktes Rad blickte. Es tat mir richtig Leid, wenn ich mir vorstellte, dass er diesen warmen Sonnentag in einem Klassenzimmer verbringen musste. Ich dachte daran, wie es war, als ich 17 war und von all den Abenteuern träumte, die ich eines Tages erleben würde. Es hatte zwanzig Jahre und eine ordentliche Portion Vertrauen, wenn nicht sogar Verzweiflung gebraucht, bis ich sie schließlich erleben durfte.

Benjamin stellte mir ein paar Fragen über das Handling und die Berge, bestieg das Bike und blickte prüfend auf Brems- und Schaltzüge,

Kette, Zahnkränze und Freilauf. Ich war ihm dankbar dafür, weil sein ebenso neugieriges wie scharfes Auge ein Problem entdeckte, das mir bislang entgangen war: Die Einstellschraube, die den Schaltzug auf Spannung hält, hatte sich gelöst. Benjamin nahm einen Schraubenzieher, aber als er versuchte, sie anzuziehen, brach sie.

„So ein Scheißmaterial", schimpfte Grahame, strich mit dem Daumen über die Bruchstelle der billigen Aluschraube und schüttelte den Kopf. Ich begriff, was er meinte, und ärgerte mich. Das Fahrrad hatte mich immerhin 1000 Dollar gekostet. Ein Gang ließ sich – wenn auch schwer – einlegen, aber Darwin, die nächste Stadt mit einem Fahrradladen, war fast 2000 Meilen entfernt. Ansonsten hätte ich 100 Meilen zurück nach Cairns fahren müssen, um ein Ersatzteil zu bekommen.

Grahame half mir aus der Patsche: „Kein Problem. Wir können das Teil bei einem Fahrradgeschäft in Cairns bestellen und mit dem Lastwagen herbringen lassen. Dann ist es in ein paar Tagen hier. Der Transport wird Sie ein bisschen was kosten, aber in der Zwischenzeit können Sie bei uns bleiben, und ich zeige Ihnen alles. Das hier ist ein ziemlich interessanter Teil der Welt. Ich denke, es wird Ihnen hier gefallen. Was halten Sie davon?"

Ich bedankte mich. Die nächsten drei Tage half ich im Laden mit und fuhr bei Grahame im Lastwagen mit, wenn er die winzigen Gemeinden überall im Tafelland mit Korn, Heu und Vorräten versorgte. Ich lernte Gabelstapler fahren, Kornsäcke ordentlich stapeln und diese mit unlösbaren Truckerknoten straff auf der Ladefläche zu vertäuen.

Grahame war ein interessanter Mann. Ehemals künstlerischer Leiter einer bekannten Werbeagentur, trennte er sich 1973 von Schlips und Kragen und war nach Norden in den Regenwald gezogen, wo er sich ein Haus aus Lehmziegeln errichtete, Biogemüse anbaute und eine Familie gründete. Während wir über die einsamen Straßen holperten, um unsere Waren abzuliefern, wurde mir bewusst, dass dieses abgeschiedene tropische Hochland Heimat für viele freiheitsliebende Exzentriker war, die sich dem Mainstream des späten 20. Jahrhunderts nicht anpassen wollten. Da war Carl, ein aufbrausender Luxemburger, der zwei Jahre zuvor nach Ravenshoe gekommen war, in einem schrottreifen Zigeunerwagen, mit dem er von Fremantle in Westaustralien den ganzen Kontinent durchquert hatte. Da war die ehemalige Lady MacDonald, eine Frau knapp über Dreißig, die ihren Titel und ihre ererbten Besitztümer auf der Insel Skye für ein Haiboot eingetauscht hat (inzwischen betrieb sie im Hochland Landwirtschaft). Und in dem kleinen Weiler Herberton lebte eine Künstlerin namens Sherry Vincent. Sie war als Tochter eines Hasenjägers in der Nullarbor Plain aufgewachsen. Obwohl sie nie eine Schule besucht hat, malte sie wunderbare Bilder an Mauern und Ladenfassaden.

An einem schwülen Nachmittag tranken Grahame und ich Tee mit Dr. Harry Bromley, einem rüstigen ehemaligen Sanitätsoffizier der britischen Armee, der gut über 80 war. Zu Zeiten des britischen Empires war er überall im Fernen Osten stationiert gewesen: Shanghai, Hongkong, Singapur. Zu Fuß war er vor der vordringenden japanischen Armee von Burma nach Indien geflohen. 1951 wurde Dr. Bromley auf Grund seiner Arbeit mit Leprakranken auf den Seychellen zum Mitglied des Ordens des Britischen Empires ernannt. Als ich ihn in seinem tadellosen Tropengarten sitzen sah, überkam mich der Gedanke, dass dieser Mann, wenn es ihn nicht schon geben würde, mit Sicherheit von Agatha Christie erfunden worden wäre.

KAPITEL 15

Ich und die Emus

FREITAGMORGEN traf wie versprochen die Ersatzschraube ein. Ich reparierte und packte das Fahrrad, verabschiedete mich von allen und verließ die Stadt Richtung Gulf Country.

In den letzten zwei Wochen war ich überwiegend mit Menschen zusammen gewesen. So sehr ich auch die Gastfreundschaft dieser netten Fremden schätzte, so sehr juckte es mich, wieder unterwegs zu sein: frei, allein und ungebunden. Als ich an diesem Morgen aus Ravenshoe radelte, genoss ich den warmen Wind und die Sonnenstrahlen auf meinem Gesicht. Ich war dankbar für die Zeit, die ich hier erlebt hatte, aber auch froh, wieder on the road zu sein. Ich fuhr 30 hügelige Meilen über den einsamen Busch-Highway bis Mount Garnet, wo ich meine inzwischen neun Wasserflaschen auffüllte, um dann 75 Meilen durch den Busch nach Mount Surprise zu strampeln.

Es war ein schöner Tag. Die Sonne zog ihre Bahn über mir, während ich mit meinem Rad Meile für Meile auf der heißen, einsamen Straße zurücklegte. Die Landschaft war auf der Westseite der Great Dividing Range trockener, die Regenwälder des Tafellandes waren olivgrün-braunem

Buschwerk gewichen, das alsbald in offene Savanne überging. In dieser Nacht zeltete ich in einem Hain süß duftender Eukalyptusbäume knapp 30 Meilen von Mount Surprise entfernt und genoss die Einsamkeit, während ich beobachtete, wie die ersten Sterne am Abendhimmel leuchteten.

Die nächsten paar Tage verliefen ruhig. Ich radelte von morgens bis abends auf einem drei Meter breiten Asphaltstreifen durch die flache und staubige Weite der Savanne, dem endlosen Horizont entgegen. Die gelblich braunen Gräser am Straßenrand sahen schwach und trocken aus, und die Landschaft war von zahllosen Termitenhügeln übersät, die wie verwitterte Grabsteine auf einem historischen Schlachtfeld wirkten. Die Luft war trocken, still und sehr heiß. Es gab kaum Verkehr, gelegentlich ein Roadtrain oder ein Landcruiser, einmal rumpelte ein Armeekonvoi im Manöver an meinem verborgenen Zelt vorbei. Ein anderes Mal überraschte ich eine Gruppe Emus – straußenartige Vögel –, die mitten auf der Straße standen. Als ich näher kam, drehten sie sich um, traten zur Seite, und liefen los. Rund eine Meile legten wir gemeinsam zusammen zurück, die Emus vor mir her laufend, kaum eine Armlänge entfernt und sich immer wieder nach mir umblickend. Irgendwann bog ein Tier in den Busch ab und die anderen folgten.

Die meiste Zeit aber war ich allein auf der Straße.

Nachts im Zelt fürchtete ich weder Schlangen noch Räuber. Zu Beginn war ohnehin kaum jemand da. Im Allgemeinen fuhr ich bis in die Dämmerung hinein und hielt, solange es noch hell genug war, um ohne Taschenlampe durch den Busch zu finden. Dann scannte ich die Straße ein letztes Mal nach eventuell gierigen Augen ab, schlug mich ins Gebüsch und suchte mir ein paar hundert Meter abseits der Straße ein nicht einsehbares Plätzchen. Hier packte ich meine Sachen aus, machte mir ein Essen aus Käse, Knäckebrot, getrocknetem Obst und Nüssen und hörte ein wenig Radio, sofern ich einen Sender fand. Wenn es jetzt noch hell genug war, las ich noch ein Dutzend Seiten in Tom Coles mitreißender Autobiografie Hell, *West and Crooked*. Die Lebensgeschichte des Krokodiljägers, Büffeltöters, Viehhüters, Entdeckers und Abenteurers war mir von Rob Macintosh in Fairfield empfohlen worden. Dann hing ich mein T-Shirt zum Trocknen über den Lenker, stellte eine Flasche Wasser in Reichweite meines Schlafsacks und entspannte mich, während die Sterne am Himmel sichtbar wurden.

Ich fühlte mich sicher. Mein Lager war niedrig und selbst aus zehn Metern Entfernung kaum zu erkennen, und dann auch nur, wenn man wusste, wo man zu suchen hatte. Das Zelt war dunkelviolett und war im Dunkeln nicht zu erkennen. Die übrige Ausrüstung war dunkelblau, violett oder schwarz. Außerdem befand ich mich schließlich nicht in Kriegsgebiet. Australien besitzt eine geringe Mordrate, die mit der Schweizerischen vergleichbar ist, und ist daher ein sehr sicheres Land.

Das heißt nicht, dass es hier keine Verbrechen gäbe. Zu den grausamsten in den letzten Jahren gehört der Fall eines geistig verwirrten Naturburschen namens Ivan Milat, der sieben Rucksacktouristen misshandelte und ermordete. Er verbringt den Rest seines Lebens in einem Hochsicherheitsgefängnis in Sydney. Milat hatte am Stadtrand Anhalter mitgenommen und anschließend auf einen abgelegenen Campingplatz im Belanglo National Forest in New South Wales verschleppt, wo er seine Opfer als Zielscheiben benutzte. Die glücklicheren verletzte er mit seinen kleinkalibrigen Schusswaffen tödlich. Die weniger glücklichen traf er in die Wirbelsäule, so dass sie gelähmt, aber bei vollem Bewusstsein die folgende Misshandlung ertragen mussten. Eine Rucksacktouristin, ein deutsches Mädchen, wurde mit einem Samuraischwert enthauptet.

Milats Beiname, „Ivan der Schreckliche“, fiel häufig in Gesprächen mit neugierigen Passanten, ebenso wie die beunruhigende Erklärung des leitenden Kripobeamten, dass Milat einen Komplizen gehabt habe, der bislang noch nicht gefasst sei. In Murwillumbah im Norden von New South Wales wollte mich ein älterer Herr mit den Worten beruhigen: „Machen Sie sich keine Sorgen. Wenn Sie umgebracht werden, kann ich der Polizei sagen, dass ich mich an Sie erinnere.“

Was die tödlich giftigen Kriechtiere betrifft, okay, ja, es gibt sie. Wie Outback-Dokumentaristen immer gerne betonen, ist Australien das Land mit den meisten Giftschlangen der Welt: Taipane, Vipern, Todesottern, Königsnattern und Tigerottern, die samt und sonders giftiger sind als Kobras. Ein Taipan hat genug Neurotoxin, um eine Viertelmillion Mäuse zu töten. Einige Arten, wie die Tigerotter, können auch extrem aggressiv werden und blitzschnell hochspringen, sobald sie im Geringsten gereizt werden – oder auch einfach nur so.

All das sorgt natürlich für aufregende Fernsehreportagen. Dennoch kann es passieren, dass man jahrelang im Busch draußen ist, bevor man einmal auf eine Schlange trifft. Und wer weiß schon, ob sie dann harmlos wieder ins Gebüsch zurückschlängelt? Denn genau das wird in den meisten Fällen passieren. Solange sie sich nicht in die Enge getrieben fühlen, ziehen sich auch aggressive Schlangen im Allgemeinen vor Menschen zurück. Schlangen sind pragmatisch: Wozu soll ich mich mit Zweibeinern anlegen?

In Wirklichkeit sind die Chancen, auf Schlangen zu treffen, ziemlich gering, es sei denn, man legt es darauf an, weil man eine Naturdokumentation dreht. Und die Chancen, gebissen zu werden, sind sogar noch geringer, vorausgesetzt man tut nicht so etwas Dummes wie die Hand in ein Loch zu stecken oder unter einen Stein zu fassen. Der Hauptgrund aller Unfälle mit Reptilien ist der Versuch, sie zu fangen. Achtzig Prozent aller Schlangenbisse kommen zustande, während Menschen versuchen, eines dieser Tiere zu töten. In all den Monaten, die ich durch den Outback reiste, sind mir nur eine Hand voll Schlangen begegnet, und das zumeist auf der Straße. Und wenn ich im Busch übernachtete, bereitete mir der Gedanke an Schlangen nicht eine schlaflose Minute.

Wobei ich sagen muss, dass ich bei all der frischen Luft, der Sonne und dem Radfahren ohnehin keine Schlafprobleme hatte. Meist hörte ich Radio und sah zu den Sternen auf, bis ich richtig müde wurde. Wenn ich aufwachte, konnte ich an der Stellung des Kreuz des Südens erkennen, ob ich noch eine halbe Stunde bis Sonnenaufgang dösen konnte. Ich wollte immer früh aufbrechen, in der lauen Kühle des Morgens, solange die Sonne noch nicht erbarmungslos vom Himmel brannte. In rund zehn Minuten rollte ich meine Sachen zusammen und packte sie auf das Bike, dann genoss ich die erste – und letzte – kalte Flasche Wasser des Tages und schwang mich auf den leeren Highway.

Die ersten Meilen legte ich zügig zurück, den Umstand ausnutzend, dass die Sonne noch nicht schien. Mein Frühstück bestand aus ein paar Müsliriegeln. Am späteren Vormittag, wenn die Hitze langsam zunahm, suchte ich mir ein schattiges Plätzchen unter einem Baum oder in einem trockenen Bachbett und legte mich während der heißesten Phase des Tages aufs Ohr. Manchmal las ich auch ein wenig Lawson, Paterson oder

Cole, schrieb in mein Tagebuch oder döste nur in der Wärme und hörte den Geräuschen des Nachmittags zu. Wenn gelegentlich ein Roadtrain oder ein Auto vorbeifuhr, blickte ich auf und lauschte, wie das Rauschen der Reifen in der Ferne langsam verklang. Später am Nachmittag, wenn Hitze und greller Sonnenschein nachließen, schwang ich mich wieder in den Sattel. Ich fuhr wieder bis in die Dämmerung hinein, um mir ein abgeschiedenes Fleckchen Erde für die Nacht zu suchen. Auf diese Weise verbrachte ich die folgenden paar Tage.

KAPITEL 16

Freunde im Paradies

Es begann in bester Outback-Tradition mit der Einladung zu einem kühlen Bier an einem brütend heißen Nachmittag. Ich war auf dem Weg durch einen flachen Streifen Savanne 30 Meilen südöstlich der alten Flusshafenstadt Normanton. Der Himmel war messingfarben, die Temperaturen bewegten sich auf die 40°C zu, und meine Kehle war so trocken und klebrig wie ein Fliegenfänger in einem Roadhouse. Den ganzen Tag schon hatte ich mein Wasser streng eingeteilt, aber ich musste in dieser Hitze alle sieben bis acht Meilen halten und einen Liter trinken. Umso mehr freute ich mich darauf, nach Normanton zu kommen und ein eiskaltes Bier im Pub zu trinken.

Diese Vorfreude und die Tatsache, dass ich schon relativ nahe am Ziel war, trieben mich weiter, obwohl ich in der Hitze des Nachmittags normalerweise schon längst eine Pause im trockenen Gras eingelegt hätte. Aber ich hatte seit Tagen nichts Kaltes mehr zu trinken bekommen und fühlte mich wie ein Pferd, das Wasser riecht. Ich stellte mir im Geiste den ersten Schluck eiskaltes Bier vor, als aus dem Nichts eine Stimme in breitestem

Queensland-Slang zu mir sagte: „Himmel, Mann, Sie könnten jetzt bestimmt ein kühles Glas vertragen."

Zwei mitgenommen aussehende Landcruiser waren neben mir aufgetaucht, aber ich war so in Gedanken versunken gewesen, dass ich sie nicht gehört hatte. Ich warf einen misstrauischen Blick auf den freundlichen Mann mittleren Alters, der sich aus dem Fenster beugte. Es war mir nicht ganz klar, ob er mich auf den Arm nehmen wollte oder ob mir da tatsächlich jemand ein Bier anbot. „Ja, da haben Sie wohl Recht."

„Wollen Sie eins?"

Auf die Pointe wartend, musterte ich das gebräunte Gesicht des Fremden, fand aber nur Offenheit und Freundlichkeit. „Machen Sie Witze?"

„Ich mache grundsätzlich keine Witze über Bier, Mann. Fahren Sie ran."

Er hieß Terry, der Typ neben ihm Paul und die zwei im anderen Laster Mick und Thommo. Eiskalte Dosen Fourex wurden aus einem Campingkühlschrank hinten auf Thommos Truck geholt (der eine ganze Menge Bier enthielt) und eilig verteilt. Wir tranken. Der erste magische Schluck war kaum zu ertragen. Die eisige Flüssigkeit brannte in meiner Kehle, um sie dann mit herrlicher kühler Nässe zu betäuben. Noch ein großer, kühler Schluck, und noch einer. Bevor ich mich's versah, hielt ich eine leere Dose in der Hand.

„Schätze, die ist verdunstet", bemerkte Terry, während er mir noch eine in die Hand drückte und sich selbst auch noch eine nahm. „Noch jemand?"

Alle bedienten sich erneut. Terry, ein herzlicher Mittfünfziger mit rosigem Gesicht, war Lehrer in Rockhampton und auf seiner ersten Reise ins Land am Carpentariagolf. Paul, der etwas kleiner als Terry war, dunkelhäutig und zur Hälfte maltesischer Abstammung, war Bauarbeiter aus Sarina, einer Kleinstadt rund 170 Meilen nördlich an der Küste. Thommo war ein schlanker Langstreckenläufer Ende Zwanzig, der für die Bahngesellschaft von Queensland arbeitete.

Es stellte sich heraus, dass Mick, ein Polizist, in zwei Wochen heiraten würde. Da sein Junggesellendasein nun dem Ende zuging, hatten er und Thommo, sein bester Freund, und seine beiden Onkel beschlossen, abzuhauen und in der Wildnis zwischen Gilbert und Staaten River zu fischen und Wildschweine zu jagen.

„Weißt du was", sagte Mick einige Biere später, „komm doch einfach mit! Du willst Australien kennen lernen, und wir besuchen Orte, wo du mit deinem Rad nie hinkommst. Komm schon. Wirf das Bike hinten drauf, später deponieren wir es bei meinen Schwiegereltern in Karumba."

Es war eine spontane und großzügige Einladung, aber ich stockte einen Augenblick. Ich kannte diese Jungs nicht. Sie waren zu viert, und hinten auf ihren Lastern lagen haufenweise schwerkalibrige Gewehre. Niemand wusste, wo ich war, und es erwartete mich auch nirgendwo jemand. Ich konnte ganz leicht spurlos verschwinden. Aber ganz leise sagte mir meine innere Stimme: Geh nur, es ist schon in Ordnung.

Und mehr als das. Die folgenden Wochen gehören zu den schönsten meines Lebens. Terrys Einladung zum kühlen Bier, an diesem Nachmittag, wird für mich immer einen Wendepunkt meines Lebens in Australien darstellen. Von diesen Jungs lernte ich, was Freundschaft bedeutet, die wortkarge, einzigartige australische Version davon, die sich einer simplen Beschreibung entzieht. Es ist eine raubeinige Kameradschaft, die auf felsenfester Treue und ironischer Toleranz beruht. Im Allgemeinen findet man sowas nur im Outback (oder in den Schützengräben des Ersten Weltkriegs). In den folgenden paar Wochen wurden wir gute Freunde.

Wir erreichten Normanton bei Sonnenuntergang. Mick, Thommo und ich saßen zu dritt nebeneinander auf der Vorderbank von Thommos Laster. Es war ein heißer Abend. Eine Menschenmenge drängte sich auf der Veranda des Purple Pub. Das bekannteste Wasserloch der Stadt war ein zweistöckiges Wirtshaus, mit Schmiedeeisen verziert und berühmt für seinen außergewöhnlichen lavendelblauen Anstrich. Wir hielten davor und gingen hinein, um noch ein paar Bier zu trinken. Es war laut und verraucht.

Als wir wieder heraustraten und ich die breite Straße vor dem Pub sah, musste ich unwillkürlich an den guten alten Wilden Westen denken. Die staubige Stadt lag am Ufer des Norman River. Etwas weiter weg stand die lebensgroße Dermoplastik eines Krokodils, das 1957 im Schilf unweit der Stadt erlegt worden war. Es war grotesk: ein Monster aus Jurassic Park, achteinhalb Meter lang, angeblich das Größte, das je beobachtet wurde. Das Tier verharrte in Angriffspose, als ob es nach der Kugel schnappen wollte, die sein Leben beendet hatte. Es muss mehrere Tonnen gewogen haben.

Sein riesiges Maul hätte sicher einen ausgewachsenen Ochsen verschlingen können. Ein vielleicht vierjähriger Aborigine-Junge saß zwischen den Kiefern und sah uns zu, wie wir die Straße entlangschlenderten.

Beim Anblick dieses Krokodils fühlte ich mich ein wenig wie der Bauer aus Neuengland in dem alten Witz, der im Zoo einen Elefanten anstarrt und dann erklärt: „So ein Tier gibt es nicht." Stimmt auch irgendwie. Leistenkrokodile werden normalerweise nicht so groß. Unkontrollierte Jagd in den 40er und 50er Jahren dezimierte die oft hundertjährigen Monster, doch der inzwischen über zwanzig Jahre währende Jagdschutz hat ihre Anzahl wieder beträchtlich steigen lassen. „Die Flüsse in dieser Gegend sind voll von ihnen", meinte Mick, als wir über die einspurige Eisenbrücke am Stadtrand fuhren und die Straße Richtung Karumba nahmen.

Der Norman River, dessen Ufer dicht mit Schilf bewachsen sind, schimmerte im Dämmerlicht metallisch-blau. Die Sonne ging unter, die Farben verschwammen, und es wurde dunkel. Während die Graslandschaft der Savanne an uns vorbeizog, fühlten wir uns in unserem Cruiser pudelwohl. Bei dämmrigem Licht tranken wir und erzählten uns Witze. Garth Brooks „Boys from the Bush" tönte aus dem Kassettendeck, und Thommo und Mick sangen den Refrain mit. Obwohl ich diese Jungs erst vor ein paar Stunden kennen gelernt hatte, kam es mir vor, als wären wir alte Freunde.

Mick war wahrscheinlich der netteste Typ, den ich je getroffen hatte: gelassen, tolerant – ein sanfter Bär. „Du musst schon ein ganz großes Arschloch sein, wenn du dich von mir verhaften lässt", sagte er lachend. Mick war aber keineswegs ein Weichei. Er hatte schon überall in Queensland in den härtesten Outback-Städten seinen Dienst getan: Birdsville, Mount Isa, Burketown, Karumba. Jetzt war er in Sarina und vermisste das Land am Carpentariagolf sehr. Er hielt seine Hand aus dem Fenster in den Wind und atmete die warme Nachtluft in tiefen Zügen ein: „Gott, ich habe das Gefühl, wieder zu Hause zu sein. Ich bin so glücklich."

Ich sah hinaus in die tiefschwarze Tropennacht. Dichte Wolken aus Nachtfaltern und Insekten umschwirrten die Scheinwerfer, unablässig klatschten sie gegen die Windschutzscheibe. Nach etwa einer Stunde sahen wir in der Ferne Lichter. Wir waren in Karumba angekommen.

Ash Colahan, Micks zukünftiger Schwiegervater, war früher Minenarbeiter in Mount Isa gewesen und führte jetzt einen Fish-and-Chips-Laden am Karumba Point. Er war ein Bär von einem Mann, jovial, ziemlich klein, mit dicken braunen Armen und dichtem silbrigen Haar. Nach dem Abendessen packten wir unsere Bündel aus und schliefen in seinem Wohnzimmer über dem Laden.

Am nächsten Morgen trat ich auf die Veranda hinaus in die warme, dampfende Tropenluft. Sonnenlicht glänzte auf dem Golf von Carpentaria. Wir blieben einen Tag in Karumba und deckten uns für den Busch mit Vorräten ein. In einem Reiseführer hatte ich gelesen, Karumba habe die Atmosphäre eines abgelegenen Amazonas-Außenpostens. Auf Grund dieser Beschreibung und Karumbas Lage an der tropischen Nordküste von Queensland war ich davon überzeugt, dass die Stadt von schönem, üppigem Regenwald umgeben sei. Als wir von Normanton her kamen, war es schon zu dunkel gewesen. Mehr als hohes Gras, das im Scheinwerferlicht vorbeihuschte, konnte man nicht erkennen. Das harte Licht des Morgens offenbarte ein trostloses Bild: ein notdürftig befestigter Trawlerhafen inmitten eines von Krokodilen wimmelnden Mangrovensumpfes, dort wo sich der Norman River träge in den Golf ergießt. Dahinter eine weite, flache Ebene versengter und ausgedörrter Savanne, die in der feuchten Luft schimmerte.

Ich war nie am Amazonas, aber wenn ich ihn beschreiben sollte, dann würde ich wahrscheinlich Karumba als Vergleich verwenden: ein Haufen verzinkter Blechhütten und überwucherte Höfe, eine Atmosphäre schwelender Aggression, in der Nähe ein breiter, trüber Fluss. Karumba ist isolierter und kleiner als Normanton und im Sommer manchmal wochenlang durch den Monsun von der Außenwelt abgeschnitten. In den 30er Jahren war es Tankstopp für die Empire Flying Boats gewesen, die Post zwischen England und Australien transportierten. Heute macht eine Flotte von Krabben- und Barramunditrawlern hier fest, deren rauflustige Skipper in der berühmten Animal Bar herumhängen. Direkt über der schiefen Ebene für die alten Flying Boats gelegen, gilt sie als das härteste Wasserloch im ganzen Outback.

„Am letzten Anzac Day[7] war ich da", erzählte Paul, als wir auf die Bar zu gingen. „Das hättet ihr sehen sollen. Zwei Barra-Skipper versuchten

7 ANZAC, Abkürzung für Australian and New Zealand Army Corps. Kombinierte Einheit, die im Ersten Weltkrieg kämpfte. Der Anzac Day ist der 25. April und Nationalfeiertag in Australien und Neuseeland.

sich gegenseitig umzubringen. Der Boden war übersät mit Glassplittern, und die zwei Typen stapften barfüßig darauf herum, das Blut spritzte ihre Beine hoch. Aber sie waren so betrunken, dass ihnen das egal war. Sie prügelten unentwegt aufeinander ein."

„Klingt nach einem Ort, wo man ein nettes Mädchen kennen lernen könnte", witzelte Thommo.

Als wir eintraten, waren da weder Glassplitter noch Blut, noch nette Mädchen, sondern nur das gedämpfte Stimmengewirr von ein paar hart gesottenen Trinkern: braun gebrannte, bärtige und stark tätowierte Typen, die ihr Bier tranken. Der Raum war ein nach vorne offenes Betongewölbe, in dem Tische und Stühle am Boden festgeschraubt waren. In der Mitte stand ein großer Pooltisch. Drinnen war es etwas kühler als draußen. Ein paar Gesichter strahlten vor Überraschung auf, als sie Mick erkannten, und einige der Zechbrüder kamen herüber, um ihm zu seiner bevorstehenden Hochzeit zu gratulieren. Wir bestellten Bier. Paul und Thommo fingen an Pool zu spielen.

Mick ging weiter, um sich mit einigen der Gratulanten zu unterhalten. Terry und ich saßen an einem Tisch und quatschten mit einem ziemlich krass aussehenden Ex-Knacki namens Andrew: über eins neunzig groß, 110 Kilo reine tattoo-verzierte Muskelmasse, geformt durch seinen Job auf dem Viehhof am Stadtrand. Er erzählte, er habe letztlich einen deutschen Anhalter von Ravenshoe bis Karumba mitgenommen. „Der verdammte Typ konnte kein Englisch. Der saß einfach stundenlang da und glotzte auf die Straße, ohne ein verdammtes Wort zu sagen, und dann platzt er raus: ‚Unglaublich!' Ich sage: ‚Was?' Und er: ‚Nichts.' Dann etwas später sagt er wieder: ‚Unglaublich!' Ich drauf: ‚Was?' Und er wieder: ‚Nichts.' So ging das weiter. Irgendwann war ich stinksauer, weil ich nicht kapierte, was sein verdammtes Problem war. Ich war drauf und dran, ihm eine reinzuhauen, wenn er es wieder getan hätte. Aber dann kam ich drauf. Er konnte einfach nicht glauben, dass da so viel Nichts draußen war, Meile für Meile nichts als Nichts. Deshalb sagte er immer: ‚Unglaublich! Nichts!' "

Andrew ging auf die Toilette. Ich beschloss, ein paar atmosphärische Aufnahmen von der Animal Bar zu machen – womöglich nicht unbedingt die beste Idee in einer Bar nahe der Grenze, die voll war mit auf Kaution freigelassenen Knackis, Drogendealern und gesuchten Verbrechern. Obwohl ich nur Paul und Thommo beim Poolspielen vor die Linse nahm und niemanden sonst, kam ein Betrunkener drohend auf mich zu und knurrte: „Wenn du kein Abzeichen hast, packst du das verdammte Ding am besten schleunigst wieder weg. Ziel auf mich, und ich stopf dir das Teil ins Maul!"

Ich überlegte noch, was ich darauf sagen sollte, als Andrew von der Toilette zurückkam. Er hatte nichts von der Drohung mitbekommen und fragte mich, ob ich noch ein Bier brauche. Als er erkannte, wer mein Gesprächspartner war, wurde der Betrunkene vor Schreck mit einem Schlag nüchtern und kalkweiß im Gesicht und schien sich zu erinnern, dass er eigentlich ganz woanders sein sollte. Als ich später Mick die Geschichte erzählte, lachte er und meinte, Andrew sei wohl unbestritten der härteste Schläger an der ganzen Golfküste.

Wir tranken unser Bier aus und gingen. Auf dem Weg zurück zu den Wagen schwelgte Paul in Erinnerungen an die böse alte Zeit, als er noch auf Baustellen hier gearbeitet habe und die Animal Bar ihrem Namen noch alle Ehre gemacht hatte. Traurig schüttelte er den Kopf, als er in die Fahrerkabine kletterte. „Das ist heute alles viel zu zahm – nicht mehr so, wie es früher mal war."

Ash bewirtete uns an diesem Abend reichlich mit Fisch und Chips. Nachdem das Geschirr gespült war, spielten wir noch ein paar Runden Five Hundred, während er uns seine neuesten Geschäftsideen verriet. Wie viele clevere Outback-Australier war Ash ein gewiefter und risikobereiter Geschäftsmann, der unablässig den Horizont nach guten Chancen absuchte. Neben seinem Fish-and-Chips-Laden hatte er mit seiner Frau Cheryl zusammen ein kleines Motel. Er war auch an einem Barramundi-Boot beteiligt, das seinem Sohn Ronnie gehörte. Außerdem ging er noch ein paar anderen Nebenbeschäftigungen nach. Er war geschickt, energisch und in Karumba als Geschäftsmann zweifelsohne sehr erfolgreich. Doch was er uns an diesem Abend beim Ausgeben einer neuen Runde Karten an Plänen offenbarte, erschien mir doch zu verrückt.

Er überlegte, ob er mit einem fahrenden Mr.-Whippy-Stand ins Eisgeschäft einsteigen sollte. An der Küste unten stand einer zum Verkauf. „Ich werde ihn mir ansehen und schauen, ob ich nicht einen guten Preis raushandeln kann. Ein Mr.-Whippy-Laster ist genau das, was der Stadt fehlt. Ich werde ein Mordsgeschäft damit machen."

Fast wäre ich in lautes Gelächter ausgebrochen. Vor meinem geistigen Auge erschien ein Mr.-Whippy-Eiswagen, der zur Melodie von „Greensleeves" über die verbrannte Savanne holperte. Krokodile schnappten nach seinen Reifen, während er auf dem Weg war, um Eis an irgendeinen gottverlassenen Außenposten zu liefern. Ich sagte: „Du machst Witze, oder?"

„Absolut nicht." Ash sortierte sein Blatt. „Karumba wird boomen, ihr werdet schon sehen. Schon jetzt kommen im Winter, wenn es im Süden unten kalt ist, immer mehr Touristen und Rentner hierher zum Fischen. Im Juni oder Juli ist es hier total überfüllt. Da kann man froh sein, wenn man in der Stadt noch ein Zimmer bekommt. Aber mehr als Fischen wird den Leuten halt nicht geboten. Selbst im Winter erreichen die Temperaturen hier um die 30°C. Wäre doch nett, wenn man an einem heißen Nachmittag ein Eis kaufen könnte, oder? Niemand in der Stadt bietet so etwas an."

So gesehen, begann die Sache sogar mir lukrativ zu erscheinen. Es war ein erfreulicher Gedanke: In dieser immer kleiner werdenden Welt bot Australien immer noch ein unbegrenztes Spielfeld, auf dem ein ganz normaler Typ mit einer Vision die Chance hatte, ein kleines Vermögen zu machen, ganz einfach weil er als Erster und Einziger im Umkreis von mehreren hundert Meilen Mr.-Whippy-Eis verkaufen konnte.

Wir gingen früh schlafen, da ein langer Tag vor uns lag.

Der Weg von Karumba bis zu unserem Campingplatz am Staaten River war lang, heiß und staubig und führte über abgeschiedene Buschpfade. Manchmal war es kaum mehr als eine verblasste Spur im hohen, braunen Gras, das unsere Landcruiser überragte. Es gab keine Pause, Meile für Meile fuhren wir durch das hohe Gras, vorbei an Termitenhügeln und verkrüppelten Buchsbaumsträuchern, die in der grellen Hitze schimmerten. Geregnet hatte es hier zuletzt vor sieben Monaten. Der Boden war so trocken und ausgedörrt, dass wir mit jedem Schritt Wolken ockerfarbigen Staubes aufwirbelten, der sich überall festsetzte. Die Hitze hatte eine Temperatur von fast 45°C im Schatten erreicht. Die Luftfeuchtigkeit war erdrückend, so kurz vor dem Monsun, der normalerweise im Dezember begann, aber jederzeit einsetzen konnte.

Ein plötzlicher Regen würde die Landschaft in einen riesigen Sumpf, mit Seerosen bewachsenen Pfützen verwandeln. Üppiges Tropengras würde überall wuchern. Spektakuläre Gewitter und Blitze würden den Horizont erhellen. Und wir würden wochenlang festsitzen. Doch im Augenblick war da nur die sengende Sonne an einem wokenfreien Himmel. Die silbrigen Blätter der Buchsbaumsträucher hingen welk herunter. Insekten summten.

Bei der Weiterfahrt erzählte uns Mick, wie er hier zusammen mit einem Kollegen einmal einem Mörder aufgelauert hatte. Über Funk hatten sie erfahren, dass der Gesuchte, dessen verzweifelte Flucht im 250 Meilen entfernten Cooktown begonnen hatte, in der Gegend unterwegs war. Doch sein Fluchtwagen blieb bald auf der steinigen, sandigen Piste stecken. Zunächst versuchte er, zu Fuß weiterzukommen, doch er sollte Micks Zuständigkeitsbereich nicht mehr verlassen. Die endlose, verschwörerische Stille flößte ihm mehr Angst ein als das Gefängnis, und so stellte sich der Flüchtige schließlich selbst.

Für eine überstürzte Flucht ist das Golfland vielleicht nicht geeignet, dafür bietet es exzellente Verstecke. Die zerklüftete und verlassene Küste ist ideal für Schmuggler und ihre Boote. Gerüchten zufolge soll hier auf abgeschiedenen, bestens bewachten Lichtungen Marihuana wachsen. Ein paar nichtsnutzige Viehzüchter auf abgelegenen Stationen wurden kürzlich bei Drogengeschäften erwischt. „Pass genau auf, mit wem du sprichst, wenn wir hier irgendjemandem begegnen sollten“, schärfte mir Mick ein. „Und bitte, erwähne nie, dass ich ein Bulle bin, okay?“

Am Ufer des Staaten River richteten wir uns ein gemütliches Camp ein, das wesentlich luxuriöser war als das spartanische Nachtlager, das ich aufschlug, wenn ich allein unterwegs war. Thommo baute unter einem geeigneten Baum eine solarbetriebene Dusche auf. Wir hatten Campingstühle, Moskitonetze, Sturmlaternen und einen Klapptisch zum Kartenspielen. Außerdem Schnüre und Fangnetze für Köder, Angelruten und Angelgeräteboxen sowie zwei Schlauchboote mit Außenbordmotor. Da gab es Bratpfannen, einen schweren Schmortopf und einen eisernen Teekessel. In einem alten, von Kohle beheizten Blecheimer wurde Spülwasser warm gehalten. An den Bäumen hingen Geräte. Das Filetieren der Fische und der Abwasch wurden auf der Heckklappe eines der Landcruiser erledigt. Der große Campingkühlschrank in Thommos Wagen war palettenweise mit Bier, Koteletts und Speck fürs Frühstück gefüllt. Wir schliefen alle im Freien.

Jeden Morgen fuhren wir mit den Schlauchbooten hinaus, schipperten durch das trübe Wasser, duckten uns vor tief hängenden Ästen und hielten wachsam nach Krokodilen Ausschau. In den Mangroven suchten wir nach dem Barramundi, Australiens großem Süßwasserfisch, und warfen unsere Köder am Ufer in dem Gewirr aus Wurzeln und angeschwemmten Trümmern aus, wo sich die misstrauischen alten Knaben aufhielten.

Wäre Izaak Walton Australier gewesen, hätte er wortreiche Lobeshymnen auf den Barramundi gesungen. Die hervorragenden, ebenso starken wie beweglichen Kämpfer sind berühmt für ihre spektakulären Sprünge aus dem Wasser, wobei ihre silbrigen Körper in der Sonne glitzern – ein Schauspiel, bei dem Angler ihre Ruten ehrfurchtsvoll sinken lassen. Und hat man das Glück, einen zu fangen, darf man sich auf den feinsten Fischgeschmack der Welt freuen.

Wir hatten Glück, und zwar immer und immer wieder. Unser größter Fang – eines von Micks Exemplaren – brachte neuneinhalb Kilo auf die Waage.

Wir ließen es uns gut gehen und taten uns gütlich an fangfrischen Barramundis direkt vom Grill. Eiskaltes Bier oder starker Tee spülten den Fisch hinunter, während wir im flackernden Licht der Sturmlaternen Karten spielten oder uns am Lagerfeuer unterhielten, dabei zusahen, wie die Sterne aufzogen und den Geräuschen des Flusses lauschten.

Als wir eines Abends besonders spät nach Hause kamen, konnten wir im undurchdringlichen Dunkel unser Lager am Ufer nicht mehr finden. Thommo entdeckte eine Anlegestelle und ging an Land. Er bahnte sich einen Weg durch den Busch, bis er unser Lager fand, und zündete dann das Feuer an. Von Licht der Flammen flussabwärts geleitet, kehrten wir sicher heim, zogen unsere Schlauchboote unter das Blätterdach der Bäume und machten sie für die Nacht fest.

Die Tage nahmen ihren gewohnten Gang. „Ah, es ist die Hölle in den Tropen“, pflegte Terry am späten Nachmittag in gedehntem Tonfall von sich zu geben. Träge lag er im Boot und verspürte nicht die geringste Lust, auch nur den kleinen Finger zu rühren. „Wer ist so nett und gibt mir ein Bier?“ Thommo nahm seine Dusche in Betrieb, um sich Schweiß und Fischgestank abzuwaschen und gab dabei ein paar ironische Bemerkungen zum Besten. Mick bereitete im Allgemeinen den Fisch zu (was je nach Standpunkt fair oder unfair war, weil er ihn zumeist auch gefangen hatte). Paul sorgte dafür, dass die Laune stimmte, indem er uns mit Geschichten unterhielt: haarsträubenden Storys über Poolspiele in der Animal Bar, Witzen, die er bei Bautrupps auf Mornington Island aufgeschnappt hatte, oder wie er als Kind in den 50er Jahren Wassermelonen geklaut hatte, weil er in einer Kleinstadt in Queensland auf der falschen Seite der Straße aufgewachsen war.

Nachdem wir am Ufer des Staaten River unsere Zelte abgebrochen hatten, fuhren wir zurück nach Karumba, um unsere Vorräte aufzufüllen, und um uns dann westwärts, zum 200 Meilen entfernt gelegenen Gregory River zu machen. Mick kannte hier ein geheimes Fleckchen Erde, ein Miniaturparadies, wie er sagte, mit Wasserfällen, Palmen und riesigen Barramundis.

Er hatte viel Zeit, um unsere Erwartungen in die Höhe zu schrauben. Wir hatten wieder einmal eine lange, harte und staubige Fahrt vor uns. Durch eben dieses Land, das die Entdecker Robert O'Hara Burke und William John Wolls auf ihrem unglückseligen Weg zum Meer 1861 durchquert hatten. Vollkommen unerfahren im Umgang mit dem australischen Busch – und alle guten Ratschläge missachtend – hatte sich das selbstbewusste Pärchen mitten im Sommer seinen Weg durch die große Wüste gebahnt, um schließlich mitten in der Regenzeit im Golfland anzukommen. Der Boden war so sumpfig, dass ihre Packtiere im Schlamm stecken blieben. Die beiden Helden mussten die letzten paar Meilen zu Fuß zurücklegen. Burke und Wills erreichten ihr Ziel: Sie waren tatsächlich die Ersten, die Australiens unerforschtes Zentrum hatten. Doch auf dem Rückweg ereilte sie ganz in der Nähe eines Wasserlochs namens Cooper Creek der Tod durch Hunger, Erschöpfung und Unterkühlung.

Bislang hatte ich ihren Leiden kaum Aufmerksamkeit geschenkt. Doch die langen, heißen Tage, die ich kürzlich im Sattel verbrachte, als ich mein Wasser rationieren musste und ständig Schutz vor der erbarmungslosen Sonne suchte, hatten mein Interesse an ihnen geweckt. Nicht dass die Härten meiner Fahrradtour im Entferntesten ihren vergleichbar wären. Angesichts dieser Erfahrungen am eigenen Leibe aber empfand ich zunehmend Bewunderung für die frühen Siedler Australiens. Ich empfand eine gewisse Seelenverwandtschaft.

Die letzten paar Meilen zu Micks Geheimversteck waren brutal – eine quälend lange Abfahrt über felsige Pisten, die auch noch durch zwei geplatzte Reifen gekrönt wurde. „Vertrau mir“, bemerkte Mick, während wir im Dämmerlicht eine besonders tückische Schlucht hinunter schlingerten. „Der Ort ist es wert. Und wir werden ihn ganz für uns haben. Keiner, der einigermaßen richtig im Kopf ist, würde hier entlangfahren.“ Es war stockfinster, als wir unser Lager aufschlugen. Im Licht der Scheinwerfer rollten wir unsere Matten aus und zündeten ein kleines Feuer zum Teekochen an.

Im Morgengrauen offenbarte sich eine vergessene Welt. Pandanus-Palmen und riesige Farne – Relikte aus dem Zeitalter der Dinosaurier – hingen über einen Bach mit rauschenden Wasserfällen und tiefen Teichen, deren Wasser der Farbe frisch geschnittener Limonen ähnelte und das so klar war, dass die tropischen Fische darin zu fliegen schienen. Es war, als hätten wir eine Reise in die Vergangenheit gemacht. Mit den Leistenkrokodilen, die überall im flachen Wasser lauerten, hatte der Staaten River eine schaurige prähistorische Bedrohlichkeit ausgestrahlt. Der Gregory dagegen war völlig anders. Es war eine Welt, so frisch und sauber, als ob noch der Tau auf ihr läge. Es waren die letzten Überreste der alten Regenwälder, die den Norden Australiens bedeckt hatten, bis die globale Erwärmung am Ende der Eiszeit den Kontinent austrocknete. Während der übrige Regenwald verdorrt und unter der sengenden Sonne abgestorben war, ging in der schattigen Kühle dieser von Quellen bewässerten Schluchten das Leben weiter wie zu Anbeginn der Zeit.

In Micks Schlupfwinkel tummelten sich lautstark Vögel, Wallabys, Eidechsen, Fische, Yabbies und Krokodile, wobei letztere zu der eher ungefährlichen Süßwasserart gehörten, nicht zu den riesigen Menschenfressern, so dass man bedenkenlos schwimmen gehen konnte. Kurz gesagt, das Leben hier war idyllisch. Das Wasser war kühl und erfrischend, die von der Sonne aufgewärmten Felsen boten den perfekten Trockenplatz, und die Barramundis wogen um die zehn Kilo. Aber wenn man die Schlucht hinaufkletterte und das umliegende Gebiet betrachtete, dann war da nichts außer augedörrtem Land, eine apokalyptische Landschaft, so weit das Auge reichte – und kein Hinweis auf die herrliche vergessene Welt, die in ihren Schluchten gedieh. Man bekam das Bedürfnis, zurückzukriechen, und einen Deckel darüber zu ziehen.

Auch wenn in dieser magischen Schlucht die Zeit scheinbar stehen geblieben war, so nimmt das Leben doch seinen Lauf. Micks Hochzeitstag rückte näher. Wir waren in den letzten Wochen im Busch zu Freunden geworden, und ich fühlte mich zutiefst geehrt, als Mick mich zu seiner Hochzeit einlud. Das Ereignis sollte in Mount Isa stattfinden. Wir fuhren alle zusammen dorthin.

KAPITEL 17

Wer nicht wagt, der nicht gewinnt

MOUNT ISA, an Queenslands unwegsamer Nordwestgrenze gelegen, ist eine boomende Bergbaustadt mit rund 25 000 Einwohnern. Schon aus einer Entfernung von mehreren Meilen konnten wir die Schornsteine der Zinkschmelzöfen im Dunst sehen. Während wir den Highway entlangfuhren, nahm die Stadt vor uns langsam Gestalt an. Flach erstreckte sie sich in der Hitze, eine Fläche aus Schwerindustrie und Wellblechdächern, die ihre Existenz einem riesigen Silberzink-Erzvorkommen rund 300 Meter tief im Wüstenboden verdankte. Bräunlicher Ruß lag über der Outback-Stadt.

Wir mieteten uns in billigen Kabinen in einem Wohnwagenpark nahe der Mine ein, gingen zum Friseur und dann in den Irish Club. Mick, der Mitglied war, führte uns ein. Wir bestellten Bier und Erdnüsse, griffen uns eine Informationsbroschüre und richteten uns auf einen Nachmittag ein, an dem wir auf Pferde mit so viel versprechenden Namen wie „Military Assassin“ setzen würden. Jeder gab zehn Dollar in die Wettkasse, setzte abwechselnd – Minimum fünf Dollar – und wir erlebten eine dieser unglaublichen Glückssträhnen, die man manchmal hat, wenn man sich gut amüsiert und alles wie am Schnürchen läuft. Die Quoten spielten offenbar auch keine Rolle: Mick gewann bei einem Rennen 52 : 1, und ein anderes Mal schaffte es ein keuchender Klepper ins Ziel, der eine Quote von 36 : 1 hatte. Am Ende hatten wir 150 Dollar mehr in der Tasche, abzüglich der Biere, Nüsse und Pommes frites, die wir verzehrt hatten. In einem China-Restaurant namens Rote Laterne genehmigten wir uns zur Feier des Tages ein Essen mit allen Schikanen.

Am Donnerstag fuhren wir schließlich in die Stadt. Micks Hochzeit war am Samstagnachmittag, genauso wie das Endspiel im Australischen Football: North Melbourne gegen Sydney. Wir zogen uns bei einem Freund von Mick um, aßen zu Mittag Brathähnchen und sahen uns das Spiel an. North Melbourne lag vorne, als wir zum Aufbruch riefen. Wir schalteten den Fernseher aus, richteten unsere Krawatten und marschierten zur Kirche. Es war eine schöne Hochzeit. Der Empfang fand anschließend im Golfclub statt.

KAPITEL 18

Barkly Tableland

AM NÄCHSTEN MORGEN löste sich unsere kleine Bande auf. Terry, Paul und Thommo fuhren nach Hause an die Küste, Mick und Kerriann bereiteten sich darauf vor, am Abend mit einem Flug nach Tasmanien ihre Hochzeitsreise anzutreten. Ich verließ Mount Isa trotz eines heißen und böigen Westwindes, Temperaturen um die 40°C und dem Gestank von Schwefel in der Luft.

In dieser Nacht campte ich rund 30 Meilen westlich von Isa, auf einem niedrigen Hügel inmitten von spitzdornigen Spinifex-Gräsern, die einen Reifen durchbohren können. Der Vollmond schien so hell, dass ich nicht schlafen konnte. Stattdessen blieb ich wach und hörte Radio. Tausend leere Meilen würde ich bis Darwin noch überwinden müssen, und die Aussicht auf die fröhliche Stadt war nur ein schwacher Ersatz für Pauls urkomische Geschichten, Thommos beißenden Witz, Terrys gedehnte Bemerkungen oder Micks großes Herz. Ich erinnerte mich an einen faulen Nachmittag, als wir in der Waschküche hinter Ashs Motel Karten spielten, an Micks Geduld, als ich mich in seiner zweitbesten Angelrolle verhedderte, an unsere haarsträubende Glückssträhne bei den Pferdewetten im Irish

Club. Ich vermisste meine Freunde. Ich fühlte mich einsam wie eine Stecknadel auf einer Landkarte.

Irgendwann muss ich dann doch eingeschlafen sein, denn als ich die Augen öffnete, war der Mond weg und schwachgraues Licht kündigte die Morgendämmerung an. Ich war müde, und mir tat alles weh. Ich packte mein Zeug zusammen, nahm einen großen Schluck Wasser und schob mein Bike durch den Busch zurück auf den leeren Highway. Ein starker Gegenwind schlug mir entgegen. Mit einem zähen und mühsamen Schnitt von fünf Meilen pro Stunde quälte ich mich weiter in Richtung Darwin.

Tafellandgeschichten II

VOR ÜBER FÜNFZIG JAHREN, direkt nach dem Fall von Singapur, als Australien von einer japanischen Invasion bedroht war, baute ein Team aus australischen Soldaten und amerikanischen GIs in sage und schreibe hundert Tagen einen einsamen einspurigen Highway von Mount Isa bis nach Darwin. Seither scheint sich niemand mehr groß um die Straße gekümmert zu haben, schon gar nicht auf der Queensland-Seite der Grenze. Hier war sie bucklig wie ein Bachbett. Nach Stunden des Durchgerütteltwerdens auf dem Highway, sengender Hitze und Staubwolken fühlte ich mich wie die Heilige Maria der Fahrradfahrer: Mein weites T-Shirt flatterte im Wind wie ein abgerissener Spinnaker, mein Gesicht war mit Sand paniert, und meine Zunge fühlte sich an wie eine alte Schuhsohle.

Rund hundert vom Winde verwehte Meilen lagen zwischen Mount Isa und dem kleinen Grenzposten Camooweal, und die einzige Wasserquelle, die ich auf dem Weg wusste, war eine einsame Windmühle, die ein paar Meilen davon entfernt stand. Ich hatte insgesamt zwölf Liter Wasser in neun Flaschen dabei, aber ich hatte weder mit so einem starken und heißen Gegenwind gerechnet noch damit, dass ich so langsam vorwärts kommen würde. Während ich mich gegen den Wind stemmte, kam mir der bange Gedanke, ob mein Wasser wohl bis Camooweal reichen würde.

In der flimmernden Hitze tauchte plötzlich ein alter Pickup auf, im Innern eine mehrköpfige Familie Aborigines. Der Wagen hielt neben mir, und der Fahrer – ein freundlicher älterer Mann namens Maurice – fragte mich, ob ich noch zusätzliches Wasser gebrauchen könnte. Ich starrte ihn an, als ob mich gerade der brennende Dornbusch angesprochen hätte, und beeilte mich dann, meine Wasserflaschen zu öffnen, bevor die Erscheinung wieder verschwunden wäre. Sie füllten alle Flaschen auf und ließen mich noch ausgiebig trinken.

Ich merkte an, wie wenig Wasser es doch auf diesem Abschnitt des Highway gebe. Maurice lachte und zählte ein halbes Dutzend Wasserlöcher auf, die zwischen hier und Camooweal hinter steinigen Hügeln und in Schluchten verborgen waren. „Hier gibt's jede Menge Wasser. Ganze Teiche, in denen man sogar schwimmen kann."

„Geht doch nichts über 50 000 Jahre alte Ortskenntnisse, nicht wahr?"

Er lächelte. „Wie weit fahren Sie noch?"

„Bis Darwin, zunächst einmal."

„Hmmm." Er verzog das Gesicht, dachte einen Moment nach und sagte dann ohne jede Ironie: „Tut mir Leid. Ich kenne leider nicht jedes Wasserloch zwischen hier und Darwin. Da fragen Sie besser andere Aborigines auf dem Weg."

Tafellandgeschichten III

IN DEN WOCHEN, in denen ich das Outback durchquerte, musste ich ständig meine Vorstellungen von Begriffen wie „leer", „einsam" oder „öde" revidieren. Jeder Tag brachte neue Einblicke, die alles vorher geschehene übertrafen. Was mir zum Beispiel auf dem Capricorn Highway noch extrem gottverlassen und isoliert vorgekommen war, war im Vergleich zu der staubigen Endlosigkeit der Golfsavanne, die ich durchradelte, vielleicht allenfalls als ländlich zu bezeichnen. Inzwischen hatte ich das Gefühl, alles gesehen zu haben und getrost meine neuen Definitionen in Stein meißeln zu können.

Der Highway westlich von Camooweal aber verlieh meinen Vorstellungen von einsam, öde und leer Dimensionen, die meine Städterfantasie –

bis dahin – niemals hätten erfassen können. Zweihundertfünfzig Meilen der Eintönigkeit, in der bis zum Horizont flachen Spinifex-Ebene, die bis zur rauen, alten Bergbaustadt Tennant Creek reichte, schien mir die Sinne zu rauben. Einzige Abwechslung für die Augen bot der winzige Polizeiaußenposten Avon Downs, rund 30 Meilen hinter der Grenze zum Northern Territory, und das Barkly Roadhouse auf halber Strecke nach Tennant Creek. Ansonsten gab es nur Wind, Staub, Fliegen, den weiten Himmel und die schmerzhafte Einsamkeit auf einem Highway, der ins Nirgendwo zu führen schien.

Die Tage waren schaurig still. Einmal knatterte ein alter Bedfordlaster an mir vorbei. Als ich mehrere Minuten später aufblickte, stellte ich überrascht fest, dass ich ihn immer noch sehen konnte – als kürbisgroßer, oranger Punkt, der im flimmernden Nichts irgendwo über der Straße zu schweben schien, Gott weiß, wie viele Meilen entfernt. Weiter in die Pedale tretend, schaute ich ihm voller Faszination hinterher, darauf wartend, dass er hinter dem Horizont verschwinden würde. Lange Zeit verharrte er regungslos an der Stelle, bis er plötzlich – *flopp!* – verschwand, wie der kleine, helle Punkt bei einem alten Fernseher, wenn man ihn ausgeschaltet hat. Ich wusste, wenn ich diesen verschwommenen Horizont erreichte, würde sich wiederum eine flimmernde und kaum greifbare Fläche vor mir ausbreiten. Ebenso nach dem nächsten Horizont, und so weiter.

Vor 540 Millionen Jahren war dies ein riesiges seichtes Meeresbecken gewesen. Heute ist es ein trockenes Kalksteinplateau, übersät mit Büscheln von Spinifex-Gräsern, dem Stacheldraht der Natur. Einmal kam ich an einem verwitterten Reklameschild vorbei, auf dem „Wunara Store" stand und ein Pfeil in Richtung eines staubigen Pfades zeigte. Auf meiner Karte war an der Stelle kein Außenposten eingezeichnet, doch ich konnte in der Hitze die Konturen eines Gebäudes flimmern sehen. Zumindest schien mir die Fata Morgana so greifbar, dass ich beschloss, den Highway zu verlassen und von einer kühlen Cola zu träumen.

Das zerfallene Steinhaus war echt. Allerdings hatte hier seit Jahren niemand mehr irgendwas getrunken. Geblieben war nur das Knarzen eines rostigen Schildes im heißen Wind und das unablässige Geräusch der Insekten. Die Fliegen vor meinem Gesicht verscheuchend, fuhr ich weiter, erfüllt von Erstaunen und Entsetzen über die unendliche Verlassenheit um mich herum. Ich hatte immer gewusst, dass der Outback Furcht erregend feindselig und öde war. Aber dass es so extrem werden könnte, hatte ich nicht geahnt.

Aber wie es wirklich sein würde, davon hatte ich noch keine Ahnung.

Tafellandgeschichten IV

IN DER FÜNFTEN NACHT, nachdem ich Mount Isa verlassen hatte, kam ein heftiger Sturm auf, der das Tafelland mit einem spektakulären mitternächtlichen Schauspiel aus Donner, Blitz und heulendem Wind überzog. Den ganzen Tag über hatte es sich bereits angekündigt. Es war eine dieser heißen und stickigen Wetterlagen, bei denen sich riesige Gewitterwolken auftürmen und über den feuchten, filzgrauen Himmel fegen.

Es war inzwischen Oktober. Die zunehmende Hitze, Luftfeuchtigkeit und die turmhohen Wolken waren Vorboten, dass es mit der Trockenzeit bald zu Ende gehen würde. In den nächsten paar Wochen würde der Monsum einsetzen, und ich tat gut daran, mich zu beeilen, wenn ich dem großen Regen, die Tropen in südlicher Richtung verlassend, entfliehen wollte.

Und das wollte ich unbedingt. Mit dem Monsun ist nicht zu spaßen. Der Regen fällt wie aus Eimern gegossen, wäscht Straßen aus und überrascht Unvorsichtige mit Überschwemmungen, die über Nacht die Wüste überfluten können. Zur falschen Zeit am falschen Ort erwischt zu werden, kann – bestenfalls – bedeuten, dass man wochenlang irgendwo im Nirgendwo festsitzt. Schlimmstenfalls aber kann es passieren, dass man das absurde Schicksal erleidet, mitten in der Wüste zu ertrinken, die einen tags zuvor noch durch Hitze, Durst und Sonnenstich zu töten versucht hat.

An diesem Abend war ich nach 110 schweißtreibenden Meilen im Sattel todmüde. Während die Sonne als düsterer Feuerball langsam versank, schlug ich im Spinifex mein Lager auf. Es ging kein Lufthauch. Ich beobachtete riesige Wolkentürme, wie sie sich am Horizont entlangschoben, und redete mir ein, dass der Sturm nach Norden weiterziehen würde.

Aus einer Büchse Cornedbeef, die ich im Barkly Roadhouse gekauft hatte, machte ich mir ein wahrhaft ekliges Abendessen. Während ich das ungenießbare Fleisch aß, stellte ich fest, dass ich mitten in einem Ameisennest zeltete. Sie krabbelten über meine Fußgelenke und Waden, was fürchterlich kribbelte und juckte. Es war viel zu dunkel – und ich viel zu gereizt –, um noch umzuziehen. Stattdessen verscheuchte ich so viele wie möglich und kroch in mein Zelt, das Moskitonetz so heftig zuziehend, wie man sonst normalerweise Türen zuschlägt.

Und dann lag ich da.

Wenn es draußen heiß, stickig und ungemütlich war, verwandelte sich das Zelt in eine Sauna. Ich lag auf dem Rücken, Schweiß und einige hartnäckige Ameisen kitzelten mich, und starrte in die drückende Dunkelheit und hörte Radio. Mit etwas Glück erwischte ich 4RO, meinen Lieblingssender aus Rockhampton. Sie spielten Golden Oldies aus den Siebzigern. Allein in der endlosen Leere liegend, wurde ich nostalgisch. Meine Gedanken schweiften in die Vergangenheit, ich dachte an Freunde vom College und fragte mich, was wohl aus meinem Leben geworden wäre, wenn ich in Amerika geblieben wäre. Ich ließ die Meilen, die ich seit Sydney zurückgelegt hatte, Revue passieren: Ferienorte an der Küste, Tee und selbst gebackenes Brot – „Morning smoko" – im Schäferschuppen der Fairfield Station, der Glanz von Cairns; die Regenwälder von Atherton Tableland, die verschwörerische Stille der Savanne. Gesichter erschienen vor meinem geistigen Auge. Ein Mosaik von Australien.

Irgendwann muss ich dann doch eingeschlafen sein, denn als ich die Augen öffnete, leuchteten Sterne am Himmel. Im Allgemeinen ist es herrlich, nach oben zu blicken und das Kreuz des Südens zu sehen, doch in dieser Nacht war es das nicht. Eine rätselhafte Spannung lag in der Luft. Die glitzernden Sterne besaßen die schaurige Kälte eines Skalpells. Die Luft fühlte sich fiebrig heiß, ja beklemmend an. Ich badete im eigenen Schweiß. Ich schaltete das Radio aus und versuchte wieder einzuschlafen, was mir für eine Stunde oder zwei auch gelang.

Dann brach der Sturm los.

Er erschütterte das Tafelland, als wenn die Schallmauer durchbrochen würde. Eine kräftige Böe rüttelte mich wach. Die Luft war kühler, der Himmel schwarz. Ich hatte keinen Zweifel an dem, was bevorstand. Ich konnte es riechen: den wilden, belebenden, erdigen Geruch von Wüstenregen. Ich krabbelte aus dem Zelt und versuchte schlaftrunken, meine Ausrüstung in die Persenning zu wickeln. Der Wind warf mich fast um, und ich musste auf die Zelttasche treten, damit sie nicht wegflog.

Donner grollte. Unbehaglich schaute ich mich um, Sandkörner flogen mir ins Gesicht. Die Landschaft sah surreal, wie verhext aus. Dichte Schwärze, begleitet von Staubwolken, näherte sich rasch aus dem Westen und fraß sich über die Ebene, während der blutrote Vollmond tief am östlichen Himmel hing und absurde Schatten auf die seltsam gebogenen Büsche und Spinifexsträucher warf. Die Landschaft sah aus wie von Dr. Seuss entworfen, nur dass ich ein Teil des Motivs war, in Unterhosen, die Arme in die Seiten gestemmt, einen Gesichtsausdruck wie der Grinch. Es war viel zu windig, um mit der Persenning herumzufuhrwerken, und so verkroch ich mich wieder ins Zelt und drückte es mit meinen 80 Kilo Körpergewicht zu Boden. Mein Fahrrad würde allein zurecht kommen müssen.

Ich wollte eigentlich den Zelteingang offen lassen, bis der Regen einsetzte, um die kühlere Luft hereinzulassen, aber der herumwirbelnde Staub war zu heftig. Ich schloss den Reißverschluss und schmorte vor mich hin. Der Sturm kam näher, und der Geruch nach Wüstenregen nahm stärker zu. Blitze zuckten und zischten und tauchten einen Augenblick lang das Zeltinnere in heißes weißes Licht, bevor es wieder dunkel wurde. Fast gleichzeitig ertönte ein Donnerknallen, das die Erde erschütterte und in meiner Brust widerhallte. Dann kam der nächste Blitz, gefolgt von einer ohrenbetäubenden Explosion. Immer und immer wieder.

Schließlich kam der Regen, zunächst fielen ein paar Tropfen laut platschend auf das ausgespannte Gore-Tex-Zeltdach, dann regnete es unablässig, begleitet von einem heftigen Wind, der ungehindert über die Ebene wehte.

Es war Angst einflößend, und doch empfand ich so etwas wie tiefe Zufriedenheit dabei, einem solch heftigen Sturm zu trotzen, allein in meinem unbedeutenden kleinen Zelt, meilenweit von der nächsten Siedlung entfernt. Zuvor hatte ich mich abends weitaus einsamer gefühlt, so einsam wie ich die meiste Zeit auf meinem Weg durch das Barkly Tableland auch gewesen war. Doch die ursprüngliche wilde Kraft dieses Sturms flößte mir eher Selbstvertrauen als ein Gefühl der Verlassenheit ein. Ich fühlte mich als Teil der Wildnis hier draußen und genoss meine Einsamkeit. Zum Getöse des Donners fiel ich erneut – diesmal in tiefen und festen – Schlaf.

KAPITEL 19

Ameisen, Schweiß, Salz und Fliegen

TENNANT CREEK war ursprünglich eine Telegrafenstation, einer von zahlreichen Außenposten, die 1870 eingerichtet wurden, als mit der Overland Telegraph Nachrichten zwischen Adelaide und Darwin übermittelt werden konnten. Die Wüstenstadt erlebte in den 30er Jahren eine kurze Blüte, als – wie Einheimische erzählen – ein Blinder und sein Hund Gold im nahen Hügelland entdeckten. Etwas Gold ist immer noch in den von Büschen bewachsenen Hügeln zu finden, doch heute ist Tennant Creek vor allem eine Truckerstation auf dem Stuart Highway. Unter Anhaltern ist Tennant Creek als Ort bekannt, an dem man tagelang festsitzt. Ich versorgte mich mit Vorräten, füllte mein Wasser auf und fuhr weiter Richtung Norden.

Der lange Stuart Highway durch die Stadt verdankt seinen Namen John MacDougall Stuart. Dem trinkfesten Schotten gelang es 1862, den Kontinent auf direktem Weg, von Adelaide bis Darwin, zu durchqueren. Wenngleich er nie den Ruhm von Burke und Wills erlangte (selbst die größten Spießer von Adelaide würden ihn nicht einmal nach Hause einladen), so war er doch der Entdecker schlechthin. Ein knallharter Profi, der sorgfältig Aufzeichnungen machte und dafür sorgte, dass seine Männer am Leben blieben. Als es schließlich so weit war, dass Telegrafenleitungen durch die Wüste gezogen werden sollten, nahmen Ingenieure und Landvermesser der Eisenbahn Stuarts Karten und Tagebücher zu Hilfe. Somit wurde seiner Heimatstadt Adelaide die große Ehre zuteil, die erste australische Stadt zu sein, die eine Telegrafenverbindung nach London besaß.

Kompetenz und Mut aber sind immer weitaus weniger publikumswirksam als Heldentode unter einem knorrigen Coolibahbaum in der südaustralischen Wüste. Während Burke und Wills zum Inbegriff von Heldentum, Kameradschaft und edlem Versagen, zu Ikonen für Generationen, glorifiziert wurden, erinnert an Stuart nur diese LKW-Trasse. Die folgenden 600 Meilen würde ich auf seinen Spuren radeln.

Der Nieselregen hörte auf, und der Himmel begann aufzuklaren. Von dem Asphaltband, das sich bis zum Horizont zog, stieg Dampf auf. Mit quietschenden Pedalen, nebenbei die Fliegen vor meinem Gesicht verscheuchend, fuhr ich hinein. An diesem Tag schaffte ich 100 Meilen, nachts campte ich direkt unterhalb von Renner Springs. Am folgenden Tag schaffte ich wieder rund 100 Meilen und schlug mein Zelt in einem Eukalyptuswäldchen etwa 20 Meilen von Dunmarra entfernt auf. Über diese 200 Meilen veränderte sich die Landschaft beinahe unmerklich, aber doch ziemlich drastisch. Die zerklüfteten Bergketten und Spinifex-Ebenen Zentralaustraliens gingen langsam über in einen niederen, flachen, leicht bewaldeten Busch.

Während ich nach Norden unterwegs war, wurde auch die Luft heißer und dicker. Hohe Kumuluswolken fegten über den schwülen Himmel. Manchmal donnerte es bedrohlich aus ihnen, doch nie brachten sie Erlösung von der drückenden Luftfeuchtigkeit. Zumindest noch nicht. Dennoch würde das Nass kommen. Im Radio wurde berichtet, dass der Highway östlich von Mount Isa unterspült sei, wahrscheinlich von demselben Sturm, der letztens nachts über mich hinweg gefegt war. Viel weiter im Osten, in Townsville an der Küste, waren in zwei Tagen 450 Millimeter Regen gefallen.

Die Nächte waren heiß und stickig, wobei die Temperaturen immer annähernd 25°C betrugen. Ich lag jeden Abend unter meinem Moskitonetz und fragte mich, ob das, was mich juckte, Schweißperlen waren, die nach unten liefen, oder Ameisen, die nach oben krabbelten. Meistens war es beides. In manchen Nächten schlief ich überhaupt nicht, sondern setzte mich mit einer Flasche Wasser in den Busch und sah zu den Sternen auf. Hin und wieder donnerte ein Roadtrain den Highway entlang, geschmückt mit orangefarbenen Lauflichtern, die ihn wie einen Jahrmarkt aussehen ließen, das Fernlicht eingeschaltet, um frühzeitig Kängurus auf der Straße erkennen zu können. Wie ich da in meinem Busch verborgen saß und die Riesenmaschinen in die heiße Wüstennacht entschwinden sah, kam ich mir ein bisschen vor wie Huck Finn, der zuschaut, wie die Dampfboote den Mississippi entlangfahren.

Im Großen und Ganzen kam ich gut voran. Die Straße war glatt, der Wind sanft und meist in meiner Richtung blasend, und es gab Wasserreservoirs am Straßenrand, die von der Highway-Behörde des Northern Territory unterhalten wurden und wo ich etwa alle 40 Meilen meine Flaschen auffüllen konnte. Am dritten Tag nach Tennant Creek aß ich im Daly Waters Pub zu Mittag, einem Wasserloch, wo sich in den 20er und 30er Jahren die frühen Qantas-Flieger und Abenteuerpiloten, wie Amy Johnson, mit Vorräten und Sprit eindeckten. Ich machte nur eine kurze Pause – für einen Hamburger und ein eiskaltes Bier –, weil ich an diesem Tag 130 Meilen zurücklegen wollte.

Die Dämmerung überraschte mich kurz vor dem Erreichen dieser Marke, auf einem einsamen Streckenabschnitt, den ich mit Schmerzen in Knie und Oberschenkel entlangeierte. Ich campte ein paar Meilen südlich von Larrimah im hohen Gras und hoffte darauf, dass es am nächsten Tag besser würde.

Als ich morgens losfuhr, fühlte sich mein Knie ganz gut an, doch als ich auf Larrimahs Pub zu fuhr, begann es erneut zu pulsieren. Ich begriff es nicht; dieses schmerzhafte Zucken war aus dem Nichts gekommen. Es war mir nicht klar, dass die salzreduzierte Ernährungsweise, die ich in meinem früheren Leben gewissenhaft befolgt hatte, jetzt vielleicht gar nicht so gesund sein könnte, wo ich 100 Meilen am Tag durch den glühenden Kern des Kontinents radelte. Ich trank in dieser Hitze 15 Liter Wasser am Tag, aber ich musste außer Wasser etwas Gehaltvolleres zu mir nehmen. Dieser Einfall kam mir allerdings erst ein paar Tage später. An diesem Nachmittag machte ich weiter bis Mataranka, radelte ein paar

Meilen, ging dann ein Stück zu Fuß oder ruhte mich aus, bis mich die Fliegen verscheuchten.

Als ich in Mataranka eintraf, einer Vergnügungsstadt mit harten Pubs, schäbigen Videokneipen, Roadhouses, Billardhallen und streunenden Hunden am Straßenrand, hatte ich starke Schmerzen. Glanzstück des Ortes war ein monumentaler Termitenhügel im Stadtpark – ein weiteres Naturwunder für staunende Rucksacktouristen, die auf ihren Bustouren durch den Kakadu National Park und die Katherine Gorge einen Abstecher hierher machten, um die Heißen Quellen zu besichtigen. Ich überlegte auch, ob ich einen Sprung ins warme Nass unternehmen sollte, aber die Quellen lagen rund vier Meilen außerhalb der Stadt, und ich war nicht mehr in der Verfassung, so weit zu fahren. Alles was ich mir wünschte, war ein billiges Plätzchen, wo ich meine schmerzenden Beine ausstrecken konnte, ohne von Millionen von Fliegen in den Wahnsinn getrieben zu werden. Es war Freitag, ein schlechter Tag, um einen Ort wie Mataranka zu besuchen. Es war Zahltag für die, die einen Job hatten, für alle anderen gab's Stempelgeld. In jedem Fall floss an diesem Tag eine Menge Geld, und die Pubs machten ein Bombengeschäft.

Ich hinkte über die Hauptstraße. In den überfüllten Bars ging es laut und aggressiv zu, Männer brüllten, fluchten, stritten und lachten. Irgendwo kreischte eine Jukebox „Sweet Home Alabama". Irgendwie passte der Song, zumindest wenn man sich das gute alte Alabama der Rassentrennung zurücksehnte. In einigen dieser Outback-Pubs wurde eine plumpe Art der Segregation betrieben, und zwar mittels einer altertümlich anmutenden so genannten Kleiderordnung, die „Schuhe" oder „keine Schuhe" vorschrieb. Damit sollten Rechtsstreitigkeiten mit den Weltverbesserern in der Stadt umgangen werden. Ich riskierte einen Blick in eine der Kneipen, ein dunkles Betonloch, in dem ungepflegte, barfüßige Aborigines tranken, Flipper und Pool spielten. In einer etwas hübscher ausgestatteten Bar im nächsten Raum lallten ungepflegte und enthemmte Weiße unflätige Sprüche – aber immerhin hatten sie Gummisandalen an den Füßen.

Ich mietete mich in einem Wohnwagenpark am Nordrand der Stadt ein, kaufte ein paar Lebensmittel und kühlte mein verkrampftes und schmerzendes Knie mit einem Beutel gefrorener Erbsen. Ich hoffte, ein fahrradfreier Nachmittag, Ruhe, Eis und ein gutes Abendessen würden

Fotos von Ian Lloyd, ausgenommen das untere Foto, dies ist von Roff Smith

Für Outbacker wie den Schafzüchter Rob Macintosh, der hier mit seiner Tochter Emily von den Milchschuppen heimkehrt, steht die Abgeschiedenheit einer Schafstation in Queensland nicht für Einsamkeit, sondern vielmehr für Zusammengehörigkeit.

Ein Fliegennetz ist im Outback unerlässlich. Seine losen Maschen hielten die Buschfliegen fern, die auf der Suche nach Feuchtigkeit ständig meinen Kopf umkreisten.

Früh am Morgen sucht Rob Macintosh das olivbraune Buschland nach Schafen ab, um sie zum Scheren zusammenzutreiben. Ihm gehören 17 000 Hektar Land, 20 Meilen nordöstlich von Longreach, und eine Herde mit 12 000 Schafen.

Dieses tobende Buschfeuer westlich von Halls Creek in den Kimberleys brannte so intensiv, dass ich dachte, es würde mir die Haare versengen. Gegen Ende der Trockenzeit genügt bereits ein Blitz oder eine Zigarettenkippe, um im Outback ein Inferno zu entfachen.

Die Kids in der Bidyadanga Aboriginal Community tragen die neuesten Trikots der NBA-Stars. Es irritierte mich, zu sehen, wie weit die amerikanische Popkultur ins Herz Australiens vorgedrungen war.

Im abgeschiedenen Sandfire Flat Roadhouse nahe der Great Sandy Desert spenden die Gäste für den örtlichen fliegenden Ambulanzdienst. Anschließend reißen sie sich einen Ärmel vom Hemd und hängen ihn an die Decke.

Hier habe ich rund hundert Meter abseits der Straße mein Buschcamp aufgeschlagen und ein Feuer angezündet. Tagsüber bei irrsinniger Hitze Fahrrad zu fahren war das Fegefeuer, das ich aber gerne ertrug, weil ich des Nachts das Paradies unter dem Sternenhimmel erleben durfte.

Am Cable Beach lassen sich Touristen über die spiegelnde Sandfläche schaukeln. Kamelführerin

Bei über 40°C ernten Obstpflücker Wassermelonen auf einem künstlich bewässerten Feld. Ein Pflanzer von der Shamrock Station, Jay Simms, sagt: „Es ist einfach verdientes Geld und macht viel mehr Spaß als Vieh zu züchten", Er fügt hinzu: „Bis jetzt hat mich noch nie eine Wassermelone im Stich gelassen."

Laurie Argyle verdiente sich mit solchen Touren Geld für eine Reise nach Übersee.

Die Straßenschilder auf dem Eyre Highway warnen vor wilden Tieren: Kamelen, Wombats und Kängurus. Die Hauptverbindungsstrecke zwischen West- und Südaustralien verläuft 800 Meilen lang durch die Nullarbor Plain, gesäumt von gerade einmal elf Roadhouses.

Bei einem Weingut am Margaret River, wo ich vom Winzer David Hohnen zum Grillen eingeladen wurde. Nach viel zu vielen Roadhouse-Mahlzeiten hatte ich fast vergessen, dass es so etwas gibt, wie gegrillten Schellfisch, frisches Obst und Chardonney, der hier als praktische Marinade für die riesigen Hummer Verwendung findet.

Südlich von Perth erlebte ich etwas kaum mehr Vorstellbares – kühlen Schatten mitten am Tag, der von turmhohen Karri-Bäumen gespendet wurde. Die gesprenkelten Giganten gehören zu den rund 500 Arten der Eukalyptus- bzw. Gummibäume in Australien.

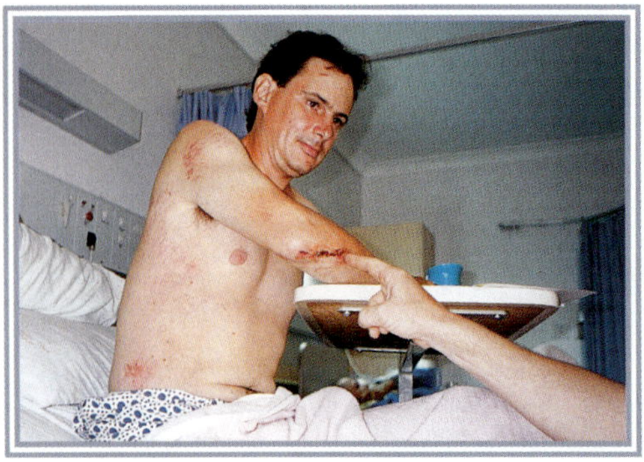

Ein böser Unfall – bei dem ich diese Schnittwunde davontrug, die mit zwölf Stichen genäht wurde – verschlug mich ins Margaret River District Hospital. Ich erinnere mich noch, wie ich mit 30 Meilen pro Stunde den Berg hinunter fuhr. Kurz darauf lag ich blutend auf dem Asphalt.

Mit Blick auf Sydneys herrliche Harbour Bridge, genieße ich genau an der gleichen Stelle, wo 10 000 Meilen zuvor alles begonnen hatte, eine Pause.

alles wieder hinbiegen – sodass ich zumindest bis Katherine käme, wo ich, wenn nötig, eine längere Pause einlegen könnte, denn nach meinem ersten Eindruck hier wollte ich nicht länger als unbedingt notwendig verweilen.

Früh am nächsten Morgen – nach einer Nacht voller Gegröle, splitterndem Glas und bellenden Hunden – verließ ich die Stadt. Zufällig hatte ich am Abend zuvor eine große Tüte Salt-and-Vinegar-Chips gegessen. Die Extraportion Salz bescherte mir rund 20 schmerzfreie Meilen. Dann fing mein Knie wieder an zu pulsieren, und mir kam endlich die rettende Eingebung. Nicht dass mir das auf dem Weg nach Katherine schon etwas geholfen hätte. Es gab hier draußen weder Pommesbuden, noch Fitness-Drinks, noch eine Salzlecke, oder sonst irgendwas, nur Eukalyptuswälder beiderseits der Straße. Als ich die Stadt glücklich erreichte, konnte ich nur noch mühsam hinkend neben meinem Rad herlaufen.

Ich mietete mir ein Zimmer in einem alten Autohaus, das in eine Herberge umfunktioniert worden war, und eilte in eine Apotheke, wo ich eine Schachtel Salztabletten kaufte. Ich schluckte eine davon und wäre fast zusammengebrochen. Es schmeckte abscheulich, als wenn man einen Eimer Meerwasser trinken würde. Ich behielt die Tablette im Mund, und ging zurück zur Herberge, immer versuchend, mir nicht das Knie zu stoßen. Den Nachmittag verbrachte ich ruhig im kühlen Dämmerlicht meines Zimmers liegend, während sich an der Decke der Ventilator drehte und im Fernsehen ein alter Elvisfilm lief.

Katherine ist eine nüchterne Militärstadt, in der der Alkohol ein massives Problem darstellt, vor allem in den Außenbezirken. Bereits am frühen Morgen lungern vor den Pubs die Ausgestoßenen der Gesellschaft herum, pöbeln Passanten an oder liegen laut schnarchend unter den Bäumen. Die Herberge, in der ich abgestiegen war, erinnerte an die schäbigen 50er-Jahre-Motels, die es im amerikanischen Südwesten überall gab, an Orten wie Bisbee oder Lake Havasu City, beide in Arizona. Sie besaßen einen L-förmigen Grundriss und waren zweistöckig, aus düsterem Klinkerstein gebaut, mit zahllosen öden grau gestrichenen Türen, abgewetzten, streng zugezogenen Vorhängen, davor eine Reihe von Schrottkarren mit senfgelber Lackierung oder Racing-Streifen an der Seite.

Der Hof um den Swimmingpool muffelte nach Zigaretten und abgestandenem Bier. Auf klapprigen Plastikgartenstühlen räkelten sich kettenrauchend Menschen mit nackten Oberkörpern, die von Tätowierungen übersät waren. Es waren zumeist Australier von der besonders krassen Sorte: Nichtstuer, arbeitslose Bauarbeiter auf der Suche nach einem Job und umherziehende Obstpflücker. Ein großer strammer Bursche mit schulterlangen Ringellocken war offensichtlich mit Vorsicht zu genießen. Er hieß Joel und hatte ein gewaltiges Alkoholproblem. Der Gerüchteküche zufolge wurde er wegen einer Reihe von Gewaltdelikten in Queensland gesucht, darunter ein Mordversuch an einem Polizisten. Eines Tages war Joel verschwunden. Ein Trupp grimmig dreinblickender Polizisten hatte auf der Suche nach ihm ein Haus in der Stadt gestürmt, doch er war just in dem Moment durch ein Rückfenster getürmt und hatte die Stadt – wahrscheinlich mitsamt der unbezahlten Hotelrechnung – hinter sich gelassen, um sich in die Wildnis Westaustraliens zu schlagen. Ich sollte ihn indes nicht zum letzten Mal gesehen haben.

In dem Motel wohnte außerdem ein bunter Haufen von Rucksacktouristen aus Europa. Die meisten blieben nur einen Tag, um die Schlucht zu besichtigen. Ein paar hingen länger herum, weil sie auf einen Job als Obstpflücker auf einer der Farmen am Fluss hofften – Mangos und Wassermelonen waren gerade erntereif.

Einige der ganz abgebrannten Backpackers bezahlten ihre Übernachtungen, indem sie vormittags Böden schrubbten, Bierflaschen aufsammelten und überquellende Aschenbecher leerten oder Fett vom Grill schabten, Chlor in den Swimmingpool schütteten und Zigarettenkippen aus dem Wasser fischten. Ein Engländer namens Gavin hatte bereits einen Monat auf diese Art und Weise hier verbracht, und ein dänisches Mädchen namens Jacqui beinahe drei. Ich weiß nicht, wie sie das machten oder warum. Diese Arbeit schien sie irgendwie über die normalen Touristen zu erheben, die nur herkamen, sich die Schlucht ansahen und weiterzogen. Sie nahmen den Slang der Aussies an, rauchten Selbstgedrehte und glaubten sich näher am Outback als Crocodile Dundee.

Ich blieb drei Tage hier, um mein Knie und meine Oberschenkelmuskulatur wieder in Form zu bringen, und die Zeit verstrich äußerst zäh. In einem Fahrradladen ersetzte ich meinen abgefahrenen Hinterreifen, am nächsten Tag putzte ich das Bike, sortierte meine Ausrüstung und schrubbte den Algenbelag aus meinen Wasserflaschen, ein Nebenprodukt der tropischen Hitze und Luftfeuchtigkeit. Am dritten Tag in Katherine machte ich eine Probefahrt zur Schlucht, eine Rundfahrt von etwa 35 Meilen. Es war ein schöner, heißer Tag. Knie und Oberschenkel fühlten sich gut an. Katherine Gorge strahlte eine gewisse spröde Würde aus, wirkte aber ein wenig nichts sagend auf mich, nach den zauberhaften versteckten Schluchten am Gregory River, die Mick mir gezeigt hatte. Mittags picknickte ich in der Schlucht und fuhr dann zurück nach Katherine. Ich war ganz wild darauf, diese Stadt endlich hinter mir zu lassen und die letzte Etappe bis Darwin und seiner frischen Meeresluft in Angriff zu nehmen.

KAPITEL 20

Reklame für einen Regenguss

DREI TAGE SPÄTER erreichte ich die Ecke Daly Street und Esplanade, wo der Stuart Highway zu Ende ist. Vor mir lag das von Palmen gesäumte türkisblaue Wasser der Arafura-See, darüber am heißen Meereshimmel malvenfarbige Gewitterwolken. Indonesien lag 300 Meilen jenseits des Horizonts. Eine leichte Brise streichelte mein Gesicht. Das war Darwin, Mitte Oktober. Die tropische See, die sich vor mir erstreckte, war der greifbare Beweis für die 3900 Meilen, die ich zurückgelegt hatte, seit ich vor drei Monaten Sydney verlassen hatte.

Ich empfand es als Erleichterung, hier zu sein. Die Fahrt durch den Busch ab Katherine war bislang der grässlichste Streckenabschnitt der ganzen Reise gewesen. Zweihundert Meilen stickiger Hitze, unterbrochen von gelegentlichen Regengüssen, die die drückende Feuchte nur noch verstärkten. Als ich mich der Küste näherte, wurde es sogar noch stickiger, und in den langen, heißen, gewittrigen Nächten ohne Schlaf quälten mich summende Moskitos und krabbelnde Ameisen. In Darwin angekommen, sah ich aus wie ein Wermutbruder, der ein Jahr lang auf der Straße gelebt hat. Ich war ausgezehrt, erschöpft, schmutzig und hatte rote Augen. Meine Haut klebte vor Schweiß und drei Tage alter Sonnenmilch. Ich stank.

In einer Herberge in der Mitchell Street nahm ich mir ein Zimmer. Das Mädchen an der Rezeption bedachte mich mit einem knappen Lächeln und hielt wahrscheinlich die Luft an, während ich mich einschrieb. Ich ging auf mein Zimmer, warf meine Satteltaschen in die Ecke und nahm sofort eine ausgiebige Dusche, erst heiß, um den Schmutz abzuwaschen, dann kalt, um mich wieder als Mensch zu fühlen. Anschließend rasierte ich mich und zog ein neues Paar Shorts und ein T-Shirt an, das ich für diese Gelegenheit aufgehoben hatte. Am liebsten hätte ich mich sofort ins Bett gelegt, um zu schlafen und klimatisierte Träume zu erleben, doch zuvor musste ich noch ein paar Dinge erledigen: meine Schmutzwäsche waschen und ein paar Lebensmittel einkaufen. Nachdem ich meine Fahrradklamotten zum Trocknen aufgehängt hatte – in Anbetracht der Luftfeuchtigkeit ein ziemlich utopisches Unterfangen –, machte ich mich auf die Suche nach einem Lebensmittelladen. In der feuchten Hitze schwand meine neue Duschfrische rasch dahin. Kaum eine Querstraße weiter stand ich schon wieder im Schweiß.

In einem Supermarkt in der Knuckey Street kaufte ich ein paar Sachen. Als ich an der Kasse anstand, bemerkte ich bei einem Blick durch das Flachglasfenster das schaurige Dämmerlicht, das über die Stadt gekrochen war. Es war noch früh am Nachmittag, aber die Autos hatten bereits die Scheinwerfer an. Neonschilder flimmerten vor den Geschäften. Die Augen aufmerksam zum Himmel gerichtet, hasteten die Fußgänger vorbei. Ich trat nach draußen. Die Luft war heiß und schwer. Es roch nach Regen. Ungefähr 300 Meter über mir wirbelten lilaschwarze Wolken wild durcheinander. An den starr stehenden Häuserfronten nach oben zu schauen verursachte einen gewissen Schwindel, als ob man befürchtete, plötzlich nach oben zu fallen und in den klammen Strudel aus Dunkelheit zu plumpsen. Donner grollte.

Beunruhigt hatte ich einen Block hinter mich gebracht, als die ersten Regentropfen in der Größe von 20-Cent-Münzen dick und warm auf das Pflaster platschten. Ich legte einen Zahn zu. Der Regen ebenso. Ich hastete unter ein schützendes Vordach, indem ich mich zwischen die Leute quetschte, die ebenfalls dort Schutz gesucht hatten – gerade noch rechtzeitig. Ein paar Sekunden später brachen alle Schleusen und ein maschinengewehrartiger Sturzregen ging hernieder, eine tosende graue Wasserwand, die so dicht war, dass sich Bodennebel bildete, der die Häuser der gegenüberliegenden Straßenseite verdeckte. Innerhalb von Minuten flossen die Rinnsteine über. Mit tosendem Geräusch rauschte eimerweise Regenwasser über das Vordach; die wenigen Autos, die sich noch auf der Straße behaupten konnten, schoben eine Bugwelle vor sich her. Blitze zuckten, gefolgt von sofortigem Donner. Ich stellte mir vor, wie es wohl wäre, in so einem Regenguss über einen einsamen Highway zu radeln, 120 Meilen zwischen mir und dem nächsten trockenen Fleck. Das Bild gefiel mir überhaupt nicht, aber es war viel zu früh, um schon wieder über den Aufbruch nachzudenken. Jetzt war ich gerade erst in der Stadt angekommen.

Der griechische Ladeninhaber, unter dessen Vordach ich stand, trat heraus, blickte ein paar Minuten in den unablässigen Regenguss, zuckte die Schultern und ging wieder hinein. Als er die Tür hinter sich schloss, meinte er: „Sie sollten das mal zur Regenzeit erleben; dann geht das wochenlang ununterbrochen so." Nach einer halben Stunde etwa ließ der Regen etwas nach. Sengend fraßen sich die Sonnenstrahlen durch die Wolken, und von der Straße stieg Dampf auf. Ich eilte zurück zu meiner Unterkunft, slalomartig den größeren Pfützen ausweichend. Doch als ich das nächste Donnergrollen vernahm und es wieder dunkler wurde, pfiff ich darauf und platschte mitten hindurch die Straße entlang, knöcheltief durchs Wasser. Ich schaffte es genau bis zur Tür, als der nächste Trommelwirbel loslegte.

Ich verbrachte eine Woche in Darwin. Es regnete jeden Tag ein wenig, manchmal waren es absurde Schauer, die nur auf einer Straßenseite herunterkamen, dann wieder kurze, aber heftige Wolkengüsse der Art, wie ich sie an diesem Nachmittag erlebt hatte.

Einheimische nennen dies „Buildup", dramatische Steigerung. In den schwülen, spannungsgeladenen Wochen vor dem Monsun gehen sich die besten Freunde an die Gurgel, die Polizeiakten sind voll mit Alkoholdelikten, und im Vergleich zu den dampfenden Straßen ist New Orleans im Hochsommer luftig und frisch. Es ist ein wenig Angst einflößend, wie sehr Hitze und Luftfeuchtigkeit an den Nerven zehren können. Die Irrationalität übernimmt das Ruder. Man sieht einen Unbekannten in der Kühlabteilung des Supermarktes und empfindet plötzlich den Drang, ihm die Zähne einzuschlagen, einfach weil man ihn gerade eben beim Gemüse und davor im Gang mit den Nudeln getroffen hat und jetzt einfach seine Visage nicht mehr sehen will. Alte Hasen sagen, dies sei nur eine gemäßigte Form von Reizbarkeit im Vergleich zu den Persönlichkeitsprüfungen, die der Monsun mit sich bringt.

In ein paar Wochen würde sich der Monsun wie die lange Dunkelheit eines skandinavischen Winters über die Stadt legen. Dem Regen folgten die tropischen Depressionen. Das Leben reduzierte sich auf einen Kriechgang. Skeptische Chefs stellten jedem Bewerber die gleiche Frage: Glauben Sie, dass Sie den Regen überstehen? Ich traf ein Mädchen aus Syndey namens Phoebe, das auf der Suche nach Abenteuern war. Sie hatte sorglos zugesagt und bekam den Job als Zimmermädchen in einem schäbigen Motel. Das war vor zwei Wochen gewesen. Doch schon jetzt hatte sie genug von Feuchtigkeit, cholerischen Anfällen und hart gesottenen Territorianern. „Gott sei Dank habe ich noch genug Geld, um mir ein Busfahrkarte zurück nach Sydney leisten zu können. Den Job kann jemand anders haben. Morgen früh bin ich hier weg."

Ich beneidete sie um ihre Bewegungsfreiheit. Als ich nach Darwin gekommen war, hatte ich mich in dieselbe Lage gebracht wie damals in Longreach. Wenn ich weiter westwärts wollte, musste ich zurück bis Katherine, eine heiße, schweißtreibende, langwierige, gewittrige, moskitoreiche Plackerei, auf die ich kein zweites Mal scharf war, noch nicht einmal mit dem drohenden Monsun im Rücken. Ein paar weitere morgendliche Duschen mit Seife und Nächte in klimatisiertem Schlaf ließen meine Entschlossenheit weiter schwinden. Hinzu kam noch ein Gefühl des Stolzes, es bis hierher geschafft zu haben. Darwin – rund 12 Grad südlich vom Äquator – war der nördlichste Punkt meiner Reise, und ich wollte mich wenigstens ein bisschen auf meinen Lorbeeren ausruhen. Da ich erst spät in der Saison hier eingetroffen war, empfand ich den Groll eines Bergsteigers, der, auf dem Gipfel des Mount Everest angekommen, eine Wand aus Unheil verkündenden Wolken am Horizont sieht und umkehren muss, nachdem er kaum fünf Minuten den Blick genossen hat, für den er so hart gekämpft hat. Und so blieb ich wider besseren Wissens. Insgeheim hoffte ich, eine Mitfahrgelegenheit nach Katherine zu finden, obwohl ich wusste, dass ich in jedem Fall sehr bald aufbrechen musste.

Doch ich hatte Glück. Eine der kuriosesten Rallyes der Welt, das Solar Challenge Car Race von Darwin nach Adelaide, würde bald starten. Es gab rund fünf Dutzend Teilnehmer, angefangen vom bestens ausgestatteten Honda-Team, dessen Fahrzeuge angeblich über 100 Meilen pro Stunde fuhren, bis hin zu Hinterhofbastlern, die es mit viel Glück bis zur Stadtgrenze schaffen würden. Northern Sun, ein Team der McGill-Universität von Montreal, übernachtete in meiner Jugendherberge. Sie boten mir an, mich im Versorgungswagen bis Katherine mitzunehmen. Weil das Rennen erst in ein paar Tagen beginnen würde, konnte ich mir den Luxus erlauben, bummeln zu gehen, das morgendliche Duschen und den klimatisierten Schlafraum zu genießen.

Wenn man eine Rückfahrkarte in der Tasche hat, kann Darwin ein schöner Ort zum Verweilen sein, selbst während des Buildups. Die Stadt überrascht jeden, der mit der Vorstellung hierher kommt, eine rüde Grenzsiedlung aus Crocodile Dundee vorzufinden. In Wirklichkeit ist Darwin vielleicht die spießigste Stadt in ganz Australien, eine internationale Enklave mit rund 80 000 Einwohnern, die nur zufällig auf einer glühend heißen, abgelegenen Halbinsel liegt. Die meisten ihrer Bewohner sind im öffentlichen Dienst beschäftigt, Verwaltungsangestellte oder Lehrer, die ihrer Arbeit im zweijährigen Turnus nachgehen. Sie jonglieren eher mit Kugelschreibern und arbeiten in klimatisierten Büros, als dass sie Lassos werfen oder sich gegenseitig den Sonnenuntergang auf den Rücken tatowieren. Sie leben in gediegenen, staatlich subventionierten Miethäusern aus Pseudoziegelstein, wie man sie in jeder Mittelschichtvorstadt in Australien sieht. In der Nähe ein Einkaufszentrum, ein Fastfood-Restaurant und ein großer Kinokomplex.

Doch der heiße Atem der Grenze ist nie weit. Dass die Stadt so jung wirkt, liegt daran, dass sie es auch wirklich ist. Nachdem sie 1974 von dem tropischen Wirbelsturm Tracy im wahrsten Wortsinne dem Erdboden gleich gemacht worden war, wurde sie praktisch neu errichtet – wie schon einige Male zuvor. In seiner 130-jährigen, wechselhaften Geschichte wurde Darwin ein halbes Dutzend Mal ausradiert und wieder neu aufgebaut. Es wurde von Wirbelstürmen weggefegt, von Termiten aufgefressen und im Zweiten Weltkrieg von den Japanern zerbombt. Die mangrovenbewachsene Küste des Nördlichen Territoriums ist ebenso abgeschieden und wild wie seit jeher, nur dass jetzt eine brandneue Stadt hier steht. Zumindest bis auf Weiteres.

Während ich die Woche damit verbrachte, mich in Darwin herumzutreiben, bereiteten die Solar-Autoteams ihre Fahrzeuge vor, polierten Sonnenkollektoren spiegelblank, bastelten an Generatoren herum und hackten Berge von Wetterdaten in ihre Laptops. Alle Teilnehmer mussten eine Sicherheitsmaßnahme mit dem Titel „Road Train Test" bestehen. Da das Rennen auf einem öffentlichen Highway stattfand, wollten die Organisatoren sicher gehen, dass die federleichten, aerodynamischen Solarautos nicht durch den Sog der vorbeidonnernden Roadtrains umkippten. Dazu wurden auf einer Lastwagentrasse südlich der Stadt die Bedingungen des Stuart Highway simuliert. Den ganzen Tag lang würde eines dieser bizarren Vehikel nach dem anderen auf einen Roadtrain zurasen, der mit 70 Meilen pro Stunde entgegenkommt, während Funktionäre mit Hilfe von Ferngläsern die Auswirkungen studierten und die Geschwindigkeit der Autos mit Radarpistolen maßen.

Am späteren Vormittag fuhr ich auch hinaus und fand auf einer Anhöhe einen Platz mit gutem Ausblick. Tausende waren gekommen, um zuzusehen. Händler verdienten sich eine goldene Nase mit Fleischpasteten, Softdrinks und Eis. Alle Fahrzeuge bestanden den Test. In einem ungewöhnlich spannenden Moment raste ein Japaner, der nicht mehr genau wusste, welche Spur er nehmen sollte, furchtlos auf den Roadtrain zu und zwang das 100-Tonnen-Monstrum, im letzten Augenblick auszuweichen. Applaus von allen Seiten.

Die ganze Sache hatte etwas Liebenswertes, die bizarren Karren, die netten Teams, die bunte Palette verschiedener Nationalflaggen, die Picknickatmosphäre, der abstruse Roadtraintest – all das gab mir das Gefühl, eine Szene aus dem Film *Die tollkühnen Männer in ihren fliegenden Kisten* zu erleben.

Sonntag war der Tag des Rennens. Ein paar Jungs aus dem McGill-Team klopften um 3 Uhr 30 morgens bei mir an die Tür. Ich hatte die halbe Nacht wach gelegen in der Angst, zu verschlafen und meine Mitfahrgelegenheit nach Katherine zu verpassen. Ich schüttete mir kaltes Wasser ins Gesicht und suchte meine Satteltaschen zusammen. Es war angenehm kühl in der Dunkelheit vor der Morgendämmerung. Ein paar Morgensterne leuchteten am Himmel. Eine sanfte Meeresbrise blies durch die Palmwedel an der Esplanade, auf der bereits rotäugige Ingenieure mit den letzten Vorbereitungen zugange waren. Die Pole-Position ging an die Teams von Honda und Swiss Biel, deren millionenschwere, geheimnisumwitterte Vehikel gegen neugierige Blicke mit Tüchern abgedeckt und vertäut waren. Ihre in Overalls steckenden Fahrer machten Gymnastik- und Dehnungsübungen oder redeten mit Fernsehreportern über Weltrekorde. „Mein" Team, Northern Sun aus Montreal, hatte eine ordentliche Startposition im vorderen Drittel des Pulks.

Im Morgengrauen drängten sich bereits Menschenmassen an den Absperrungen, und in der dicken, spannungsgeladenen Luft schwebten Hubschrauber. Um acht Uhr ertönte der Startschuss. Die Honda- und Swiss-Biel-Teams setzten sich sofort ab, während die übrigen Fahrzeuge brummend und surrend Fahrt aufnahmen, das palmengesäumte Meerufer entlangrollten und beschleunigten – mit dem Ziel, das 2000 Meilen entfernte Adelaide zu erreichen.

Wir zwängten uns in das Verfolgerfahrzeug und versuchten, uns einen Weg durch den dichten Verkehr aus Versorungsfahrzeugen, Presse, offiziellem Personal und Zuschauern zu bahnen, die dem Feld folgten. In den Außenbezirken von Darwin hatten wir Northern Sun eingeholt und ordneten uns dahinter ein. Es war keine Zeit für Smalltalk. Die Teamtechniker hingen über ihren Laptops, analysierten die Fahrleistung der Wagen, verglichen Daten, studierten topographische Straßenkarten und Wetterbedingungen und unterhielten sich aufgeregt in einer für Quebec typischen Mixtur aus Französisch und Englisch. Unablässig funkten sie ihrem Fahrer Anweisungen zu, der zusammengekauert unter seinem Plexiglasdach bei Temperaturen von bis zu 38 °C schmorte. Ich hing in meiner Ecke auf der Rückbank – Hitze, Feuchtigkeit und der frühe Aufbruch hatten ihren Tribut gefordert – und sah glückselig zu, wie der Highway mit einer ungewohnten Geschwindigkeit von 35 Meilen pro Stunde an mir vorbeisauste.

Wir erreichten Katherine kurz vor drei Uhr nachmittags. Northern Sun lag auf dem 18. Platz, bei rund sechzig teilnehmenden Fahrzeugen. Es war ein offizieller Kontrollpunkt, also mussten alle Fahrzeuge anhalten. Während die Teams untereinander und mit der Rennleitung diskutierten, hob ich Fahrrad und Gepäck aus dem Van. Northern Sun machte einen Fahrerwechsel und fuhr an 17. Stelle aus der Stadt (ein Konkurrent hatte vor dem Zeitungskiosk seinen Geist aufgegeben).

Etwas benommen stand ich am Straßenrand und sah zu, wie sie abfuhren. Dann nahm ich meine Satteltaschen, schnallte sie auf das Bike und fuhr auf dem ruhigen und verlassenen Victoria Highway aus der Stadt, glücklich, dem Ringelpietz endlich entkommen zu sein.

KAPITEL 21

Verirrt im Labyrinth

ALS ICH MORGENS um acht am Victoria River Roadhouse hielt, um meine Wasserflaschen aufzufüllen, hatte es bereits 36°C. Es war ruhig. Fliegen summten faul in der Hitze. Ich ging hinein und gönnte mir eine Tüte kühle Milch, so dass ich ein paar Minuten in den Genuss der Klimaanlage kam. Ich trank langsam und genießerisch. An meinem Tisch sitzend, spürte ich, wie die Hitze von draußen durch das Fenster hereinkroch. Die Sonne schien unerträglich grell.

Seit Katherine hatte ich 130 Meilen zurückgelegt, und auf dieser Strecke hatte sich die Landschaft erheblich verändert. Der flache, eintönige Akazienbusch war in das interessante rote Felsenland von Kimberley übergegangen. Es ist der ursprünglichste und älteste Teil des Kontinents: ein unwirtliches Labyrinth aus Milliarden Jahre alten Bergketten, tiefen Schluchten, Boabbäumen und tigergestreiften Badlands, die als Bungle Bungles bekannt sind. Durch seine abgeschiedene Lage und die Great Sandy Desert vom Rest Australiens abgeschnitten, ist Kimberley stets eine Welt für sich gewesen. Selbst heute noch gibt es in dieser steinigen Wildnis, die fast so groß ist wie Texas, nur drei Siedlungen, die mehr als 2000 Einwohner haben: Broome, Derby und Kununurra.

Ich fuhr Richtung Kununurra, eine künstlich geschaffene Oase am Ostrand der Kimberleys, die noch gut 200 Meilen vor mir lagen. Die Sonne brannte erbarmungslos herunter. Die Höchsttemperaturen am Tage erreichten 46 °C, und die eisenhaltigen Felsblöcke, die überall herumlagen, waren viel zu heiß, um darauf zu sitzen.

In ein paar Wochen, wenn der große Regen kam, würde all das in einen tropischen Steingarten verwandelt werden: Steilhänge würden zu Wasserfällen, staubige Flussbetten zu Katarakten, und praktisch über Nacht würden aus der rissigen Erde dichte Büschel Gras sprießen, das sechs Zentimeter im Monat wächst, solange der Monsun vom Himmel fällt. Jetzt aber gab es hier meilenweit nichts außer der sengenden Sonne, dem unablässigen Summen der Insekten und dem schleifenden Geräusch meiner Reifen auf dem dampfenden Asphalt.

Inzwischen hatte ich seit Sydney 4000 Meilen zurückgelegt, die letzten 1500 davon durch ödes Buschland. Bis Katherine hatte ich es ziemlich genossen, weil ich eine unbändige und wunderbare Freiheit in diesem endlos weiten Land vorfand, das sich vor mir erstreckte. Es hatte etwas Magisches, morgens die Zelte abzubrechen und sich frei und ungebunden auf den Highway zu begeben. Es war dieselbe jubilierende Erfüllung, die ich als Kind empfand, wenn ich die Schule schwänzte, um angeln zu gehen. Das brutale Finish auf dem Weg nach Darwin aber hatte etwas in mir abgetötet. Der Pfiff war weg. Es war, als ob die vielen Meilen, die dampfende Hitze, das Gekrabbel der Fliegen, die schlaflosen Nächte und das ständige Unterwegssein schwer auf mir lasten würden.

Die Rastpause in Darwin hatte mir gut getan, doch nach wenigen Tagen im Sattel war ich wieder müde und schlecht gelaunt, wenn ich morgens aufwachte. Ich strampelte in einer dampfenden Tretmühle, mit einer Laune, die in den düsteren Wolken über mir ihre bildhafte Entsprechung fand, mich am Leben erhaltend durch lauwarmes Wasser, das nach geschmolzenem Plastik schmeckte. Verzweifelt zählte ich die Meilen bis Kununurra.

An einem gewittrigen Nachmittag, vier Tage nachdem ich Katherine verlassen hatte, passierte ich die Grenze nach Western Australia. Ich hielt an, um mit dem Grenzposten ein paar Worte zu wechseln. Ebenso einsam wie ich, schien er sich über eine nette Unterhaltung gleichermaßen zu freuen.

In dieser Nacht campte ich auf einer felsigen Anhöhe, knapp 20 Meilen von Kununurra entfernt, unter einem dunstig verschwommenen Sternenzelt. Ein paar Meilen östlich von meinem Standort hatte ein Blitz auf einem Hügel ein Feuer ausgelöst. Es war Halloween. Ich blieb wach und sah den orangegelben Flammen zu, wie sie im Dunkel loderten.

KAPITEL 22

Der Wassermelonenmann

ALS ICH KURZ VOR SECHS UHR morgens in Kununurra einfuhr, herrschte Totenstille. Ich kaufte im Roadhouse eine Tüte schmackhafter Milch und wartete am Straßenrand, bis Leben in den Ort kam.

Noch vor vierzig Jahren hatte es diese Stadt noch gar nicht gegeben. Sie entstand 1961 als Nebenprodukt eines ehrgeizigen Regierungsprojektes, mit dem die Kimberleys erobert werden sollten. Der 200 Meilen lange nach Norden fließende Ord River sollte umgeleitet werden, damit sein Wasser die Wüste in einen blühenden Garten verwandeln würde. Nach einem wackeligen Start mauserte sich Kununurra zu einer blühenden Gemeinde mit 6000 Einwohnern. Die Stadt gilt als eine der wichtigsten Etappen auf der Tour der Obstpflücker, und so sind Caravanparks, Campingplätze und Herbergen in der Regel voll mit Wanderarbeitern auf der Suche nach einem 10-Dollar-Job.

Ich hatte Glück. Die Melonensaison ging gerade zu Ende, und viele der Pflücker hatten bereits ihre Zelte abgebrochen, um nach Broome oder Carnarvon weiterzuziehen. In der zweiten Herberge, die ich ansteuerte, bekam ich bereits ein Zimmer. Es war eine trostlose Barracke aus dunklen Ziegelsteinen neben einem herrenlosen alten Schulbus, den jemand in schrecklichem dunklen Lila angestrichen hatte. Es war ein spartanisches Nachtasyl: Acht Betten pro Zimmer, eine laute Klimaanlage, die nur nachts in Betrieb war, ein Flur, der von Rucksäcken übersät war, und ungewaschene Bettwäsche. Es war feucht, dunkel und muffelig – aber ruhig. Alle waren zur Arbeit auf den Feldern.

Ich nahm eine Dusche, kaufte ein paar Lebensmittel und machte mir ein Mittagessen, bestehend aus Gemüsepasta und Obst. Am Nachmittag kamen die Pflücker ausgelaugt und schmutzig zurück. Es hatte an diesem stickigen Tag Temperaturen bis 42°C im Schatten gehabt. Ein paar Gesichter kannte ich noch aus Katherine: ein über und über tätowierter Südaustralier namens Gary, ein deutscher Hippie namens Christine und ein paar Hools (Hooligans) aus New South Wales, deren kriminellen Absicht auf der Stirn geschrieben stand. Und ich hätte mich nicht gewundert, auch Joel hier anzutreffen: beinhart wie immer und strahlend, weil er die Polizei im Northern Territory hinters Licht geführt hatte. Und tatsächlich, einen Kasten Victoria Bitter auf der Schulter tragend, polterte er herein. Als er mich entdeckte, setzte er als Zeichen dafür, dass er mich wiedererkannt hatte, ein schmieriges Grinsen auf.

Ich schloss mein Fahrrad in einem Eisenschuppen fest und unternahm einen Spaziergang durch die Straßen Kununurras, die mit Frangipanibäumen und Häusern aus Faserplatten gesäumt wurden. Diese Behausungen waren vor vierzig Jahren jedem, der bereit war, sich hier niederzulassen, von der australischen Regierung mietfrei zur Verfügung gestellt worden.

Kununurra liegt am Fuß eines Felsens mit Namen Kelly's Knob. Ich entdeckte den Weg, der zum Gipfel führte, und machte mich am späten Nachmittag an den steilen und schweißtreibenden Aufstieg. Die Sonnenstrahlen fielen schräg auf die Wellblechdächer der Häuser und intensivierten den grünen Kranz aus Zuckerrohr-, Melonen- und Mangofeldern. Jenseits dieses scharf abgegrenzten künstlich bewässerten Gebiets aber erstreckte sich über Hunderte von Meilen in alle Richtungen nichts als die dürre Einsamkeit der rötlich-braunen Kimberleys.

Hohe Wolkentürme, die dunklen Weintrauben glichen, bauten sich in der Ferne auf. Mit zunehmender Abenddämmerung leuchteten in der Ferne einige Lichter auf, die die isolierte Lage der Stadt verstärkten. Ich fühlte mich wie ein Schiffbrüchiger, der nach vielen Tagen auf offener See endlich ans Ufer einer einsamen Insel gespült wird. Das schwache Donnergrollen, das über der Wüste widerhallte, erinnerte mich an die anstehende Regenzeit – und dass noch viele Meilen vor mir lagen.

Während ich in Kununurra war, regnete es ein paar Mal. Gewittrige Wolkenbrüche, die die Rinnsteine zum Überlaufen brachten und dampfende Straßen hinterließen, sobald die Sonne wieder durchbrach. Einmal radelte ich durch den Hidden Valley National Park am Rande der Stadt, ein uraltes Labyrinth aus geschichteten Felsenformationen. Außerdem unternahm ich einen Ausflug zum alten Hafen von Wyndham, der rund 60 Meilen nordwestlich an der zerklüfteten Küste des Cambridge-Golfs lag. Nie zuvor im Leben hatte ich einen schaurigeren Ort gesehen: ein Haufen Blechhütten und eine Hafenmole, vom Rest der Welt abgeschottet durch die felsige Flanke der Bastion Range, mit dem Ausblick auf graues Watt und von Krokodilen bewohnten Mangrovenwäldern. Das Quecksilber hatte beinahe die 50°C-Marke erreicht, die Mittagshitze war tödlich. Den Blick vom Gipfel des Hügels, 300 Meter oberhalb der Stadt, empfand ich als faszinierend prähistorisch: Fünf urtümliche Flüsse – Ord, Pentecost, Durack, King und Forrest – schlängelten sich durch das Mündungsgebiet, bevor sie sich schwerfällig in den Golf ergossen. Es war ein Bild wie vom Anbeginn der Zeit.

Als ich nach Kununurra zurückkam – nach Wyndham wirkte es angenehm urban –, beschloss ich, meine Finanzen durch Obstpflücken aufzubessern. Die Wingerte waren wahrscheinlich bereits abgeerntet, aber immer noch wurden allmorgendlich Obstpflücker mit Lastwägen abgeholt. Am nächsten Morgen stand ich in aller Frühe auf und fragte den Fahrer, ob er noch einen Helfer brauchen könnte. Er nickte und forderte mich auf, aufzusteigen. Rund zwanzig Leute kauerten bereits da, zusammengepfercht wie Flüchtlinge. Auf dem Rückfenster der Fahrerkabine klebte der geistreiche Spruch: „Wenn du besoffen Auto fährst, bist du ein Idiot. Wenn du heil nach Hause kommst, eine Legende."

Bis zur Farm waren es rund zehn Meilen. Klares Morgenlicht fiel auf die Felder, malte Muster auf das Zuckerrohr und warf interessante Schatten auf die rosa Felsformationen draußen in der Wüste. Laut örtlichem

Wetterbericht würde es wieder ein brütend heißer Tag mit Temperaturen über 40°C werden. Der Lastwagen hielt an einem großen Wellblechschuppen, wo Gabelstapler bereits Kisten voller Melonen rangierten und Mädchen an langen Tischen Obst sortierten. Die Mädchen auf dem Laster sprangen hinaus und gesellten sich zu ihnen. So sah die Arbeitsteilung hier aus: Die Frauen schufteten im Schuppen, die Männer auf dem Feld.

Ein Traktor mit einem leeren Holzbehälter auf dem Frontlader tauchte auf. Der Fahrer, ein kettenrauchender Typ mit Irokesenschnitt und verspiegelter Panoramasonnenbrille, brüllte, wir sollten aufsteigen. Wir kletterten in den Behälter, und der Traktor lupfte uns hoch. Rumpelnd fuhren wir in das Melonenfeld, wo die Sonne bereits zu stechen begann und Staubgeruch in der Luft hing.

Fragen Sie jemanden, der dies auch schon mal erlebt hat: Melonenpflücken in der Sommerhitze ist die schweißtreibendste, schmutzigste Knochenarbeit, die es gibt. Andererseits, verglichen mit einer Fahrt durch das Top End in der gewittrigen Hitze des Buildup, war es ein Kinderspiel: Ein großer eisgekühlter Wasserbehälter aus Plastik stand in Reichweite, am Abend wartete eine Dusche auf mich, und ich wurde auch noch dafür bezahlt. Ich bekam den ganzen Tag das Grinsen nicht aus dem Gesicht.

Rasch und beständig arbeitend, füllten wir unsere Eimer mit unreifen Melonen, trotteten hinter dem Traktor her, der unablässig durch die Reihen fuhr, und kippten sie – vorsichtig! vorsichtig! – in den großen Holzbehälter. Wenn dieser voll war, rumpelte der Traktor zum Sortierschuppen, und wir ruhten uns auf den umgedrehten Eimern sitzend ein wenig aus, bis er wieder kam.

Die Stunden vergingen zäh, und der Planet stach immer heftiger. Um zehn Uhr hatte ich meinen Rhythmus gefunden, während ich im Geiste bereits die zehn Dollar Stundenlohn ausgab. Dann war ich am Ende meiner Reihe angekommen. Ich blickte auf, um zu sehen, wo ich weiter pflücken sollte, und stellte fest, dass die alten Hasen, mit den leeren Eimern, auf den Schuppen zugingen. Das war's also, die letzte Melone. Ab jetzt waren wir arbeitslos. Der Traktorfahrer lud uns wie ungeliebte Spielzeugsoldaten in seine Melonenkiste und karrte uns zurück zum Schuppen. Per Anhalter fuhr ich in die Stadt zurück.

Am nächsten Tag fand der Melbourne Cup statt, das Pferderennen, das die ganze Nation auf die Beine bringt. Am ersten Dienstag im November um genau 15 Uhr 20 hält ganz Australien drei Minuten lang den Atem an, wenn in Flemington die besten Gallopper des Kontinents den Zwei-Meilen-Rundkurs absolvieren. Die Australier sind eingefleischte Spieler und lieben Rennpferde. An diesem Tag sind die Straßen menschenleer, dafür quellen die Pubs über, oder man wartet ungeduldig auf Piloten, die die Platzierungen mitbringen.

Weil ich die zwei Stunden Zeitverschiebung zwischen Kununurra und Melbourne nicht bedacht hatte, wäre ich um ein Haar zu spät zum Start gekommen und eilte im Laufschritt zum Pub. Im Innern war es voll, laut und verraucht – ideale Bedingungen, um den Cup anzuschauen. Ein paar Betrunkene wurden gerade an die Luft gesetzt, als ich ankam. Ich bahnte mir einen Weg durch die Menge, machte meine Wette und bestellte ein Bier. Ich war gerade noch rechtzeitig gekommen. Sie waren gestartet. Es folgte ohrenbetäubendes Jubeln und Schreien, das im Zieleinlauf noch zunahm. Mein Pferd mühte sich redlich über die Gerade, gute 20 Pferdelängen vom zweiten Platz und gar 25 vom ersten entfernt und immer weiter zurückfallend. Unglaublich, aber ich zog 14 Nieten in Folge. Auf dem Weg zurück zur Herberge zerriss ich meine Wettscheine. Mein gesamter Tageslohn war dahin. Wenig geneigt, in Kununurra zu bleiben, bis die Mangos reif waren, brach ich anderntags nach Broome auf.

KAPITEL 23

Das Leben ist ein Strand

DER ALTE PERLHAFEN Broome mit seiner frischen Seeluft und seinem leicht angeschmuddelten Tropencharme war der erste wirklich hübsche Ort, den ich sah, seitdem ich die Küste von Queensland mit ihren netten Dörfern verlassen hatte. Der Ort liegt auf einer kleinen Halbinsel und ist umgeben vom azurblauen Wasser der Timor-See, während sich in seinem Rücken die sengende Wüste erstreckt. Als ich in Broome ankam, hatte es 32°C, was ich nach den wahnsinnigen Temperaturen in der Wüste als sehr angenehm empfand, zumal eine frühabendliche Meeresbrise für Erfrischung sorgte.

An diesem Abend saß ich auf einem Steilhang über dem weißsandigen Cable Beach, der sich an einer 15 Meilen langen Bucht, an der Nordküste der Stadt erstreckt. Der Strand war beinahe menschenleer, nur ein paar Strandbesucher blickten ruhig aufs Meer hinaus und bewunderten die Farbenspiele am Himmel, der manchmal rosa- und malvenfarbig leuchtete, um bei Sonnenuntergang einen grünlichen Schimmer anzunehmen. Dieses atmosphärische Phänomen – das Aufleuchten von grünem Licht, das man normalerweise nur auf See und unter perfekten Bedingungen erlebt – ist von so kurzer Dauer, dass man sich nicht sicher sein kann, ob man es wirklich gesehen hat. Und so möchte man voller Neugier dieses Wunder, in der nächsten Nacht noch einmal erleben: Am Ende der Welt, an einem einsamen Strand sitzend, einen Tag in der Ewigkeit entschwinden zu sehen. Vielleicht sieht man den grünen Strahl, vielleicht auch nicht. In den zehn Tagen, die ich in Broome verbrachte, sah ich ihn viermal.

Dadurch, dass ich hier blieb, forderte ich mein Glück heraus. Ich wusste, dass mich früher oder später der Monsun erwischen würde. Im Radio hatte ich gehört, dass er in Kununurra bereits angekommen war, auch Teile des Great Northern Highway, der Strecke zwischen Kununurra und Port Hedland, waren überflutet. Es war nur eine Frage der Zeit, wann es hier losging. Die Nachmittage waren drückend und gewittrig, 12 000 Meter über dem Meer bildeten sich Sturmwolken und nachts zuckten immer wieder Flächenblitze auf. Die Einheimischen nutzten die Zeit am Wochenende, um ihre Gärten von Gegenständen zu säubern, die durch den Wirbelsturm gefährlich herumgewirbelt werden könnten, und um lose Wellblechplatten auf dem Dach zu befestigen. Vor dem Supermarkt war ein Stand aufgebaut, an dem Informationsbroschüren, wie „Was tun beim Wirbelsturm?" verteilt wurden, ebenso wie Landkarten, auf denen der mögliche Weg des Zyklons eingezeichnet war. Und er kam.

Doch Broome war mein Hauptgewinn, der abgelegenste, exotischste und romantischste australische Hafen an der Westküste. Es waren nicht nur die 5000 Meilen, die mittlerweile hinter mir lagen. Hierher zu kommen war wie eine Reise in eine andere Welt. Hier herrschte diese schwüle, eher asiatisch als australisch anmutende Deckenventilatoren-Atmosphäre, wie sie Joseph Conrad in seinen Romanen beschreibt. Japanische Perlentaucher, malaiische Seeleute, arabische und indische Juwelenhändler, chinesische Kaufleute und afghanische Kameltreiber haben hier ihre Spuren hinterlassen, nicht zu vergessen das gestrandete Volk aus den schmuddeligen Häfen des Orients, das es auf das schnelle Geld abgesehen hat. In den 20er Jahren gab es hier eine Flotte von über 400 Perlenschiffen, die diese Gewässer befuhren. Die Straßenschilder waren in chinesischer, japanischer, arabischer und englischer Schrift gehalten, und als einzige regelmäßige Verbindung zum Rest Australiens diente ein Dampfer, der alle sechs Wochen die Küste entlang schipperte.

Die Perlenschiffe sind längst verschwunden, mit dem Aufkommen der Plastikperlen nach dem Zweiten Weltkrieg war ihre Zeit vorbei. Broome erlebte bis in die 80er Jahre hinein einen leichten Niedergang. Dann wurden Straßen asphaltiert und ein Flughafen angelegt, so dass man hier Ferien machen konnte – sofern man das nötige Kleingeld dazu hatte. Selbst heute ist es nicht ganz einfach, hierher zu gelangen. Es ist einfacher und billiger, nach Hawaii zu fliegen. Aber wo in Hawaii findet man einen leeren 15 Meilen langen weißen Sandstrand, zudem kombiniert mit der coolen Lässigkeit des australischen Outbacks? In dieser Stadt kann man im Showroom von Paspaley Pearls auf der Carnarvon Street eine Perlenkette für 200 000 Dollar kaufen, und anschließend geht man um die Ecke, um im Roebuck Hotel, einem Hardcore-Pub wie aus *Crocodile Dundee*, ein Bier zu trinken. An seiner Eingangstür mahnt ein Schild, dass das Prügeln, die missbräuliche Verwendung der Inneneinrichtung, das Betteln um alkoholische Getränke sowie das „Urinieren außerhalb der Toiletten" verboten ist.

Ich fühlte mich irgendwie heimisch in der Stadt. Wenn ich die Carnarvon Street entlangging, sah ich immer wieder bekannte Gesichter, alles Mitglieder der rastlosen Gemeinde, die an der Küste unterwegs war. So wie einstmals Ricks schmuddeliges Café Américaine in *Casablanca* war dies ein Ort, an dem sich alle trafen. Gary zum Beispiel, ein Mechaniker, den ich in Kununurra kennen gelernt hatte, und Bernadette, eine Pastetenbäckerin aus Perth, die eine Stelle als Köchin auf einer der abgelegenen Viehstationen suchte. Ian und Jennifer, ein Pärchen, das ich seit Katherine unterwegs mehrmals getroffen hatte, war ebenfalls in der Stadt. Eines Abends bekam ich mit, wie Joel, immer noch auf freiem Fuß, diesmal mit einem Kasten Emu Bitter auf der Schulter, ein Zimmer in der Herberge mietete. Und auch diesmal bedachte er mich mit einem verschwörerischen Grinsen. Es war, als würde ich überall Nachbarn treffen.

Da waren auch noch andere, die nach Broome gekommen waren und wie ich zögerten, weiterzufahren. Zum Beispiel die nette Schwedin mittleren Alters namens Li, die keine feste Adresse hatte und jeder Frage zu ihrer Vergangenheit elegant auswich. Und Tony, ein schlanker ledriger Typ über Fünfzig, mit einem grauen Haarschopf und schwieligen Füßen, der den ganzen Tag Kaffee trank und Selbstgedrehte rauchte („So bleib ich jung und schön!") und nach dem nächsten Job Ausschau hielt. Tanami, ein Mädchen aus Perth, die als Köchin auf einem Perlenboot arbeitete, Jela und Helen, zwei Mädchen aus Melbourne, die ihre nächste Etappe planten, und ein temperamentvoller Holländer namens Perry.

Das Leben war angenehm. Geld war kein Problem, denn es gab jede Menge Aushilfsjobs. Gary und ich taten uns zusammen, um Lkws abzuladen. Einmal lieferten wir eine Ladung Heu für Allison, der für Touristen Kamelritte im Sonnenuntergang oberhalb des Cable Beach anbot. Unser Ziel war es, gerade so viel zu verdienen, dass die Unkosten gedeckt waren. Den Rest des Tages entspannten wir uns: im Schatten lesend, bei ausgedehnten Strandspaziergängen, nachmittäglichem Schwimmen im badewannenwarmen Wasser. Es war Nebensaison, und oft war der Strand menschenleer. Am geschäftigsten Tag zählte ich 34 Personen und ein halbes Dutzend gestreifter Sonnenschirme.

Ein paar von uns gingen abends manchmal ins Sun Picture Gardens, das ältesten Freilichtkino der Welt, das 1916 von Ted Hunter erbaut wurde. Seitdem hier die ersten Tonfilme gezeigt wurden, hatte sich nicht viel verändert. Nach wie vor saß man in Liegestühlen aus Segeltuch und sah sich bei Popcorn den Film an, dabei das Quaken der Frösche und die gelegentlich vorbeihuschenden Fledermäuse ignorierend. Am Samstagabend sahen wir uns Mae West und W.C. Fields in *My Little Chickadee* an. Die drei Meilen zurück zur Herberge spazierten wir den Strand entlang, als weit draußen auf dem Meer dumpfes Donnergrollen zu hören war. Die Nacht war warm und klar, es war Flut, und der Mond warf weite Schatten. Glauben Sie mir: In Broome konnte man es sich richtig gut gehen lassen.

Zur besonderen Attraktivität des Ortes trägt auch die Great Sandy Desert bei, die südlich der Stadt angrenzt und sich über 400 staubtrockene Meilen bis Port Hedland erstreckt. Schon auf meiner Karte sah das ziemlich übel aus: Eine dünne Linie, die durch ein weißes Nichts bis Port Hedland, am Indischen Ozean, verläuft. Außer dem Sandfire Flat Roadhouse gibt's auf diesem Weg keine nennenswerte Abwechslung. Die Einheimischen versicherten mir jedoch, dass die Wüste noch viel schlimmer sei, als man es sich vorstellen würde. Der Hochsommer stand bevor, und da konnten die Temperaturen in der Sonne leicht 60°C erreichen. Schatten gab es ohnehin nicht, ebenso wenig wie Wasser. Nur sengend heißen Sand, Busch und Spinifex. Die Leute bedrängten mich, es nicht zu tun und stattdessen den täglich verkehrenden Bus nach Port Hedland zu nehmen.

Das wollte ich natürlich keinesfalls tun. Ich erklärte, dass ich Fahrten durch die Wüste gewohnt sei – was ja auch stimmte –, doch insgeheim plagte mich der Zweifel. Die Fahrt nach Port Hedland war die gottverlassenste Strecke meiner gesamten Reise, und ich würde sie zur gefährlichsten Zeit des Jahres befahren.

An einem heißen und gewittrigen Nachmittag verließ ich Broome. Am Himmel zogen graue, schwarze und malvenfarbene Gewitterwolken auf, die Luft war stickig, das Licht fahl. Ich hatte mein Fahrrad sorgfältig überprüft, die Packtaschen mit Proviant für fünf Tage voll gestopft und meine Wasserreserven aufgefüllt. Nachdem ich in Broome noch einen sechs Liter fassenden Isokanister gekauft hatte, belief sich meine Wassermenge auf insgesamt 22 Liter. Das Bike war inzwischen so schwer – 36 Kilo –, dass die Reifen schon platt waren, bevor ich aufstieg.

Mein Plan war es, an diesem Nachmittag und im Schutz des etwas kühleren Abends, so weit wie möglich zu kommen, am nächsten Morgen ganz früh aufzustehen und so viele Meilen wie möglich abzustrampeln, bevor die Hitze unerträglich wurde. Ich hoffte auf mein Glück. Trotz der Unkenrufe der Leute in Broome – „da draußen ist nichts, Mann" – hatte ich mir eine Landkarte mit großem Maßstab besorgt, auf der einige Viehstationen eingezeichnet waren – Nita Downs und Shamrock –, die ziemlich nahe am Highway zu liegen schienen. Nita Downs war, wie ich alsbald feststellen musste, vor ein paar Jahren niedergebrannt, als in der Trockenzeit ein Blitz ein Feuer auslöste, das 80 000 Hektar ausgedörrten Buschlandes vernichtete. Als ich in Shamrock anrief, erhielt ich eine gute Antwort. Ein Mann namens Jay Simms sagte, ich könne Wasser haben. Shamrock war 100 Meilen entfernt.

Ich kam gut voran. Trotz meines schweren Gefährts schaffte ich 16 Meilen in der Stunde. Direkt nach dem Roebuck Roadhouse gabelte sich der Highway. Der nach links abbiegende Weg führte ostwärts, zurück durch die Kimberleys. Der andere führte durch die einsamen Weiten der Great Sandy Desert. Ich hielt mich rechts und begann den Höllentrip nach Port Hedland.

Fünfundzwanzig Meilen weiter, die Sonne stand wie ein Feuerball über dem Horizont und lange Schatten krochen über die Wüste, fing mein Schaltzug an zu springen, dann rutschte die Kette auf den kleinsten Zahnkranz am Hinterrad. Ich blickte nach unten und sah, wie der Zug lose durchhing. Die Einstellschraube – dieselbe, die in Ravenshoe gebrochen war – hatte erneut den Geist aufgegeben. Port Hedland war über 350 Meilen entfernt, und mir stand nur mehr der höchste Gang zur Verfügung. Nach einigen Augenblicken der Fassungslosigkeit drehte ich um und begann nach Broome zurückzustrampeln. Ich war verärgert, denn ich hatte ja groß angekündigt, dass ich die Durchquerung der Großen Sandwüste schaffen würde.

Bald setzte die Dunkelheit ein, es wurde eine finstere und stürmische Nacht. Blitze zuckten am Horizont. Donner grollte. Ich spürte die Vibrationen in meinem Brustkasten. Die Blitze tauchten die Wolken in ein schmutziges Gelb. Es sah aus wie der aufsteigende Rauch aus zahlreichen Kanonen. Kein Regen fiel, die Atmosphäre strahlte etwas theatralisches aus. Irgendwie vermengte ich meine dramatische Wüstendurchquerung mit der Tragödie, um meine zerbrochene Einstellschraube. Ich hatte das Gefühl, Gott erlaubte sich einen Spaß mit mir, indem er mich in der Comic-Parodie einer Wagner-Oper den tragischen Helden spielen ließ. Mir fehlten nur noch die Hörner auf meinem Helm. Die ganze Geschichte war so überzogen, dass ich einige Meilen weiter laut lachen musste.

Ich hatte nicht die leiseste Chance, in dieser Nacht bis nach Broome zu kommen, und so hielt ich an und schlug mein Lager im Busch auf. Doch die Schicksalsgötter hatten mich noch nicht aus den Fängen gelassen. Mit dem Grollen des Donners im Ohr schlief ich ein, um ein paar Stunden später wieder aufzuwachen, weil ich ganz in der Nähe Stimmen hörte. Vorsichtig lugte ich über das hohe Gras und entdeckte eine Aborigine-Familie, die im Scheinwerferlicht ihres Allradwagens ihr Nachtlager richtete. Sie mussten aus einer der abgeschiedenen Gemeinden gekommen sein. Nachdem sie vom Fahren müde geworden waren, machten sie hier einfach Halt. Sie waren nur wenige Meter entfernt, aber in der Dunkelheit konnten sie mich nicht sehen. Ich blieb regungslos liegen, um sie nicht zu erschrecken. Nach ein paar Minuten schalteten sie die Scheinwerfer aus. Alles begab sich zur Ruhe. Ein paar Minuten später fing der Vater an zu schnarchen.

Lautstark. Ich fing sofort an zu lachen und konnte mich kaum beruhigen. Erst die absurde Theatralik dieses Sturms, und jetzt, irgendwo im Niemandsland der westaustralischen Wüste, finde ich mich neben einem Typen wieder, der schnarcht wie ein Sägewerk.

Gegen sieben Uhr am nächsten Morgen kam ich steif, feucht und missgelaunt in Broome an. Die Kimberley-Bäckerei öffnete gerade. Ich bestellte eine Fleischpastete und einen Donut. Die nette Frau hinter der Theke gab mir noch ein süßes Brötchen, eine Tüte mit Obststücken und eine Tasse dampfenden Kaffee – und wollte am Ende überhaupt kein Geld haben. Dieser unerwartete Akt der Freundlichkeit, in Verbindung mit den ofenfrischen Teilchen und dem heißen Kaffee munterte mich auf. Mein Glaube an die Welt kam zurück, und Broome hatte mir sowieso immer gefallen. An einem Plastiktisch, im Freien sitzend, verdrückte ich mein Frühstück und sah zu, wie die Stadt zum Leben erwachte.

Als die Geschäfte so um neun Uhr öffneten, suchte ich einen Fahrradladen und bestellte eine Einstellschraube. Sie musste von Perth aus eingeflogen werden, das würde so drei Tage dauern. Ich fuhr zurück zur Herberge und fragte nach meinem alten Zimmer, ein wenig über kaputte Teile und lange Wartezeiten schimpfend, aber insgeheim heilfroh darüber, dass ich an diesem Abend wieder auf meiner Anhöhe über dem Strand sitzend, den Sonnenuntergang bewundern durfte.

KAPITEL 24

Vater Matt von Bidyadanga

ES WAR ERST ZEHN UHR morgens, und schon zeigte das ramponierte Thermometer der Shamrock Station, das im Schatten an einem Baum hing, 39°C an. Ich hatte Broome tags zuvor am Nachmittag auf meinem frisch reparierten Fahrrad verlassen. Vierzig Meilen südlich der Stadt hatte ich gecampt, und am nächsten Tag hatte ich alles daran gesetzt, die alte Viehstation zu erreichen, bevor die Sonne richtig brannte. Das Bike lief wie geschmiert. Diese gefürchtete Ödnis doch noch bezwingen zu können, löste in mir ein Gefühl der Erleichterung aus.

Aber es war auch seltsam. Als ich an diesem Morgen meine Zelte abbrach, erschien mir alles doch nur wie ein weiterer, gewöhnlicher Streckenabschnitt. Bis dahin hatte ich die Etappe zwischen Broome und Port Hedland als einen von ausgebleichten Gerippen gesäumten „Highway to Hell" empfunden. Wenn man die Welt vom Fahrradsattel aus betrachtet, ist der Horizont immer nur ein paar Meilen entfernt. Die Tatsache, dass man 400 Meilen knochentrockene Wüste vor sich hat, verschwimmt zur reinen Abstraktion. Und das ist auch besser so.

Während die Stunden öde verstrichen, in denen der von der Hitze flirrende Horizont unerreichbar wie immer blieb, versuchte ich mir die folgenden „durstigen" Tage vorzustellen. Die Sonne kletterte immer höher an den grell erleuchteten Himmel, die Temperaturen schossen in die Höhe, und ich hatte das Gefühl, in einem Schmelzofen zu sitzen. Den ersten Liter Wasser trank ich nach zehn Meilen, den zweiten nach sechs Meilen, und als ich 60 Meilen weiter die Abzweigung zur Shamrock Station erreicht hatte, brauchte ich alle drei Meilen einen Liter. Eine Minute später hatte ich schon wieder einen solchen Durst, als ob ich eine Woche lang keinen Tropfen Wasser getrunken hätte. Mein Gesicht war rot angelaufen, meine Schläfen pochten, und meine Kehle war so trocken und rissig wie ein Flussbett im Outback.

Die Piste, die zu der Station führte, bestand aus weichem, heißem Sand. Hier konnte ich auf keinen Fall fahren. Ich musste absteigen und schieben. Das Bike rutschte mir immer wieder weg, wobei das Vorderrad durch den nachgebenden Sand schlingerte. Dieser kurze Fußmarsch bis zum Schuppen war der schweißtreibendste und härteste Teil des Vormittags. Als ich auf der staubigen Lichtung angekommen war, hatte ich weiche Knie und Waden aus Gummi. Ein paar Leute von der Station, die rauchend im Schatten eines Wellblechschuppens saßen, blickten zu mir herüber. Ein großer, vierschrötiger Mann in abgewetzten und schweißigen Klamotten kam auf mich zu und stellte sich als Jay Simms vor. Er war der Eigentümer von Shamrock und derjenige, mit dem ich telefoniert hatte. Schon da hatte mich sein Akzent überrascht, und so fragte ich ihn jetzt danach. Es stellte sich heraus, dass er aus New Mexico stammte, wo er einst Vieh gezüchtet hatte. 1968 war er hierher gekommen, weil dies für ihn der „einsamste und entlegenste Ort war, an dem noch Englisch gesprochen wird".

Er lud mich in den angenehm kühlen und dunklen Schuppen ein und deutete auf einen riesigen, eisgekühlten Wasserbehälter auf dem Tisch. „Bedienen Sie sich, es ist genug da." Ich machte meine Tasse von der Satteltasche los und schüttete große Mengen Wassers in mich hinein. Es schmeckte kalt und köstlich und brannte so richtig schön in meiner Kehle. Ich hätte vor Freude beinahe geweint. Ich trank noch mehr davon und befeuchtete mein Stirnband, um meinen Kopf zu kühlen. Dann ließ ich mich auf die raue Holzbank fallen und blickte hinaus in die flimmernde Hitze, in der die Fliegen brummten.

Einen Augenblick später kam Jay zurück, setzte sich an einen klobigen Tisch und machte Berechnungen in einer zerlesenen Kladde. Er stammte aus einer Viehzüchterfamilie, die seit den Zeiten von Billy the Kid und der amerikanischen Weidelandkriege in den 80er Jahren des 19. Jahrhunderts im Geschäft war. Doch hier in der Great Sandy Desert zählte er nicht Vieh, sondern Wassermelonen. Jay hatte auf seinem Grundstück eine Wasserader entdeckt. Mit großem Einfallsreichtum, der typisch für das Outback ist, hatte er sein Glück gesucht und in der Wüste Gemüse angebaut. Zur Bewässerung versah er die Furchen mit Plastikschläuchen. Es funktionierte. „Es ist wie bei der Hydrokultur", erläuterte er. „Der Sand hält nur die Wurzeln, während wir Dünger und Wasser zugeben."

Täglich hielt hier ein Roadtrain an, um eine Ladung Wassermelonen oder Süßkartoffeln für Perth abzuholen. „Wir sind die einsamsten Gemüsebauern der Welt", prahlte Jay. „Wir sind die Ersten in Australien, die ihre Wassermelonen ernten können, und um Weihnachten herum haben wir den Markt von Perth mit unseren Produkten quasi in der Hand. Ich besitze auch noch Vieh, aber das hier ist leichter verdientes Geld und macht außerdem mehr Spaß. Bis jetzt hat mich noch nie eine Wassermelone in Stich gelassen."

Jays Partner im Gemüsegeschäft war ein katholischer Laienmissionar namens Danny Fyffe, der ein paar Jahre zuvor aus Melbourne kam, um in der Aboriginal-Gemeinde Bidyadanga zu arbeiten. „Ein interessanter Ort", erzählte mir Fyffe. „Ich kenne den Missionar dort. Wenn Sie wollen, rufe ich Vater Matt an und frage, ob er Sie ein paar Tage aufnehmen kann."

Vater Matt und die Ältesten der Gemeinde waren einverstanden. Mit dem Pater verabredete ich mich bei Sonnenuntergang an der Abzweigung nach Bidyadanga, rund zwölf Meilen von hier.

Vater Matt – für das Volk der Karrajarri ein Japulu, eine Art „geistiger Führer" – war ein strohblonder, athletisch gebauter Mann Anfang Dreißig, der ursprünglich aus New South Wales stammte. Als wir in der Mission ankamen, war es bereits dunkel und die warme tropische Luft voller Insekten. „Möchten Sie wissen, wie abgeschieden es hier wirklich ist?"

Vater Matt lachte und nahm mich in sein Arbeitszimmer mit. Er zeigte auf ein Foto, das ihn zusammen mit Papst Johannes Paul II. während dessen Besuches in Sydney zeigt. „Ein paar von den Jungs hier haben das gesehen und wollten wissen, wer der Typ ist, mit dem der Japulu spricht."

Zum Abendessen gab es Pasta, und wir tranken Tee dazu. Greg, ein alter Schulfreund von Matt, war auch da. Nachdem er seinen Job in den Goldminen in Kalgoorlie aufgegeben hatte, schaute er für ein paar Wochen vorbei. Matt und er hatten die Mission gemeinsam auf die kommende Zeit der Wirbelstürme vorbereitet. Sie hatten die losen Wellblechdächer befestigt, die Fenster mit Brettern vernagelt und alles aufgesammelt, was bei 150 Meilen schnellen Windstößen gefährliche Geschosse werden könnten.

Auf der gegenüberliegenden Seite des Missionsgeländes standen mehrere provisorische Hütten, die jeweils ein Bett, eine Kommode und eine laute, aber funktionstüchtige Klimaanlage besaßen. Für Greg und mich stand je eine dieser Hütten zur Verfügung. Bis Mitternacht redeten wir über Gott und die Welt: über das Radfahren, über Wirbelstürme sowie über Gregs Arbeit in den Goldminen und die Zeiten, in denen die Farmer und Viehzüchter zu den wohlhabendsten Bürgern Australiens zählten. Als es Zeit war, ins Bett zu gehen, gab mir Matt eine Taschenlampe. „Nimm sie überall hin mit. Hier gibt es unglaublich viele Giftschlangen. Ich hatte sogar schon ein paar auf meiner Veranda. Man sollte nicht unbedingt auf sie drauftreten."

„Verzeihung, Vater, aber bevor ich gehe: Bin ich im Zustand der Gnade?"

Er lachte. „Du bist im Staate Westaustralien."

Ich tastete mich mit größter Vorsicht voran, als ob ich durch ein Minenfeld gehen würde – übrigens kein schlechter Vergleich, soweit es die Vipern angeht. Klein und scheu liegen sie halb verborgen im Sand, die Schwanzspitze hin und her schlängelnd, sodass Vögel sie für einen Wurm halten. Man kann direkt neben einer Viper auftreten, und sie wird keinen Muskel rühren. Aber wenn man auf sie drauftritt, explodiert sie wie eine Tretmine. Ein Viehhüter hat mir einmal erzählt, dass diese Tiere nicht in Knöchelhöhe zubeißen, wie man es vielleicht erwarten würde, sondern viel höher in den Oberschenkel. Ich erreichte problemlos die Hütte, ohne eine Viper gesehen zu haben, dafür aber einen giftigen Tausendfüßler, was mich nicht unbedingt beruhigte. Dann schaltete ich die Klimaanlage ein, dankbar für des Glückes Geschick, das mich hierher brachte, statt irgendwo im Busch in meinem Zelt zu schmoren.

Am nächsten Morgen nach dem Frühstück nahm mich Matt mit, um die Führer der Gemeinde kennen zu lernen. Wir saßen auf der Veranda von John Hopigas Haus. Er war ein drahtiger Mann über Vierzig – womit er, traurig aber wahr, bei den Aborigines schon zu den Alten gehörte. John hatte wache Augen, einen guten Sinn für Humor und wirkte äußerst aufgeschlossen. Er zählte alle heiligen Orte in der Nähe auf – zumeist Bäume oder Felsen –, die ich nicht betreten durfte (manche davon durfte nicht mal er selbst besuchen). Er forderte mich auf, ihn jederzeit zu fragen, wenn ich irgendwelche Zweifel hätte.

Ich mochte die Aborigines. Es war schön, unter Menschen zu sein, die sofort intuitiv verstanden, was ich mit meiner langen Reise rund um Australien bezweckte. Kein einziger Aborigine nannte es je unüberlegt, allein auf einem Fahrrad durchs Outback zu fahren, oder hielt kluge Reden darüber, wie groß die Entfernungen seien, wie heiß es werden könnte oder wie groß und aggressiv die Roadtrains seien. Sie hielten es für eine feine Sache, wenn jemand mehrere Monate lang durch das Land wanderte. Ob zu Fuß oder mit dem Rad, das war egal. Was für sie zählte, war meine Sympathie für das Land. Wie sehr unterschied sich das doch von dem Australien der Weißen, wo die Leute es stets für ihre gottbefohlene Pflicht hielten, mich darauf hinzuweisen, wie stur und bescheuert ich doch sei, wenn ich auf einem Fahrrad durch das Outback reiste. Unabwendbar fiel dann in neunmalkluger Überheblichkeit der Satz: „Es ist ein großes Land.“ Als ob ich das nach viermonatiger Reise noch nicht selber bemerkt hätte. Keiner dieser Unkenrufer hat mich je gefragt, wie ich mich vorbereitet habe oder wie viel Wasser ich bei mir hatte, noch hätte einer von ihnen eine vernünftige Antwort darauf haben wollen.

Kein Aborigine hat jemals Geld für Wasser verlangt, wie mir das in einigen Roadhauses passiert ist. Wenn ein Wagen voller Aborigines an mir vorbeikam, hielt er unweigerlich, und man hielt ein Schwätzchen und fragte, ob ich meine Wasserflaschen auffüllen wollte. Es war ein sozialer Akt. Meist tobten die Kinder derweil im Busch herum, glücklich darüber, der Enge des Rücksitzes oder der Ladefläche für einem Moment entkommen zu sein. Die Eltern erzählten mir etwas über den Landstrich, durch den ich gerade fuhr, ich erzählte von Orten, an denen ich schon gewesen war, und wir lachten ein wenig zusammen. Niemand hatte es besonders eilig, irgendwohin zu gelangen oder irgendetwas zu erledigen.

Während ich weiter langsam durch ihr uraltes Land radelte und jede Nacht unter dem unendlichen Sternenhimmel schlief, hatte ich es schätzen gelernt, mit welcher Gelassenheit die Aborigines mit ihrer Zeit umgingen. Es ist wahrscheinlich der gravierendste Unterschied zwischen unseren beiden Kulturen. Die meisten von uns versuchen ihr Leben lang mit dem Ticken der Uhr Schritt zu halten, vermerken Termine und Fristen im Kalender, und sind ständig bemüht, diese einzuhalten. Wir geben Vermögen für Filofaxes aus, entwickeln immer schnellere Computerchips und verschleudern Milliarden zur Lösung des Jahr-2000-Problems.

Die Aborigines leben schon seit langer Zeit nach Albert Einsteins Theorem: Alle Zeit ist jetzt. Die Unwiderlegbarkeit dieser Alltagsphilosophie bringt Menschen, die nach der Uhr leben, zur Raserei. Na ja, wenn es darum geht, ein Geschäft zu führen, dann ist dies ja nicht unbedingt unpraktisch. Doch je länger ich durch den Outback reiste und meine Tage nach der Sonne und den Sternen ausrichtete, umso mehr genoss ich die Zufälligkeit des Augenblicks.

Was meine Anwesenheit in Bidyadanga anging, so betrachteten mich die Einheimischen mit einer Mischung aus Neugier und gut gelaunter Toleranz. Wenn er der Freund des Japulu war, musste er wohl in Ordnung sein. Der Ort selbst bestand aus einer Anhäufung von hässlichen Häusern und Wellblechhütten und lag unweit der La Grange Bay, wo die Great Sandy Desert urplötzlich am Indischen Ozean endet. Ungefähr 600 Menschen aus den verschiedenen Klans leben hier zusammen. Ein Ort der Geselligkeit, mit bellenden Hunden, schrottreifen Autos, Gelächter und auch Streit. Das Leben findet hier im Freien statt, im Schatten der Mangobäume oder in den staubigen Vorgärten. Die Türen stehen weit offen. Betten, Stühle und Tische stehen im Freien. Und im Dämmerlicht flimmert dann der Fernseher. Familie und Freunde sitzen dann zusammen, um einen Film oder ein Football-Spiel zu sehen.

Bei der sonntäglichen Messe hatte ich die Ehre, das Gesangbuch mit einem würdigen Herrn namens John Dodo zu teilen. Mit seinen 86 Jahren war er der Gemeindeälteste und einer der Letzten, der die Karrajarri-Kultur kannte. Er sah mit seinem weisen Gesicht und dem wallenden Bart sehr vornehm aus. Er sprach neben mehreren Aborigine-Sprachen auch Englisch und Latein, das er vor langer Zeit von Missionaren gelernt hatte. Die Messe wurde in seiner Muttersprache, Karrajarri, abgehalten, einer weichen, melodiösen Sprache, die mich ans Italienische erinnerte. Viele waren gekommen. Deckenventilatoren drehten sich, Hunde trotteten herein, um sich auf den kühlen Betonboden zu legen, und Kleinkinder spielten auf dem Schoß ihrer Mutter. Der Altar war kunstvoll mit Perlmutt geschmückt. Mir fiel ein, wie John Hopiga einst erzählte, dass die Aborigines in früheren Zeiten Perlen vor allem als Kuriositäten betrachteten, als Flitterkram, den das Meer als Kinderspielzeug freigibt.

Nach dem Gottesdienst standen John Dodo und ich noch im Kirchhof und unterhielten uns. Er diskutierte gerne über aktuelle Ereignisse oder über Aborigine-Politik im Allgemeinen, aber als wir auf das Verhältnis der Karrajarri zum Land zu sprechen kamen, lenkte er elegant, aber bestimmt das Gespräch wieder auf Belangloses. John Dodo hatte einen subtilen Sinn für Humor. Als ich erzählte, dass mich jeder bislang vor den tödlichen Vipern gewarnt hätte, ich aber noch keine Einzige gesehen hätte, musste er lächeln: „Genau das ist es. Du siehst nie eine."

Neben mir stand Matt, der mit einem älteren Mann namens Joe Roe ein ernstes Gespräch führte. Ein paar Wochen zuvor hatten irgendwelche skrupellose Fossiliensammler in der Nähe von Broome einen gut erhaltenen Fußabdruck eines Stegosaurus gestohlen. Im Schutz der Nacht hatten sie ihn aus dem Felsen gesägt und mitgehen lassen, wahrscheinlich nach Japan oder Nordamerika, wo er ein Vermögen wert war. Joe war wegen des Verlustes krank vor Sorge. Diese besondere Gegend, aus der dieser Fußabdruck entwendet wurde, gehörte zum Traumzeitland seiner Familie. Für Joe war das weder Diebstahl noch eine ärgerliche Unannehmlichkeit, so als wenn einem der Toyota geklaut werden würde. Die Entwendung dieses Stück Felsens und damit das Verschwinden des Fußabdrucks waren ein Sakrileg, eine Zuwiderhandlung gegen die alten Gesetze, die mit kosmischer Vergeltung bestraft werden würde. Joe Roe machte sich die größten

Sorgen, trotz Vater Matts beruhigender Worte, dass es nicht seine Schuld sei. (Ich hoffte, dass denjenigen, der nun den Fußabdruck in seinem Besitz hatte, die Macht des Unglücksdiamanten treffen möge.)

Menschen vom Schlag eines John Dodo oder Joe Roe sind selten. Die Kinder von Bidyadanga schienen auf einer Woge abgekupferter amerikanischer Popkultur zu reiten. Als Ausländer fand ich es sehr irritierend, Aborigine-Teenager, von denen einige noch die Narben alter Initiationsriten zeigten, auf einem Basketballfeld rumhängen zu sehen, ausgerüstet wie ein NBA-Profispieler, mit Nike-Schuhen und Baseballkappe (Aus unerfindlichen Gründen standen die Mädchen mehr auf die Charlotte Hornets, während die Jungs ausnahmslos die Chicago Bulls bevorzugten.) Als sie erfuhren, dass ich Amerikaner bin, überhäuften sie mich mit Fragen wie: „Hey, Mann, kennst du Michael Jordan? Was ist mit Shaquille O'Neal? Warst du mal in Hollywood?" Und meine Lieblingsfrage: „Schon mal mit Pamela Anderson aus gewesen?" („Klar", witzelte ich, „aber es wurde nichts daraus: Sie wollte nur meinen Körper.")

Zum ersten Mal war ich in einer Aborigine-Gemeinde gewesen. Es ist eine Sache, über Armut und die tödliche Alkohol- und Zigarettensucht zu lesen, der so viele Ureinwohner des australischen Kontinents zum Opfer fallen. Man hat schon ein eigenartiges Gefühl, wenn man in einem abgelegenen Winkel des Outback über einen verwahrlosten Friedhof geht und auf halb verfallenen Betonkreuzen die Namen von jung Verstorbenen lesen muss.

KAPITEL 25

„I love a Sunburnt Station"

ICH VERBRACHTE VIER TAGE in Bidyadanga. Am fünften Morgen brach ich auf, mit einem Lunchpaket im Gepäck, das aus Käse-Senf-Sandwiches und kühlem, frischem Wasser bestand. Weit würde diese Etappe nicht sein, nur rund 40 Meilen bis zur Shelamar Station. Shelamar war nicht auf meiner Karte verzeichnet. Ich hatte auch erst davon gehört, als ein paar Tage zuvor Jack und Jean Elezovich bei Vater Matt zum Abendessen waren (Hier draußen betrachtet man sich bereits als Nachbar, selbst wenn 40 Meilen Buschland zwischen den einzelnen Häusern liegen.) Die Elezovichs luden mich auf meinem Weg nach Süden zu Rindfleisch und Süßkartoffeln ein.

Ich war froh darüber, dass ich ein Nahziel hatte. Der Highway war totenstill, und die Hitze tanzte flimmernd am Horizont. Beiderseits der Straße erstreckte sich ebenes und staubiges Buschland, so weit das Auge reichte. Nichts regte sich, nicht einmal Vögel. Einmal überholte mich ein Auto, ein verbeulter Holden-Zweitonner voll mit Aborigines aus Bidyadanga, die auf dem Weg nach Port Hedland waren, um dort in der Nähe Verwandte zu besuchen. Sie hupten und winkten, ich schüttelte den Kopf, um anzuzeigen, dass ich kein Wasser brauchte, und so fuhren sie vorbei. Das Geräusch der Autoreifen auf dem heißen Asphalt verhallte in der Ferne. Das einzige Geräusch, was danach noch zu hören war, war das rhythmische Quietschen meiner Kette, die dringend neu gefettet werden musste. Als ich zehn Meilen weiter zum Trinken anhielt, stellte ich fest, dass meine Wasserflaschen sich bereits wieder erwärmten. Gegen Nachmittag blies mir Gegenwind wie heiße Föhnluft ins Gesicht und bremste mein Tempo auf Schrittgeschwindigkeit.

Von einer Anhöhe aus entdeckte ich das Haus, das in der Hitze flimmerte. In der Ebene sah ich es wiederum nicht mehr, und nach weiteren monotonen Meilen war ich mir sicher, dass ich an der Abzweigung vorbeigefahren war. Doch dann erspähte ich einen winzigen schwarzen Punkt vor mir, wahrscheinlich ein Postkasten. Ich überlegte, ob ich den noch vor wenigen Monaten, mit meinen vom Computerbildschirm gestressten Augen, überhaupt erkannt hätte. Es war tatsächlich ein Postkasten, und auf dem Schild daneben stand „Shelamar".

Das Haus war rund eine Meile von der Abzweigung entfernt, und erneut musste ich mein Rad durch tiefen, heißen Sand schieben. Auf dem Weg dorthin kam mir ein Roadtrain entgegen, eine Riesenwolke roten Staub hinter sich aufwirbelnd. Die Elezovichs – die als Erste eine unterirdische Wasserquelle in der Great Sandy Desert gefunden hatten – verschickten nun täglich selbst gezogene Süßkartoffeln und Wassermelonen nach Perth.

Jack und Jean hatten ihre Quelle genutzt, um das Grundstück ein wenig zu verschönern. Vor dem Haus erstreckte sich eine kleine, gepflegte Rasenfläche, durchsetzt von Beeten mit Madagaskarveilchen. Hinter dem Haus glitzerte ein Swimmingpool in der Sonne. Es war ein seltsames Gefühl, neben dem Pool zu stehen oder am Rand der Melonenplantage entlangzugehen, und dahinter auf dornigen Busch, Spinifex und rötlichen Wüstensand zu blicken. Ein Szenerie, die bis zum Horizont reichte.

Ich blieb ein paar Tage in Shelamar, half draußen im Schuppen, sortierte Süßkartoffeln und packte sie auf Paletten, die der Roadtrain morgens abholte. Wir waren zu fünft: Jack und Jean, ihre beiden Hilfskräfte Greg und Mark und ich. Der Tag begann für uns kurz nach fünf Uhr mit einem

Frühstück aus Eintopf, Bratkartoffeln mit Zwiebeln, Kaffee und Brot und endete nach Sonnenuntergang mit ein paar eiskalten Bieren. Jack hatte den überwiegenden Teil seines über 50-jährigen Lebens als Viehzüchter in der Kimberley-Region verbracht, doch aufgewachsen war er auf einer Farm im Swan Valley unweit von Perth. Die Landwirtschaft lag ihm im Blut, und als er Wasser auf seinem Grundstück entdeckte, begann er voller Begeisterung den sandigen Boden zu bebauen.

Jacks Familie stammte von einer kleinen Insel vor der dalmatinischen Küste und war 1921 nach Australien ausgewandert. Gern erzählte er die Geschichte, als sein Vater vor einigen Jahren die alte Heimat besuchte. Wie viele, die von zu Hause weggehen, nutzte Jacks Vater die Gelegenheit, um ein bisschen anzugeben und wie gut doch seine Kinder geraten seien. Ein wenig Übertreibung in dieser Hinsicht wurde toleriert, ja sogar erwartet. Doch als der alte Mann erzählte, dass sein Sohn in Australien eine Viehranch besaß, die mit 200 000 Hektar größer war als ihre ganze Insel, kam Unruhe in das kleine Familientreffen. Schließlich schüttelte ein Onkel den Kopf und beendete die Stille: „Wir hätten nie gedacht, dass du uns anlügen würdest".

Jetzt, im fortgeschrittenen Alter, dachte Jack daran aufzuhören. Shelamar stand zum Verkauf. Er träumte davon, einen Wohnwagen zu kaufen und in Australien herumzuziehen, einfach nur zu leben und sich durch Obstpflücken ein bisschen was dazuzuverdienen. „Mein Traum ist es, einen Ort zu finden, wo ich Kirschen pflücken kann. Das wäre toll: Ich könnte den ganzen Tag Kirschen pflücken und so viele essen, wie ich mag. Das würde mir genügen."

Eines Abends kam John Stoate zum Essen vorbei. Er war Geschäftsführer und Teilhaber der abgelegenen 400 000-Hektar-Ranch Anna Plains etwas weiter im Süden. Stoate, ein leise sprechender Mann über Fünfzig, war ein Viehzüchter der alten Schule. Er strahlte eine würdevolle Zurückhaltung aus, die die Leute dazu barchte, ihre besten Umgangsformen zu zeigen. Er lud mich nach Anna Plains ein: „Sagen Sie mir, wann Sie an der Einfahrt sind, und ich schicke jemanden, der Sie abholt."

Ein paar Tage später brach ich auf, ausgestattet mit einem Lunchpaket von Jean: gepökeltes Rindfleisch, eingelegtes Gemüse und selbst gebackenes Brot. Zwanzig Meilen weiter erreichte ich das Tor von Anna Plains.

Geoffrey Klunder, der Windmühlenbetreiber der Station, wartete bereits. Er war ein sonnengebräunter, wortkarger Mann über Fünfzig – hohe Wangenknochen, fester Händedruck – und war früher für die Logistik bei der Erforschung von Erdöllagerstätten in der Wüste verantwortlich gewesen.

Der Windmühlenmann ist eine Schlüsselfigur auf einer großen Outback-Farm. Auf den 400 000 Hektar von Anna Plains lebten 20 000 Stück Brahman-Vieh zwischen Pindan[8], Büffelgras, Spinifex und Dünen, die Wasser zum Überleben brauchten. Unzählige Brunnen, Tanks, Pumpen und Tröge mussten regelmäßig gewartet werden, ganz zu schweigen von dem 600 Meilen langen Zaun, den man regelmäßig abzufahren hatte. Hier draußen der Windmühlenmann zu sein, bedeutete, mit einem altersschwachen Allradwagen 300 Meilen weit, zumeist über tiefe, sandige Pisten, einsam und öde im Kreis zu fahren. Geoff musste das jeden zweiten Tag tun. Er hielt nur an, um Reparaturen zu erledigen oder die Herden zu inspizieren. Dutzende von Brunnen verteilten sich auf dem Anwesen. Um sie besser auseinander zu halten, hatte man ihnen Namen gegeben, wie Top Tank, Curly, Bluey und McPhee. „Früher wurde das alles zu Pferd gemacht", erzählte Geoff. „Die Cowboys lebten einsam in Lagern und sahen oft wochenlang keine Menschenseele."

Dieses Leben muss die Hölle gewesen sein. Einsamkeit und Hitze hier draußen waren bar jeder Beschreibung, selbst für jemanden, der von Sydney bis hierher geradelt war. Ich konnte mir gar nicht vorstellen, welche Temperaturen hier überhaupt erreicht wurden. Manchmal erblickte ich Luftspiegelungen am fernen Horizont und dachte eine kleine Stadt zu sehen: eine eigenartige Reihe hoher, schmaler Gebäude in Schwarz, Weiß und Braun. Während wir über das karge Land fuhren, verschwanden diese „Häuser" immer wieder, bis ich irgendwann entschied, dass es etwas anderes sein musste, vielleicht die Schüsselantennen einer entlegenen Telekommunikationsstation. Doch als wir näher herankamen, entpuppten sich die schimmernden Objekte plötzlich als das, was sie in Wirklichkeit waren: hageres Vieh, das nur aus Rippen und Schulterblättern zu bestehen

[8] Pindan ist ein Aborigine-Wort und bedeutet so viel wie „wildes, trockenes, wasserloses Land". Der rote fruchtbare Boden der Kimberleys und die Grasart werden gleichermaßen so bezeichnet.

schien. Die Tiere hatten sich im Staub um eine Southern-Cross-Windmühle geschart, die in der Wüstenhitze rhythmisch knarrte. Nachdem sich der Staub gesetzt hatte, stiegen wir aus dem Truck und inspizierten die Windmühle, die Pumpen und den Wasserstand im Trog. Dann ging es zurück in den Wagen, auf den Weg zum nächsten Wasserloch.

Spätnachmittags, auf dem Heimweg zum Anwesen, schlug Geoff einen Umweg ein, um mir die Ruinen von Telgarno zu zeigen. Die britische Regierung hatte 1959, in der Hochphase des Kalten Krieges, diese streng geheime Station errichtet, im Rahmen des Testprogramms ihrer Blue streak-Interkontinentalraketen. Ziel war es gewesen, den Flugkörper von der Raketenbasis im südaustralischen Woomera aus 2200 Meilen weit über die einsamsten Wüstengebiete des Kontinents zu schicken, bis er direkt vor der Küste Westaustraliens in den Indischen Ozean stürzen würde.

Doch das Projekt wurde aufgegeben, und die so sorgfältig verborgene Station wurde nie in Betrieb genommen. Einige der Gebäude von Telgarno waren abgerissen worden, andere hatte man den zerstörischen Kräften der tropischen Sonne und des Monsuns überlassen. Heute bilden sie ein regelrechtes Albtraumszenario: schaurige, überwucherte Betonbauten mit schweren Sicherheitstüren und verrostetem Stacheldrahtverhau. Im Innern war es feucht, und in den dunklen Ecken warteten große grüne Frösche geduldig auf den Beginn der Regenzeit.

Abends traf sich ein halbes Dutzend Cowboys, hier Ringer[9] genannt, die auf Anna Plains arbeiteten, gewöhnlich in der „Leisure Bar", einem Sammelsurium aus alten Gartenmöbeln, die in der Nähe der provisorischen Schlafhütten stand. Die Ringer waren klein, hart und schlank. Männer vom Lande, Anfang, Mitte Zwanzig, die bereits seit ihrem zwölften oder vierzehnten Lebensjahr an das raue Leben und die harte Arbeit gewöhnt waren. Sie arbeiteten viele Stunden in Gefahr und Einsamkeit. Alle sechs Wochen verbrachten sie ein Wochenende in der Stadt.

Das Outback ist eine erstaunlich kleine Welt, die ständig in Bewegung ist. Bei der Unterhaltung stellte sich heraus, dass wir ein paar gemeinsame Bekannte hatten oder zumindest die selben Leute getroffen

[9] Von to ring: Vieh umkreisen, zusammentreiben

hatten: Viehzüchter, Ringer, Gastwirte oder Scherer. Einer der Jungs, Conrad, hatte einmal als Scherer für die Macintoshs in Fairfield gearbeitet. Ein paar schimpften über den übel gelaunten Wirt in Currabubula. Ein anderer Typ kannte Sherry Vincent, die Mauerkünstlerin, die ich im Atherton Tableland kennen gelernt hatte. Er hatte sie seit vielen Jahren nicht gesehen und war neugierig, wie es ihr ging. Ich überbrachte ihm meine Neuigkeiten.

Der Koch war ein empfindlicher Neuseeländer namens Peter, der nicht gestört werden wollte, bis er uns mit seiner Triangel zum Essen rief. In der von Wellblech überdachten Kantine befanden sich mehrere lange Holzbänke. Zur Ausstattung gehörte ein Fernseher, der hoch oben auf einem Holzregal stand. Die Mahlzeiten bestanden immer aus Fleisch: Steaks, Roastbeef, Würstchen, Huhn. Danach sahen sich einige der Jungs einen alten Kriegsfilm im Fernsehen an. Conrad und Yuppie schlenderten rüber zu einem Pferch, wo sie mit einem schreckhaften jungen Fohlen namens Mustang ihre Späße trieben. Die Dämmerung setzte ein. Aus der Ferne waren Kühe zu hören, und die Grillen begannen zu zirpen.

Ich blieb drei Tage in Anna Plains. Meist fuhr ich auf den Kontrollrunden mit, sodass ich viel vom Gelände zu sehen bekam. Weil ich stets Beifahrer war, musste ich zahllose Tore öffnen. Nach einem warmen, fleischhaltigen Frühstück in der Kantine machten wir uns im Morgengrauen fertig, füllten die Wasserbehälter auf und packten sämtliche Werkzeuge und Ersatzteile ein, die Geoff möglicherweise für Reparaturen brauchen würde. Es gab keine Chance, zwischendurch zum Anwesen zurückzufahren, denn einige der Brunnen lagen 80 Meilen entfernt. Die Tage waren heiß und staubig und immer wieder trafen wir auf Rinder, die sich um Windmühlen scharten. Manchmal sahen wir wilde Kamele durch den Busch traben.

Im Westen grenzte Anna Plains an den Indischen Ozean. Einmal fuhren wir bis zum Strand – es war der längste und einsamste, den ich je gesehen habe. Neunzig Meilen weißen Sandes, nahezu ohne Spuren, abgesehen von denen der Meeresschildkröten, die dort ihre Eier vergruben. Ein anderes Mal fuhren wir zu einem felsigen Vorgebirge namens Mount Phire. Nach einer steilen und kurvenreichen Fahrt blickten wir auf die beängstigende Weite der Great Sandy Desert, in der sich rote Dünen und Spinifex-Büsche abhoben. Ganz hinten am Horiont entdeckten wir einen winzigen Punkt; wahrscheinlich Conrad und Yuppie, die auf dem Weg zum nächsten Zaun waren.

Meinen letzten Abend in Anna Plains verbrachte ich mit John Stoate, bei einer guten Flasche Rotwein, etwas Portwein sowie Kaffee und Schokolade. Mit seiner gelassenen Würde, seiner unverblümten Art und ernsten, väterlichen Autorität erinnerte mich Stoates immer an Ben Cartwright aus Bonanza. Er vermittelte den Eindruck, als habe er jeden Quadratzentimeter Land von Anna Plains voll unter Kontrolle. Er war schon sein Leben lang Viehhüter. Was er nicht über Rinder wusste, musste man auch nicht wissen. Wie viele australische Viehzüchter der alten Schule kannte er sich indessen nicht nur mit Tieren aus. Stoate war verwitwet, doch als seine Frau noch lebte, war er mit ihr um die Welt gereist. Er sprach über guten Wein, die Lebensphilosophie von Plato und erzählte begeistert über die Architektur der Kathedrale in der Adriastadt Split.

Als wir auf Musik zu sprechen kamen – vor allem Swingjazz –, kam er richtig in Fahrt und zog eine Platte nach der anderen hervor: „Das musst du dir noch anhören!" Benny Goodman, Glenn Miller, „March of the Bob Cats" und „Big Noise from Winnetka". Bis spät in die Nacht hörten wir alte Platten und tranken Portwein. Als ich irgendwann heim in meine Hütte ging, über mir den leuchtenden Sternenhimmel, musste ich lachen bei dem Gedanken, wie sehr ich mich vor der Great Sandy Desert gefürchtet hatte.

Es war für eine ganze Weile das letzte Mal, das ich etwas zu lachen hatte. Am nächsten Morgen brach ich nach Port Hedland auf, was 200 Meilen Fahrt durch die Wüste bedeutete. Yuppie machte an diesem Tag die Kontrolltour. Er nahm mich bis zum Sandfire Flat Roadhouse mit, das am Südtor des Anwesens lag.

Kurz nach acht fuhr ich am Sandfire Flat los. „Big Noise from Winnetka" pfeifend, schwenkte ich auf den leeren Highway ein. Ich hatte ganz vergessen, wie schnell die Sonne hier am Himmel steht und erbarmungslos herunterbrennt, wenn man mit den Fahrrad unterwegs ist. Vor fast zwei Wochen war ich in Broome losgefahren. Die größte Gefahr, die mir bis jetzt in der Great Sandy Desert gedroht hatte, war ein erhöhter Cholesterinspiegel vom guten Essen gewesen. Am Abend zuvor hatte ich mit John noch darüber gescherzt, dass ich im Hochsommer eine der unwirtlichsten Wüsten Australiens auf einer Radtour durchquerte, und dabei auch noch zugenommen habe.

Den Witz hatte ich schnell vergessen, während ich eine Meile nach der anderen abspulte und die Sonne immer höher stieg. Auch „Big Noise from Winnetka" hatte ich nicht mehr im Ohr, stattdessen den „Amboss-Chor", aber nicht die groovige Glenn-Miller-Version, die John mir vorgespielt hatte, sondern die schweißtreibende Schlosservariante, die Verdi komponierte. Ein nervtötender heißer Südwestwind bremste mein Tempo. In einem niedrigeren Gang strampelte ich weiter. Meine Beine waren wie Gummi. Meine Kehle brannte.

Die Hitze war ein Wahnsinn. Alle drei Meilen schüttete ich einen Liter Wasser in mich hinein. Das war zu oft, ich wäre längst vertrocknet, bis ich das Pardoo Roadhouse in 85 Meilen Entfernung erreicht hätte. Ich erklomm eine kleine von Buschwerk überwachsene Anhöhe und blickte nach vorn: Die kerzengerade Straße vor mir schien in der flimmernden Hitze zu flattern, wie zahllose hintereinander stehende schwarze Fähnchen. Es war, als ob fünf oder sechs Geisterstraßen übereinander liegen würden. Ich war auf dem „Highway to Hell".

Ich fuhr an den Straßenrand und entdeckte einen winzigen schattigen Flecken, neben einem Spinifexbusch. Da war ein Ameisenhaufen, aber es war so unerträglich heiß, dass sich sogar die Ameisen den Nachmittag frei genommen hatten. Ich schlief ein und wachte Stunden später wieder auf, als der tägliche Bus von Broome nach Port Hedland vorbeirauschte. Ich rieb mir die Augen und blickte mich um. Das Licht war jetzt viel weicher; die Hitze hatte nachgegeben. Das Flimmern über dem Highway war mittlerweile verschwunden. Ich öffnete eine weitere Flasche Wasser und packte die Sandwiches aus, die Peter heute Morgen für mich gemacht hatte. Eine halbe Stunde später fuhr ich gestärkt weiter, auf den Lippen „Big Noise from Winnetka".

KAPITEL 26

Todesmarsch zum DeGrey River

KURZ VOR SECHS UHR morgens erreichte ich das Pardoo Roadhouse, nachdem ich die Nacht ein paar Meilen östlich davon im Busch verbracht hatte. Das Rasthaus lag totenstill da. Riesige alte Minenlastzüge aus der verlassenen Eisenmine von Goldsworthy rosteten, von Unkraut überwuchert, in der Sonne vor sich hin. Ein Schild am Tor – „Achtung Wachhunde" – warnte potenzielle Eindringlinge, aber der Zaun war kaputt. Vielleicht waren die Hunde abgehauen. Ich wünschte ihnen alles Gute.

Das Roadhouse öffnete um sechs. Ich kaufte Fleischpastete und Kaffee und hing ein wenig drinnen herum, dankbar, den Fliegen zu entkommen. Weit wollte ich an diesem Morgen nicht mehr. In Anna Plains hatte ich gehört, dass der DeGrey River – rund 40 Meilen weiter – Wasser führte. Wenn die Hitze am schlimmsten war, würde ich dort Halt machen. Da müssten auch Schatten spendende Bäume und Wasser sein. Und so bummelte ich bis gegen halb neun im Roadhouse herum.

Ein großer Fehler. Die 40 Meilen zum DeGrey River waren ein Albtraum.

Als ich in Pardoo losfuhr, herrschten 41°C im Schatten, und die Sonne stand ja noch nicht einmal in ihrem Zenit. Wind kam auf, der mich auf Schritttempo abbremste. Wenn er kurz nachließ, raubte mir die Hitze, die vom Asphalt aufstieg, den Atem. Ich war frustriert. Sauer auf den Wind und auf mich selbst, weil ich so spät erst losgefahren war. Nirgends auch nur der Hauch einer Hoffnung auf Erleichterung, meilenweit nichts als stiller Wüstenbusch und stechende Hitze.

Ich hätte einfach Feierabend machen und Schutz im Busch suchen sollen, aber irgendwie ließ mich das wahnsinnige Verlangen, den DeGrey zu erreichen und von seinem Wasser zu trinken, nicht mehr los. Auf den letzten Meilen hielt ich Selbstgespräche, während ich mich dem heißen Wind entgegenstemmte. Als der Fluss endlich vor mir auftauchte, quollen mir beinahe Tränen der Erleichterung in die trüben Augen.

Im Busch gibt es wenige Flüsse, die diese Bezeichnung auch nach nichtaustralischem Maßstab verdienen, und der DeGrey bildete da keine Ausnahme. Er war eine Ansammlung schlammiger Wasserlöcher in einem trockenen, aufgerissenen und sandigen Flussbett. Im Grunde bestand er nur mehr aus Pfützen der letzten Regenzeit, die noch nicht ausgetrocknet waren. Es war mir egal. Ich ließ mein Fahrrad zur Seite fallen, kickte meine Schuhe weg und stolperte wie wahnsinnig auf den größten Tümpel zu.

Der nächste große Fehler. Der Sand war heiß wie eine Ofenplatte, und meine Füße glühten, als ich jammernd und fluchend ins Wasser sprang.

Aber dann ...ahhh. Das Wasser war knietief, stinkend und lauwarm wie aus einer Pensionsdusche. Mit einem Wort: herrlich. Dankbar fiel ich auf die Knie. Dann wälzte ich mich auf den Rücken, glotzte wie ein sterbender Fisch in den makellos blauen Himmel und spritzte mir gelegentlich Wasser ins Gesicht und an die Schläfen. Ich vertrödelte den ganzen Rest den Tages an diesem Fluss, döste im Schatten der Eukalyptusbäume, die am Ufer wuchsen, oder las *Great Australien Loneliness* von Ernestine Hill.

Regelmäßig warf ich mich in den Schlammpfuhl – dann allerdings mit Sandalen an den Füßen – und schaltete meinen Wasserreiniger ein, um meine Flaschen aufzufüllen.

Als die Sonne unter einen bestimmten Zweig gesunken war, brach ich wieder auf. Dreizehn Meilen weiter schlug ich mein Nachtlager auf, und am nächsten Morgen vor Sonnenaufgang war ich bereits wieder auf der Straße.

Mit einer Staubkruste überzogen, erreichte ich kurz nach acht den Stadtrand von Port Hedland. Meinen heiß ersehnten kühlen Drink musste ich noch ein wenig verschieben, weil mir ein ewig langer Güterzug dazwischenkam, der, mit Zehntausenden Tonnen Eisenerz beladen, durch die Wüste donnerte. Als er endlich vorbeigefahren war, schwang ich mich wieder in den Sattel und blickte über die dröge Landschaft aus Felsen, Hochspannungsleitungen und gleißenden Industrieanlagen. Es mag nicht sonderlich hübsch gewesen sein, aber nach der Durchquerung der Great Sandy Desert erschien mir dieser Ausblick wundervoll.

KAPITEL 27

Shagsie und die Python

PORT HEDLAND IST NICHT HÜBSCH. Als der englische Freibeuter und Entdecker William Dampier 1688 an dieser Küste entlangsegelte, vermerkte er in seinem Tagebuch, dass dies für ihn „der ödeste Landstrich auf der Welt" wäre. Dasselbe empfanden die holländischen Kaufleute, die im 17. Jahrhundert die westaustralische Küste befuhren und vergeblich nach etwas suchten, mit dem sich Handel treiben ließ.

Keiner von ihnen hätte im Entferntesten geahnt, dass sich unglaubliche Schätze wie Eisenerz, Gold und Kupfer in diesen uralten Gesteinsschichten verbergen, während unter den perlenreichen Gründen der Timor-See Millionen Kubikmeter an Erdgas schlummerten. Sie glaubten nur, was sie sahen. Das hügelige Küstenland, mit seiner feuchten Hitze, das sich aus dem Indischen Ozean erhebt, strahlt eine geradezu apokalyptische Düsterkeit aus. Die riesigen Frachtdocks, die Schwerindustrie, die Bahnanlagen, die Eisenerzsilos und die weißen Salzberge, die in der Morgensonne glitzernd auf den Export warten, verströmten einen Endzeitcharme, wie man es aus dem Film *Mad-Max* kennt.

Es gibt nur einen einzigen Grund, warum jemand hierher kommt, und das ist Geld. Bestenfalls gibt es einen 80-Mille-pro-Jahr-Job mit freier Kost und Logis in einer der großen Eisenminen im Landesinnern oder auf See beim Northwest Shelf Gas Project. Ansonsten gibt es auch gut bezahlte Arbeit bei einem der zahlreichen Auftragnehmer in Port Hedland oder Karratha. Man bleibt ein paar Jahre, bis man genügend Geld zusammen hat, um sich in der Heimat ein Haus zu kaufen oder ein Geschäft zu eröffnen.

Es ist ein Spiel für junge Männer, ein vergewerkschafteter Goldrausch. Ständig schwirren Gerüchte um große Einstellungswellen durch die Pubs. „Hedland ist weg vom Schuss, Kumpel, jetzt ist Karratha dran.“ Dann kommt jemand, der genau das Gegenteil erzählt. Als ich in die Stadt kam, ging gerade das Gerücht um, dass zweihundert Elektriker für das neue Eisenwerk, das östlich von Karratha gebaut wurde, gesucht würden.

Im Ampol Roadhouse nahm ich eine Dusche und bestellte mir einen Hamburger „mit Allem" und eiskalten Orangensaft. Um der Hitze und den Fliegen zu entrinnen, setzte ich mich hinein und blätterte in der Lokalzeitung. Ein Mädchen aus Perth, die sich „Shagsie“ nannte, hatte eine Anzeige aufgegeben, in der sie mitteilte, wann sie durch Port Hedland kommen würde. Ihre Worte, „Treffen wir uns doch im Gecko's!“, waren an alle „Biker und Harley-Fahrer“ gerichtet. So wenige Frauen und so viele einsame 80 000-Dollar-Lohntüten.

Spät nachmittags verließ ich Port Hedland westwärts, in Richtung Karratha, das einige Tage Fahrt entfernt lag. In der relativen Kühle des Abends schaffte ich 35 Meilen. Nachdem der Wind nachgelassen hatte, kam ich mit dem verhältnismäßig hohen Tempo von 13 Meilen pro Stunden voran. Die Milliarden Jahre alte Landschaft hier war wesentlich interessanter als der trockene Busch der Great Sandy Desert: hübsche purpurrote Bergketten und Spinifex-Ebenen, die durch das schräg einfallende goldene Sonnenlicht Tiefe und Textur erhielten. Ich campte am (knochentrockenen) Poverty Creek und beeilte mich, weil ich den Whim Creek Pub erreichen wollte, bevor die Hitze unerträglich wurde.

Als ich gegen elf Uhr ankam, hatte es bereits 43°C im Schatten. Whim Creek streitet sich mit der gleichermaßen heruntergekommenen Marble Bar, die ein paar hundert Meilen östlich liegt, um die zweifelhafte Ehre, Australiens heißester Ort zu sein (Marble Bar steht im *Guiness-Buch der*

Rekorde wegen 163 Tagen in Folge, in denen Temperaturen von über 37°C erreicht wurden, die 1923 gemessen wurden.) Das Pub ist ein verwinkelter zweigeschossiger Fertigbau in Moschusrosa, das um die Jahrhundertwende von England hierher verschifft wurde, als Whim Creek eine boomende Kupferminenstadt war. Heute ist das Pub alles, was übrig geblieben ist.

Ich parkte mein Fahrrad auf der Veranda und trat ein. Es war ein großer Raum mit hoher Decke. Die Wände zierten alte Zeitungsausschnitte, alte Schilder für Bierreklame und Schwarzweißfotos. Deckenventilatoren wälzten die Luft um. Nach der Hitze draußen kam es mir kühl vor, doch das Thermometer neben der Bar zeigte 35,5°C an. Das Klacken von Billardkugeln tönte vom anderen Ende des Raumes, wo ein paar Ringer ein vormittägliches Spielchen machten. Ich bestellte ein Bier und eine Fleischpastete. Beim Essen bemerkte ich ein Polaroidfoto, auf dem eine albtraumhaft große Wüstenpython über die Theke kroch. Darunter stand: „Wenn Sie sie in der Bar sehen, bitte nicht aufregen. Sie ist ein Haustier."

Ich stellte mein Glas ab und blickte mich sorgfältig im Raum um. Zwar habe ich keine Panik vor Schlangen, aber wenn sich eine in der Bar befinden sollte, in der ich gerade bin, dann möchte ich zumindest genau wissen wo. Das Viech auf dem Foto sah aus wie die Wahnvorstellung eines Volltrunkenen: über vier Meter lang und wadendick. Ich schlich zur Theke, und fragte mit heiserer Stimme die Barfrau, ob sie wohl so freundlich wäre zu sagen, wo sich die Schlange aufhalte.

Die Frau schüttelte traurig den Kopf. „Die Gesundheitsbehörde hat von ihr erfahren und angeordnet, dass sie weg muss. Die meinten, wir dürften hier drin keine Tiere halten. Also haben wir sie in die Wüste gefahren und frei gelassen. Ziemlich ungerecht alles. Jeder mochte sie."

„Vielleicht hatten sie Angst, dass sie der Alkohol verdirbt."

Sie dachte einen Augenblick nach, schüttelte dann wieder den Kopf und sagte: „Nein, soweit ich weiß, hat sie nie getrunken. Wir hatten ein Kamel, das oft rein kam. Das hat vielleicht gesoffen! Aber die Schlange ist immer nur über die Theke gekrochen."

„Schätze, das Kamel musste ebenfalls gehen?"

„Jow, das arme Vieh. Wahrscheinlich vermisst es jetzt höllisch sein Bier."

Wir tranken auf abwesende Freunde.

KAPITEL 28

Roadhouse Blues

In Karratha führt die Straße südwärts in Richtung der alten Küstenstadt Carnarvon, hunderte Meilen durch unbekanntes Buschland. Zwischen diesen beiden Städten gibt es nichts außer Wind, Sand, einsamen Roadhouses und einigen Flüssen, die zu dieser Jahreszeit Wasser führen könnten. Hinter Carnarvon verläuft der Highway durch eine dürre Ödnis bis Geraldton. Von dort sind es 300 Meilen durch Buschland bis Perth.

T. S. Eliot ließ in einem Gedicht J. Alfred Prufrock klagen, dass sein Leben mit Kaffeelöffeln abgewogen werden würde. Er hätte ausprobieren sollen, wie das Leben schmeckt, wenn man es mit Roadhouse-Gabeln zu sich nimmt. Diese Rasthäuser stellten die absoluten Höhepunkte meines Wüstendaseins dar. Stimmengewirr, öffentliche Toiletten, Trinkwasser aus dem Wasserhahn, sowie überteuertes und fettiges Essen, das in der Mikrowelle aufgewärmt wird. Ich hatte meine Karte so oft studiert, dass ich die Boxenstopps auswendig konnte: Fortescue River, Nanutarra, Minilya, Wooramel, Overlander und Billabong.

Es gab für mich einen Grund, so schnell wie möglich Kilometer zu machen: der Wirbelsturm „Nicholas". Bei einer Wettervorhersage in Karratha hatte ich davon gehört. Es war ein Sturm der Kategorie Eins, eher ein Winzling, aber er war gerade dabei, sich über dem Indischen Ozean zusammenzubrauen. Hunderte Meilen entfernt, steuerte er auf die australische Küste zu. Broome oder Derby galten als wahrscheinlichste Ziele. Dort herrschte bereits Alarmstufe Rot, wobei vor allem die Bewohner von Derby angehalten worden waren, Lebensmittel, Decken und Medikamente zu horten und sich darauf vorzubereiten, in die Schutzräume zu gehen. Allerdings sind Wirbelstürme ziemlich unberechenbar, es hätte immer noch passieren können, dass „Nicholas" abdreht, also war auch in Karratha Alarmstufe Gelb ausgerufen worden.

Bei dem Gegenwind aber war an schnelles Fortkommen ohnehin nicht zu denken. Auf dieser Straße zu radeln, bedeutete, direkt in die Sonne hineinzufahren. Den ganzen Nachmittag über strampelte ich im kleinsten Gang, den Kopf gesenkt, aus den Augenwinkeln auf das umliegende Buschland lugend. Als ich endlich von der Straße abfuhr, um im Busch nahe des knochentrockenen Devils Creek zu campen, stellte ich fest, dass mich diese stundenlange frustrierende Tortur gerade einmal 20 Meilen weit gebracht und mich dabei die Hälfte meiner Wasservorräte gekostet hatte. Das Fortescue River Roadhouse, die nächste Möglichkeit, Wasser nachzufüllen, war noch 40 Meilen entfernt.

Trotz des sternenübersäten Firmaments über mir war es ein verdrießlicher Abend. Getrocknete Äpfel kauend, saß ich da und sah zu, wie gelegentlich ein Roadtrain durch die Nacht walzte. Es versetzte mir einen Stich, als einer Richtung Süden fuhr: diese Glückspilze. Morgen um diese Zeit wären sie in Perth, dessen Lichter ich erst frühestens in ein paar Wochen sehen würde. Ich dagegen wäre – nun ja, ich würde wieder einmal, nach einem langen Tag im Sattel, im ständigen Kampf gegen Hitze, Gegenwind und Fliegen, auf einem staubigen und trockenen Fleck mein Nachtlager aufschlagen. Der folgende Tag würde wieder so sein, ebenso wie der darauf folgende und so weiter ... Es sei denn, „Nicholas" brächte ein wenig unwillkommenen Wirbel in diesen Trott. Also suchte ich ABC National, den einzigen Sender, den man hier empfangen konnte, um mich auf dem Laufenden zu halten.

Es ging auf ein Uhr nachts zu, und der in Perth stationierte Sender nahm Hörerwünsche entgegen. Die Anrufer schienen aus einer anderen

Welt zu kommen, die fröhlicher und bunter war, einer Welt mit hell erleuchteten Städten voller Restaurants und Samstagabenden im Kino, einer Welt mit Dinnerpartys und Freunden. Dann ertönte die Stimme eines einsamen Mannes in der Leitung; ein Ferngespräch aus dem Overlander Roadhouse. Er hieß Wayne. Der DJ fragte ihn, wie es denn so sei, da draußen. „Mann, stinklangweilig. Außer mir sind hier nur Fliegen. Vielleicht könntet ihr mich ein bisschen aufheitern mit dem „Roadhouse Blues" von den Doors?" Ich musste lachen. Der Song passte einfach perfekt. Ich stellte das Radio lauter, und ein paar ausgelassene Minuten lang verjagte der alte Doors-Titel, mit dem Vers – *Keep your eyes on the road, your hands upon the wheel* – alle Melancholie, wie ein kurzes Leuchtfeuer die dunkle Nacht.

Vielleicht sogar zwei Leuchtfeuer: Irgendwie empfand ich so etwas wie Seelenverwandtschaft mit diesem gelangweilten Typen in dem 400 Meilen entfernten Roadhouse. Ich beschloss, bei ihm vorbeizuschauen, wenn ich dort vorbeikam – also etwa in einer Woche, wenn alles gut ging – und ihm für den Song zu danken.

So wie das Kreuz des Südens jetzt stand, war es gegen vier Uhr, als ich mich in den Sattel schwang. Kurz vor neun kam ich am Fortescue River Roadhouse an. Während ich meine Behälter auffüllte, hörte ich im Radio, dass sich der Wirbelsturm „Nicholas" in ein tropisches Tiefdruckgebiet verwandelt habe, das in Derby und Broome für heftigen Regen sorgte.

So weit die guten Nachrichten.

In der gleichen Meldung hieß es, dass sich ein neuer tropischer Zyklon namens „Ophelia" über den Cocos Islands gebildet habe und mit einer Geschwindigkeit von 110 Meilen pro Stunden auf Karratha zu rase. Die Wetterstation erwartete „Ophelia" in rund 48 Stunden an der Küste.

Ohne Zeit zu verlieren, fuhr ich in der flimmernden Hitze weiter Richtung Nanutarra Roadhouse, das rund 100 Meilen entfernt lag. Es kam mir schon merkwürdig vor, sich über Flutwellen Sorgen zu machen. Regen und Donner schienen ebenso weit entfernt wie der Times Square in New York. Der Himmel war hellblau und wolkenlos, die Sonne ungefähr dreimal so groß wie normal. Der Gegenwind schien aus einem riesigen Föhn zu kommen, der auf höchster Stufe stand. Ich rollte mit erbärmlichen fünf Meilen die Stunde durch den Outback. Der Horizont rückte keinen Millimeter näher.

Ich wünschte, ich könnte behaupten, dass ich diese langen, leeren Stunden mit noblen Selbstbetrachtungen verbrachte, doch das Outback hatte mir so etwas schon längst ausgetrieben. Vielmehr vertrieb ich mir die Zeit, indem ich versuchte, mich an alte Songtexte zu erinnern, von Cole Porter bis Heavymetal („I get no kick from Champagne" kam mit seiner grotesken Deplatziertheit meinem zunehmenden Sinn für Ironie sehr entgegen.). Ich rief mir Dialoge aus alten Filmen ins Gedächtnis, verfertigte neue Synchronisationen (die hier draußen in der Sonne besonders geistreich und schlagfertig gerieten), zählte alle US-Präsidenten und Hauptstädte der Bundesstaaten auf, ebenso die Aufstellung der 1969er Chicago Cubs: Ferguson Jenkins, Randy Hundley, Ernie Banks, Glenn Beckert, Don Kessinger und Ron Santo. Als sehr hilfreich erwies sich auch folgendes Spiel: sechs Personen – aus Geschichte, Gegenwart oder Literatur – auszusuchen, die ich zu einem Traumessen einladen würde. Eine meiner Lieblingsrunden bestand aus Mark Twain, Sir Richard Burton, Lola Montez, Captain Smith von der Titanic, Wild Bill Hickok und Clancy of the Overflow. All das diente dazu, dem Hier und Jetzt, dem quälenden Durst, der sengenden Hitze, der monotonen, schmerzenden Einsamkeit und Millionen von Fliegen zu entrinnen, die meine Augen, meine Nase, meine Mundwinkel, meinen schweißnassen Nacken, in nervtötender Manier umschwirrten.

So albtraumhaft diese Meilen auch waren, ein Teil von mir genoss dieses Duell mit der Wüste. Diese flüchtigen Momente kamen vor allem nachts, wenn der Kampf vorbei und ein weiterer Tag gewonnen war und die Sonne einem herrlichen Sternenhimmel Platz gemacht hatte. Ein paar Stunden lang genoss ich es dann, unangefochtener Herr über mein Schicksal zu sein.

Doch dann begann ein neuer Tag. Die stechende Sonne stieg erneut im Osten auf, die Fliegen brummten, und ein paar Meilen weiter war das Wasser in meinen Flaschen schon wieder so warm, dass es keinen Erfrischungseffekt mehr hatte. Aber selbst dann gab es dieses Gefühl der Zufriedenheit. Mehrmals am Tag füllte ich aus dem sechs Liter fassenden Kanister, den ich im hinteren Gepäck verstaut hatte, vorsichtig Wasser in die Flaschen, die am Fahrradrahmen befestigt waren. Ich mochte diesen Vorgang, bei dem ich die leere Flasche zwischen die Knie klemmte, damit sie nicht vom heißen Wind weggeweht wurde, und dann so behutsam wie möglich umfüllte, um auch ja keinen kostbaren Tropfen zu verschütten. Das war das Leben, und ich hielt es in Händen.

Um zehn oder elf Uhr vormittags war die Hitze meist schon so unerträglich, dass es praktisch unmöglich war, weiterzufahren, ganz gleich wie grässlich die Fliegen nervten oder wie gern ich anderswo gewesen wäre. Ich musste irgendeinen kleinen Flecken Schatten finden, mich in den heißen Staub legen und abwarten.

KAPITEL 29

„Na, hoffentlich fährst du nach Süden!“

GEGEN ZWÖLF WAR ICH AM NANUTARRA ROADHOUSE, nachdem ich an diesem Morgen, bei Höchsttemperaturen von ungefähr 60°C, 70 Meilen geschafft hatte. Drei Meilen bevor ich das Rasthaus erreichte, ging mein Wasser zu Ende, und ich kam dort halb verrückt vor Durst an. Völlig durchgeschwitzt ließ ich mich auf einen Stuhl fallen und setzte 24 Dollar in kühles Wasser und Fitnessdrinks um. Dann erwiderte ich den Blick des Roadtrain-Fahrers, der am Nebentisch saß. Er war klein, borstig und hatte eigensinnige Augen. Mit einem Lächeln und der Selbstgefälligkeit, die manchen Leuten eigen ist, wenn sie das Privileg auskosten, schlechte Neuigkeiten zu verbreiten, sagte er: „Kumpel, weißt du eigentlich, dass ein Wirbelsturm kommt?“

Ich erwiderte, ich hätte sowas gehört.

„Der Tropenzyklon Ophelia“, fuhr er fort, während er an seinem Steak eine Stück absäbelte. „Kategorie 3. Kommt schnell. Soll morgen irgendwann in Karratha sein. Na, hoffentlich fährst du nach Süden! Ich muss morgen Abend eine Ladung in Hedland abliefern, aber dann dreh ich sofort um und bring meinen Arsch in Sicherheit. Nach so einem Sturm kann der Highway wochenlang blockiert sein. Weihnachten steht vor der Tür, und da will ich bei meiner Familie sein. Verstehst du, was ich meine?"

Er aß sein Steak auf, zahlte und ging. Ich sah ihm nach, wie er durch die gleißende Hitze zu seinem Truck stolzierte. Ich spürte, wie die Hitze durch die Fenster hereinkroch. Kurz darauf ging ich ebenfalls mit meinen 22 Litern Wasser und dachte, wie wahnsinnig es doch war, die klimatisierte Heiligkeit dieses einsamen Diners gegen die flimmernden Hitzewellen einzutauschen. Das Minilya Roadhouse war 140 Meilen entfernt.

Irgendwann in dieser Nacht kroch hoch oben am Himmel ein dünner Wolkenschleier auf, verstohlen wie eine Katze auf den Kaminsims. Vor Tagesanbruch brach ich mein Zelt ab und hielt mich nicht lange mit dem Frühstücken auf. Solange die Temperaturen halbwegs erträglich waren, wollte ich so weit wie möglich kommen. Ich befürchtete nämlich, dass diese Wolke ein Vorbote von „Ophelia" war. Auch wenn ich ein wenig Angst davor hatte, erwies sie sich als wahrer Segen. Die starken Südwinde, die mich die ganze Zeit behindert hatten, waren abgeflaut. Die Luft regte sich nicht, so dass ich einen guten Schnitt machen konnte. Die dünne Wolkenschicht verhindert außerdem, dass die Temperaturen über 35°C kletterten. Ich warf kaum einen Schatten.

Ich ergriff das Glück, das sich mir hier bot, mit beiden Händen und trat so fest in die Pedale, wie ich konnte. Stunden vergingen. Die Wolken verdichteten sich zu einer schillernden Spirale. Die Sonne wirkte verschwommen und konturlos. Das schwache Licht ließ die oliv-rostfarbene Landschaft noch dürrer und trister erscheinen, als sie eh schon war, aber das war mir egal, ich hatte es eilig. Bis zum Mittag hatte ich 100 Meilen abgespult und fuhr direkt weiter.

Auf einer langen geraden Strecke fühlte ich plötzlich ein leichtes Schwindelgefühl. Mir fiel ein, dass ich seit gestern Abend nichts mehr gegessen hatte. Ich hielt an und holte ein Päckchen getrockneter Äpfel heraus. Nachdem ich ein paar gegessen hatte, dachte ich, es wäre vielleicht besser, wenn ich mich hinsetzte. Anders ausgedrückt, meine Beine gaben nach. Nur eine Minute später dachte ich, es wäre besser, wenn ich mich ausstrecken würde. Ich legte mich mitten auf die heiße Straße und sah zum malvenfarbenen Himmel hinauf. Kraftlos lutschte ich auf den Apfelstücken herum und versuchte, die Kraft zum Kauen aufzubringen. Nach einer Weile glitt mir das Päckchen aus meinen schlaffen Fingern.

Ich kann mich zwar nicht mehr daran erinnern, dass ich einschlief oder wie lange ich dort schlief – vielleicht 20 Minuten –, aber ich weiß mit Sicherheit, dass mein Erholungsschläfchen von keinem Roadtrain unterbrochen wurde. Aus dem Schlaf holte mich vielmehr ein tiefes Donnergrollen, gefolgt von einem Wolkenbruch. Es war, als ob jemand einen Eimer Wasser über mir ausgeschüttet hätte. Ich setzte mich japsend und spuckend auf und blickte mich benommen um. Die Temperaturen waren gefallen. Der Himmel war dunkel. Es goss wie aus Kübeln.

Ich sammelte meine verschlammten Apfelstücke ein und und aß sie auf. Nass bis auf die Haut, aber irgendwie erfrischt, schwang ich mich schwerfällig wieder in den Sattel. Rund eine Stunde später erreichte ich das Minilya Roadhouse. Inzwischen war ich so durchnässt, dass ich richtig fror und meine Vliesjacke herausholte. Ich kaufte einen Hamburger und erfuhr aus dem Radio, dass „Ophelia" sich aufgelöst hatte, bevor sie die Küste erreicht hatte. Gleichwohl hatte sie immer noch genug Schlagkraft, um eine Salve Sturmböen ins Landesinnere zu schicken.

Am nächsten Vormittag kurz nach elf kam ich in Carnarvon an. Nachdem „Ophelia" mich durch die ganze Wüste gejagt hatte, war ich abgespannt, völlig erledigt und brauchte dringend eine Dusche. In Strandnähe fand ich eine Herberge mit Palmen, die sich in der Meeresbrise bogen. Zu dem Typ an der Rezeption sagte ich, wie schön ich es fände, dass es hier so angenehm kühl sei. Er glotzte mich an, als wäre ich komplett durchgedreht. „Wir haben eine Hitzewelle. Es hat 39°C."

Abends ging ich ins Café Paradiso, ein billiges Restaurant neben der Herberge. Außer mir war nur noch ein anderer Gast anwesend, ein alter Pferdezureiter und Goldsucher namens Ernie. Wir kamen ins Gespräch. Er wartete auf den Bus, der um halb elf nach Port Hedland fuhr. Von dort aus würde er dann eine lange Reise bis nach Brisbane antreten, wo er seine Tochter besuchen wollte. „Ich habe Lungenkrebs", sagte Ernie und zog eine neue Zigarette aus dem Päckchen *Horizon 50s*, das in seinem Ärmel steckte. Er zündete sie an der alten Kippe an und grinste dann, als er meinen Gesichtsausdruck bemerkte. „Das Rauchen macht jetzt auch nichts mehr. Die Ärzte sagen, es ist gibt keine Hoffnung mehr."

Er erzählte mir von seinem Leben. Es war ein gelassenes Resümee seiner 56 Jahre. Begonnen hatte er als Wanderarbeiter mit einer Gruppe Scherer, die am Gascoyne River tätig gewesen war, dann hatte er auf der Minilya-Station Pferde zugeritten und sich schließlich als Freiwilliger für Vietnam gemeldet. Er sprach im Rückblick, als ob er sich selbst schon als Teil der Vergangenheit betrachtete. Nach dem Krieg arbeitete er eine Zeit lang in einer Fabrik, später in einem Gefängnis. Irgendwann hatte er genug und verdingte sich als Roadtrain-Fahrer im Outback, dankbar dafür, endlich wieder so viel Weite um sich zu haben. Die letzten paar Jahre hatte er Gold gesucht, Hasen und Kangurus gejagt und in kleinen Camps weitab von der Zivilisation gelebt.

Ernie war gerade dabei, unten in Meekatharra Erz abzubauen, als er von den Ärzten die schlimme Nachricht erhielt. Er löste sein Gold im Wert von 3700 Dollar ein, verkaufte sein altes Auto und seine Fallen und besorgte sich eine Busfahrkarte. Es würde seine letzte große Fahrt werden. Er wollte zuerst nach Darwin, um noch mal seine alte Jagdgründe zu sehen, dann vielleicht einen Abstecher nach Cairns machen und sich schließlich in einem Vorort von Brisbane niederlassen. Für Ernie konnte der Bus gar nicht schnell genug kommen.

Kapitel 30

„Wir *verkaufen* Wasser hier!"

In den ersten 24 Stunden nach Carnarvon zeigte sich mir das Outback von seiner schönsten und von seiner hässlichsten Seite.

Es begann im Wooramel Roadhouse, wo ich gegen Mittag ankam. Es wirkte schaurig verlassen, wie es da in der stickigen 45°C heißen Luft schmorte. Ich fuhr um das Haus herum, um herauszufinden, ob es überhaupt geöffnet hatte. Es waren weder Autos noch Menschen zu sehen, zu hören war nur das Brummen eines Dieselaggregats. Ich stieß prüfend gegend die Tür. Sie gab nach, und ich trat in den kühlen Speiseraum.

Hinter dem Tresen stand mit verschränkten Armen eine Frau, die mich mit völlig erstarrter Miene anglotzte. Ich bestellte eine Fleischpastete und eine Cola und fragte, wo ich meine Wasserflaschen auffüllen könne.

„Wir *verkaufen* Wasser hier", blaffte sie mich an. „Vier Dollar die Flasche."

Bis zum nächsten Roadhouse waren es rund 50 Meilen. Ich setzte mich und versuchte auszurechnen, wie ich in dieser Hitze am billigsten dorthin kam. Die Frau glotzte mich immer noch an. Dann kam ein schlanker Griesgram aus der Küche und half ihr beim Glotzen.

Während die beiden noch mit Gaffen beschäftigt waren, kam eine Frau mit zwei kleinen Kindern in einem dampfenden Wagen angefahren. Sie sah abgespannt und überreizt aus. „Können Sie mir helfen?“ fragte sie. „Mein Wagen ist überhitzt, und ich bräuchte ...“

Die beiden schnitten ihr das Wort ab. „Wir *verkaufen* Wasser hier.“

Es war vergebliche Liebesmüh. Die Fahrerin versuchte, ihnen begreiflich zu machen, dass sie ja gar kein Trinkwasser bräuchte, aber in einer verzweifelten Lage sei. Für beide leeres Geschwätz. Die Frau hinter der Theke riet ihr, sich ein besseres Auto zuzulegen, und der Mann forderte sie auf, das Lokal zu verlassen, wenn sie nichts kaufen wollte. Mutter und Kinder gingen hinaus und suchten unter einem knorrigen Baum Schutz vor der Sonne. Zehn Minuten später tauchte ein weiterer Wagen auf. Ich sah, wie sie mit dem Fahrer sprach.

Ein paar hart gesottene Pickup-Fahrer schlenderten herein, Jackaroos, Cowboys, die zum Mittagessen hielten. Die Frau notierte ihre Bestellungen.

Der Wirt warf mir einen mürrischen Blick zu.

„Was gibt's da zu glotzen?“ bellte er.

„Ich glotze nicht, ich schaue.“

Seine Augen verengten sich, und er kam um die Theke herum auf mich zu. Plötzlich fühlte ich mich ganz einsam und verlassen. Er beugte sich über meinen Tisch. „Und? Weißt du was? Ich will dich hier nicht mehr sehen. Verschwinde.“

„Was ist hier eigentlich los? Das ist der ungastlichste Ort, den ich je gesehen habe.“

„Soso, ist das nicht ein Jammer. Schätze, wir sollten also die ganze Zeit breit lächelnd um dich herumschwänzeln, hä?“

„Wäre einen Versuch wert. Würde Sie nicht mal was kosten.“

„Die Leute würden uns für bescheuert halten.“

„Und wofür halten sie Sie sonst?“

„Raus.“

„Ich esse zu Mittag.“

„Jetzt nicht mehr. Iss draußen weiter. Ich will, dass du von meinem Gelände verschwindest.“

Ich biss in meine Pastete.

„Dein Fahrrad da draußen?“

„Klar.“

„Ich werde es kaputtmachen.“

„Wenn Sie es anfassen, breche ich Ihnen den Arm.“

Er ging zur Tür hinaus. Ich folgte ihm auf dem Fuß. Er ging am Fahrrad vorbei, ohne es zu beachten, und verschwand dann hinter einer Tür, die aussah, als führe sie in ein Büro. Über seine Schulter warf er mir ein Grinsen zu.

Das Grinsen gefiel mir gar nicht. Ich konnte nicht sagen, ob er jetzt da drinnen schmollte, schattenboxte oder seine Buchhaltung machte. Andererseits konnte er ebenso gut einer sein, der eine rostige „22er“ und eine Schachtel Patronen auf dem Schreibtisch liegen hat.

Es war ein einsamer Ort. Ich gab auf. Aber ich gab kein Trinkgeld.

Kaum war ich zwei Meilen gefahren, hörte ich, wie ein Allradwagen neben mir hielt. Einen Augenblick lang glaubte ich, der Blödmann vom Roadhouse wäre mir nachgefahren. Stattdessen war es Dave Steadman, Eigentümer der 200 000-Hektar großen Wooramel-Schaf-Ranch. „Tut mir furchtbar Leid, was da gerade passiert ist“, sagte er. „Ich möchte nicht, dass Sie sich seinetwegen einen falschen Eindruck von uns hier draußen machen. Es würde mich freuen, wenn Sie mitkommen und bei uns übernachten würde. Was sagen Sie dazu?“

Ich nahm dankend an.

Er erzählte, dass sie alle unten im Scherschuppen seien. Die Abzweigung wäre rund zehn Meilen entfernt. Er erklärte mir den Weg. Es sei ganz einfach zu finden: Einfach nur der Staubwolke ein paar Meilen westwärts der Straße folgen.

Als ich ankam, waren schon eine ganze Menge Leute versammelt. Dave war mit seiner Geländemaschine unterwegs, um ein paar Schafe einzufangen, aber er hatte den anderen gesagt, dass sie nach mir Ausschau halten sollten. Der Stationsleiter Kimberley Elliott – ein großer, schlanker, dunkelbraun gebrannter Mann mit schwarzem Bart – begrüßte mich grinsend. „Habe gehört, Sie haben unten am Roadhouse um ein Haar Krach bekommen. Da würde ich mir keine Sorgen machen. Als ich letztes Mal dort war, bin ich auch fast in eine Prügelei mit dem Typen geraten.“

Es stellte sich heraus, dass Dave und seine Frau Margot schon einmal Australien-Entdeckungsreisende gerettet hatten: Robyn Davidson, die Autorin von *Tracks: A Woman's Solo Trek Across 1,700 Miles of Australien Outback*, war 1977 hierher gekommen, als eines ihrer Kamele krank wurde. Sie waren gerade mit dem Scheren fertig und im Begriff, die 15 000 Schafe mit dem Roadtrain auf das Gelände hinauszufahren. Das war für die Tiere besser, als sie durch den Busch zu treiben.

Es herrschte geschäftiges Treiben. In wenigen Tagen war Weihnachten. Kimberley würde an diesem Abend frei haben, um seinen Bruder zu besuchen, der in einer Minenstadt rund 400 Meilen entfernt wohnte. Margot hatte am nächsten Vormittag frei, um zum Einkaufen nach Carnarvon zu fahren. Und Neil Smith, ein rothaariger sanfter Riese von Farmer, der im Nebenjob als Roadtrain-Fahrer arbeitete, wollte schnellstens zu seiner Weizenfarm in der Nähe von New Norcia – wegen Weihnachten, aber auch wegen der Ernte.

Am nächsten Morgen rief Dave seinen Freund David Stone – alias „Boulder", den Besitzer des Billabong Hotels – an, um ihm zu sagen, dass ich vorbeikäme. „Er ist mein Vertreter in der Gegend", erklärte er mir beim Frühstück. „Er wird sich um Sie kümmern."

Es war bereits heiß und windig, als ich in Wooramel aufbrach, eine volle Ladung frisches Wasser in meinen Behältern. Erste Anlaufstation war das Overlander Roadhouse. Ich brauchte eigentlich nichts, aber ich hoffte, den Typen zu treffen, der mir meinen einsamen Abend am Devils Creek versüßt hatte, indem er sich im Radio den „Roadhouse Blues" gewünscht hatte. Der einzige Mensch dort war ein blonder Brummkopf, der auf dem Parkplatz ein paar entsetzte junge Japanerinnen mit rassistischen Sprüchen belästigte. Eilig kletterten sie wieder in ihren Greyhoundbus und blickten ihn dann ängstlich durchs Fenster an, ungeduldig darauf wartend, dass der Busfahrer endlich seine Pastete aufgegessen und seine Zigarette geraucht hätte, damit sie weiterfahren konnten. Ich würde mir wohl nicht lange Gedanken um diesen Ort machen. Dennoch ging ich auf den Mann zu und fragte ihn, ob er den Typ kennen würde, der sich vor rund einer Woche den „Roadhouse Blues" im Radio gewünscht hatte.

„Wayne? Den habe ich rausgeschmissen."

„Warum?“

„Wegen so 'nem Scheiß. Radiosender anrufen, statt zu arbeiten. Ich zahle nur fürs Arbeiten.“

„Aber das war um ein Uhr nachts.“

„Was geht dich das eigentlich an?“

Der Punkt ging an ihn. „Ach, nichts. Er klang nur irgendwie nett.“

„Bah.“ Er beäugte mich mit kühler Verachtung. „Du spinnst.“

„So? Wieso?“

„Mit einem Fahrrad in der Gegend rumzufahren.“

„Ich wollte Australien sehen. All die netten Leute kennen lernen.“

Er starrte mich an. „Das war mal ein nettes Land. Bis sie angefangen haben, euch gottverdammte Ausländer reinzulassen.“

Es gibt Situationen, da muss man einfach zum Äußersten gehen. Ich packte meinen breitesten Hawaiihemd-und-Bermudashorts-Ami-Akzent aus und rief verzückt: „Wow! Sind Sie ein richtig echter Aborigine?“

Die letzten 30 Meilen zum Billabong Hotel schaffte ich in Rekordzeit, als ob mich der Zorn des Blonden wie ein heißer Wind weggeblasen hätte. Es war das zweite Roadhouse in Folge, aus dem ich rausgeflogen war. Das dies zur Gewohnheit werden sollte, gefiel mir nicht. Anscheinend würde ich mir in nächster Zeit neue Umgangsformen angewöhnen müssen; die alten hatten offenbar ausgedient.

Über meinen Empfang in Billabong hätte ich mir keine zu Sorgen machen brauchen. Als ich ankam, lehnte Boulder an der Veranda, ein Kerl mit aufmunternder Art, dessen Tipps zum Thema Straßenzustand sich als goldrichtig erwiesen. „Es hat 43°C hier draußen“, rief er. „Hinterm Haus ist ein Swimmingpool – springen Sie rein und kühlen Sie sich ab, und dann kommen Sie rein. Sie kriegen ein paar Sandwiches und ein eiskaltes Bier!“

KAPITEL 31

Weihnachten in Geraldton

AUF DEM WEG nach Geraldton lernte ich die immer fröhliche Stimme des ABC-Wettermanns hassen. Jeden Morgen, wenn ich meine Sachen packte, erzählte er mir mit vergnügter Stimme, dass ich wieder starke Gegenwinde mit Geschwindigkeiten von 25 Knoten entlang der Küste und Böen mit bis zu 45 Knoten zu erwarten hätte. „Frische Meeresbrisen" nannte er diese sengenden, 42°C heißen Windstöße. Bei ihm hörte es sich an, als wäre es ein sanfter Hauch voll Meersalz und Kokosduft. Was er da als herrliches Wetter zum Drachensteigenlassen verkaufte, bedeutete für mich verdammt harte Arbeit.

Dieselben hartnäckigen Winde schickten vor 300 Jahren schon die frühen niederländischen Entdecker ins Verderben. Sie waren auf dem Weg durch den südlichen Indischen Ozean nach Java, als sie an ein unbekanntes Gestade gespült wurden, das sie *Terra australis* – „Südland" – nannten. Besonders grausam ist die Geschichte der *Batavia*, die 1629 auf den Sandbänken vor Geraldton auf Grund lief. Die Überlebenden des Unglücks lieferten sich einen blutrünstigen Kampf, der an Barbarei nur noch von der Bestrafung durch die Rettungsmannschaft übertroffen wurde. Zwei der

Überlebenden wurden verschont und an der Mündung des Murchison River ausgesetzt. Von ihnen wurde nie wieder etwas gehört.

Als ich am Nachmittag auf der Suche nach Wasser und Erholung war, und mein Fahrrad durch den Busch bis zum steinigen Ufer des alten Flusses schob, lag er trüb und ruhig im Schatten welker Gummibäume, in verschwörerische Stille gehüllt. Ich hatte gehofft, ich könnte hier die schlimmste Hitze aussitzen, doch ich hatte die Rechnung ohne die Myriaden Mücken gemacht. Eilig würgte ich mein Mittagessen hinunter und kletterte die Uferböschung zur Straße hoch. Der Wind blies unvermindert heftig und wehte mich immer wieder um. Gelegentlich zwang mich eine plötzliche Böe zum Halten.

Allerdings nicht nur mich. Ein paar Meilen südlich vom Murchison River kam ich an einem Wagen vorbei, der wegen Spritmangel liegen geblieben war. Der Fahrer hatte sich in der Entfernung vertan und unterschätzt, wie stark der Wind den Verbrauch seines Autos in die Höhe trieb. Die Finger um den Griff eines leeren Kanisters gekrallt, stapfte er auf dem verlassenen Highway in Richtung der Tankstelle von Binnu. Um ihm einen Gefallen zu tun, hielt ich an der Tankstelle, um ihm jemanden entgegenzuschicken. Aber mit meinem Schneckentempo war ich kaum schneller gewesen als er. Ich konnte ihn als kleinen schwarzenPunkt, weit hinter mir, unverdrossen durch den aufgewirbelten Staub marschieren sehen.

Das war der härteste Tag, den ich bislang erlebt habe. Bis Sonnenuntergang hatte ich 95 Meilen geschafft, die sich indes anfühlten wie 200. Mein Beine waren wie Gummi, meine Schultern taten weh, weil ich mich so am Lenker festhalten musste, und die Haut in meinem Gesicht war von dem heißen, trockenen Wind aufgerissen.

Bei Sonnenuntergang kam ich in Northampton an. Ich fuhr durch die Hauptstraße, die mit falschen Stein- und Klinkerfronten im Stil der Jahrhundertwende gesäumt war. So eine altmodische Farmerstadt, mit ihren Getreidefeldern, Traktoren und Silos, hatte ich seit der Ostküste nicht mehr gesehen. Ich campte ein paar Meilen südlich der Stadt in einem schattigen Eukalyptushain, wozu ich allerdings erst einmal einen Stacheldrahtverhau überwinden musste. Die Sache erinnerte mich schmerzvoll daran, dass ich die endlose Freiheit der Wüste hinter mir gelassen hatte, wo man einfach nur so lange durch den Spinifex-Busch stapft, bis man das richtige Plätzchen gefunden hat.

Es war kühl in dieser Nacht und ich holte meinen Schlafsack heraus. Etwas, was ich zum ersten Mal seit Monaten tat. Ich lauschte, wie der Wind in den Zweigen heulte. In der Ferne blinkten die Lichter mehrerer Farmhäuser. Obwohl sie einige Meilen entfernt lagen, empfand ich dies gleichermaßen als komisch und einengend, so nah bei anderen Menschen zu zelten. Auf dem Highway brummte unablässig der Verkehr. Während ich noch über all diese Veränderungen sinnierte, fiel mir plötzlich ein, dass es bereits Weihnachten war.

Es war nicht das erste Mal, dass mich Weihnachten unvorbereitet traf. Nach 15 Jahren in Australien fällt es mir immer noch schwer, zu akzeptieren, dass Weihnachten hier mitten im Sommer stattfindet. Ich komme damit klar, dass der Januar ein Monat mit sengender Hitze und Buschfeuern ist, und es macht mir auch nichts mehr aus, dass man im Juli Ski fahren kann – aber zu Weihnachten muss es kalt und frostig sein. Es ist die Zeit der Schlittenfahrten, heißen Schokolade und schneebedeckten Dörfer. Aber keinesfalls die Zeit für Barbecues an schwülen Nachmittagen, bei denen man Bier trinkt und, mit Sonnencreme gegen die aberwitzige UV-Strahlung eingeschmiert, Beachcricket spielt. Und wenn ich noch so lange hier bleiben sollte – zum Klang von „I'm dreaming of a white Christmas" in sengender Hitze Weihnachtseinkäufe zu erledigen, wird mir immer surreal erscheinen.

Nicht dass der Highway mit Stechpalmenzweigen übersät gewesen wäre. An Weihnachten erinnerten nur schlaffe Lamettastreifen, die in einigen der Roadhouse-Diners hingen, sowie die Kühllaster, die, von den Trawlerdocks in Carnarvon kommend, mit frischem Hummer beladen nach Perth donnerten. Und jetzt plötzlich war der große Tag da. Ich verbrachte ihn erschöpft auf einer Parkbank in Geraldton liegend. Nach dem gestrigen Tag war ich viel zu kaputt, als dass mir irgendetwas daran gelegen gewesen wäre. In der Stadt – mit 25 000 Einwohnern die größte, die ich gesehen hatte, seit ich im Oktober Darwin verlassen hatte – herrschte Totenstille. Ich hatte gehofft, vielleicht in irgendeinem Pizzarestaurant ein billiges Abendessen zu bekommen. Aber die einzigen Restaurants, die geöffnet waren, lagen jenseits meiner Preisvorstellungen, mit raffinierten mehrgängigen Menüs, Knallbonbons und viel mehr Fröhlichkeit, als ich aufbringen konnte.

Da ich mich langweilte, schob ich das Rad durch die Stadt, über ruhige, sonnige Gehsteige, zurück zum Highway. Am Stadtrand hielt ich an einem BP-Roadhouse, um einige Wasserflaschen aufzufüllen. Seit den Unfreundlichkeiten in Wooramel und Overlander war ich Roadhouse-Besitzern gegenüber generell wachsam. Als eine Frau mittleren Alters voller Entschlossenheit hinter der Theke hervortrat, nach draußen kam und auf die Wasserhähne zuging, an denen ich gerade meine Flaschen auffüllte, gingen bei mir sofort die Alarmglocken an.

„Es ist Weihnachten!" rief sie.

„Ja?"

„Sind Sie allein?"

„Ja."

„Hatten Sie schon Ihr Weihnachtsessen? Sicher nicht, oder?"

„Nun, nein, nicht wirklich."

„Na, dann kommen Sie doch rein. Wir haben genug."

Jan und Des hatten ihr Roadhouse gerade wieder geöffnet, nachdem sie es für eine Stunde geschlossen hatten, um ihr Weihnachtsessen in Ruhe zu genießen. Während Des an einer Tischdekoration improvisierte – ein Reklameplakat für Eis auf einer Kühltruhe –, holte Jan das Essen aus dem Nebenraum. Als Nächstes türmten sich wahrlich weihnachtswürdige Berge aus Fleisch, Salat und Brötchen vor mir auf. In den letzten Monaten hatte sich frisches eiskaltes Wasser zu meinem Lieblingsgetränk entwickelt, und auch davon gab es im Überfluss. Zum Nachtisch folgte ein wunderbarer, selbst gemachter Bisquitauflauf. Jan bestand darauf, dass ich mindestens zwei große Portionen nahm, und es fiel mir überhaupt nicht schwer, ihm diesen Gefallen zu tun. Als ich mich entspannt zurücklehnte, fühlte ich mich zum ersten Mal seit Anna Plains, das immerhin 1000 Meilen hinter mir lag, so richtig satt.

Aber hier ging es um mehr als nur um Gastfreundschaft und gutes Essen. Die hässlichen Szenen in den Roadhouses von Wooramel und Overlander hatten mir mehr zugesetzt, als ich glaubte. Die Hitze der Wüste kann geistige Horizonte ebenso verzerren wie körperliche. Die Wochen voller Dreck, Schweiß und entnervendem Schneckentempo hatten meine Nerven freigelegt und mein Selbstvertrauen zermürbt. Aus Mücken wurden Elefanten. Die Gastfreundschaft der Steadmans und Boulders joviale Art im Billabong Hotel, hatten mein Weltbild langsam wieder gerade gerückt. Das Weihnachtsessen von Jan und Des vertrieb nun endgültig die bösen Geister der Roadhouses. Dieser Tag war wirklich wie Weihnachten, nicht wie damals in meiner Kindheit in Neuengland, aber doch sicherlich eine gute alte australische Variante.

KAPITEL 32

Runter nach Perth

IN DIESER NACHT schlief ich auf einem netten kleinen Hügel unweit von einem Nest, das auf meiner Karte als Walkaway verzeichnet war. Ich war eher zufällig hierher geraten. Am Nachmittag hatte der Wind wieder stark zugenommen, und um ihm zu entgehen, war ich ins Inland ausgewichen. In der Dämmerung kämpfte ich immer noch mit dem Wind, als ich ein kaputtes Pedal auf meine Mängelliste setzen musste. Ich hielt an, um den Schaden zu inspizieren und überlegte, ob ich nach Geraldton zurückfahren und warten sollte, bis die Geschäfte nach dem zweiten Weihnachtsfeiertag wieder öffneten, oder ob ich es riskieren konnte, bis Perth weiterzufahren.

Als ich gerade beschlossen hatte weiterzufahren, sah ich vor mir ein Tor, das einladend auf ein Feld führte. Irgendwie fühlte ich mich davon seltsam angezogen. Ein Panorama aus sanft beleuchteten Weizenfeldern dehnte sich vor mir aus. Ein paar Meilen entfernt leuchteten die Lichter eines Farmhauses in einer seltsamen Mischung aus Heimeligkeit und Abgeschiedenheit. Das Feld war erst kürzlich frisch gepflügt worden, und nachdem ich wochenlang mein Lager auf steinhartem Wüstenboden aufgeschlagen hatte, erschien mir die warme Erde als besonders angenehme weiche Unterlage. Der Ort hatte etwas Magisches. Es war wie ein Weihnachtsgeschenk der Schicksalsgötter und eine unerwartete Entschädigung für Wochen voller heißem Wind, Fliegen, Durst und Einsamkeit. Ich schlief elf selige Stunden.

Am nächsten Morgen hatte der Wind freundlicherweise nachgelassen. Ich fuhr zur Küstenstraße und beglückwünschte mich zu meinem Glück, denn heute würde ich endlich einmal ordentlich Strecke machen können. Windstille Tage wie dieser waren alles, was ich brauchte, um nach Perth zu kommen, wo ich eine dringend benötigte Pause einlegen wollte.

Doch die Stille war bald vorüber. Am späteren Vormittag blies der heiße Wind wie eh und je, und ich stemmte mich ihm mit einem beschwerlichen Schnitt von fünf Meilen pro Stunde entgegen. Noch nie im Leben war ich so kaputt und erschöpft gewesen. Die Temperaturen bewegten sich auf 40°C zu. Ich quälte mich über einige Hügel, die schier kein Ende nehmen wollten.

Mein Frust wurde noch verstärkt durch das Wissen, dass ich durch ein Wildblumenparadies gefahren wäre, das ich in der vollen Blütenpracht des Frühlings angetroffen hätte, wenn ich denn ein paar Wochen früher dran gewesen wäre. Es wären über 7000 bekannte sowie 1000 unbekannte Arten gewesen, die in allen Farben, Formen und Größen blühten. Doch der Frühling war längst der brutalen und sengenden Hitze des Sommers gewichen. Die Blumen waren verschwunden. Geblieben war nur dichter, öder Busch.

In meinen Augen fühlte ich bereits seit Tagen ein Brennen. Als ich in Dongara ankam, hatte ich das Gefühl, mein rechtes Auge wäre voller Sand. Mit meinem befeuchteten Stirnband versuchte ich die Sandkörner zu entfernten. Vergeblich. Mit zugekniffenem Auge quälte ich mich über 50 Meilen bis zur Minenstadt Eneabba.

Mit rotem Auge und völlig erledigt kam ich am frühen Nachtmittag dort an. Nachdem ich im Roadhouse einen Liter kühle Milch getrunken hatte und nochmals vergeblich versucht hatte, mir den Sand aus dem rot geränderten Auge zu spülen, suchte ich das örtliche Royal District Nurse's Office auf und hoffte inständig, dass dort auch am Weihnachtsfeiertag jemand Dienst hatte.

Ich hatte Glück. „Sie haben keinen Sand in den Augen", klärte mich Krankenschwester Enid auf. „Sie haben eine akute Bindehautentzündung." Unter dieser Augenentzündung, die von der Kombination aus Hitze, Staub, greller Sonne und Fliegen hervorgerufen wird, litten bereits die frühen Entdecker Australiens. Enid zog mein Augenlid zurück und tupfte eine antibiotische Salbe darauf. Es fühlte sich an, als sei mein Auge zugeklebt. Sie gab mir die Tube. „Tupfen Sie das zweimal täglich auf ihr Auge. Und wenn Sie in Perth sind, lassen Sie das Rad mal eine Zeit lang stehen."

Ich schleppte mich zur Tür, und fühlte mich ungefähr so alt wie mein Großvater. „Es wird mir ein Vergnügen sein."

Draußen blies der heiße Wind, die kleine Minenstadt lag in der brütenden Hitze. In der Ferne war die Kette sanftwelliger Hügel zu erkennen, die ich überqueren musste, um nach Perth zu gelangen.

Die letzte Etappe nach Perth war ein Albtraum in Zeitlupe. Als wenn man rennen wollte, die Beine aber aus Lehm bestehen würden oder als würde man durch Treibsand waten. Man kann sich noch so anstrengen, aber man kommt nicht vom Fleck. Aber das hier war die Maxi-Version des Albtraums: drei Tage und Nächte gegen heiße Sturmwinde kämpfend und auf einer hügeligen Achterbahnstraße fahrend. Das hätte sogar Sisyphos verweigert. Von allen erbärmlich einsamen Strecken, die ich bis dahin im Outback befahren hatte, war dies mit Abstand die grausamste. Für einen tödlich schweren Aufstieg brauchte ich eine Stunde, zumal ich nicht nur mit dem Wind, sondern auch mit der eigenen zunehmenden Ohnmacht und Wut zu kämpfen hatte.

Ich war wütend, weil ich wusste, dass am Gipfel jeder quälenden Auffahrt keine Belohnung wartete, keine lockere Abfahrt auf der anderen Seite. Denn der Gegenwind blies zwar bergauf, war aber auf der südlichen Flanke wesentlich heftiger. Manchmal musste ich nach dem mühsamen Erklimmen eines Hügels absteigen und das Rad auf der anderen Seite hinunterschieben.

An diesem Abend, ich war rund 70 Meilen vor Perth, brach ich auf dem Sandboden im Busch zusammen, viel zu erschöpft, um noch meine Dackelgarage aufzubauen. Am nächsten Morgen waren meine Brust und meine Arme so bleischwer, dass ich mich kaum bewegen konnte. Eine ganze Weile saß ich auf dem Boden, mit verklebten Augen, den Kopf auf den Knien ruhend. Ich versuchte mich der Aufgabe zu stellen, in den Sattel zu steigen und loszufahren.

Schließlich brach ich auf. Ich eierte über den Highway und zählte jeden Meilenstein am Straßenrand, der vor mir auftauchte. Ich fühlte mich schwach und matt, und das Tacho zeigte einen Schnitt von zehn Meilen die Stunde an. Der Wind hatte nachgelassen, und offenbar hatte ich den Hügelalbtraum endlich hinter mich gebracht.

Gegen Mittag wurde der Straßenverkehr dichter. Lieferwagen und Limousinen rauschten an mir vorbei. Die Abstände zwischen Tankstellen und Roadhouses wurden kleiner. Häuser, Pferdehöfe und Hobbyfarmen, die entferntesten Planeten im Orbit einer Stadt, tauchten auf.

Irgendwann am frühen Nachmittag erblickten meine geschwollenen Augen die Skyline von Perth, die in der Ferne schimmerte. Glatt, seidig und weit weg wie die Smaragdstadt. Es war eine Vision des gelobten Landes. Die erste Großstadt seit Brisbane. Dies war mir inzwischen, nach so vielen Meilen und Ereignissen, so weit entrückt, dass es mir wie eine Kindheitserinnerung erschien.

Perth – Australiens Antwort auf Dallas – wirkte knallig und strahlend. Sein Wohlstand basiert auf dem Eisenerz aus der Pilbara-Region, dem Gold aus Kalgoorlie, dem Erdgas vom Northwest Shelf und den Diamanten aus den Kimberleys. In den boomenden 80er Jahren trieb in Perth das bekannteste Verbrecherkartell Westaustraliens sein Unwesen. Mit ihren krummen Geschäften und politischen Verstrickungen wurden sie als „WA Inc." – West Australia Incorporate – bekannt. Getürkte Pferderennen, Insiderhandel, Kunstfälschungen im großen Maßstab und Milliarden an Steuergeldern, die in juwelenberingten Fingern landeten. Was hier passiert war, stellte alles, was um J.R. Ewing in Dallas geschah, in den Schatten. Anfang der 90er nahm das alles ein tränenreiches Ende: zahlreiche Pleiten, Kommissionen und Prozesse, die im restlichen Australien in einer Mischung aus Faszination, Amüsement und Wut registriert wurden. Die Vorgänge attestierten wieder einmal den Ruf Australiens als „Down Under", als Land kopfunter, in dem alles möglich schien.

Als ich die Brücke über den Swan River erreichte, war ich viel zu müde, um weiterzufahren. Zumindest war mir so schwummerig, dass ich mich nicht in den Straßenverkehr wagte. Die letzte Meile über die Brücke bis zur Adelaide Terrace ging ich zu Fuß. In einem Zustand erschöpfter Trance setzte ich schlurfend einen Fuß vor den anderen und blieb immer wieder stehen, um nach dem Weg zur Jugendherberge in der Williams Street zu fragen.

Die Herberge war fast ausgebucht, doch das Mädchen am Empfang fand noch ein Zimmer im obersten Stockwerk für mich. Mit brennenden Oberschenkeln schlich ich langsam die Treppen hinauf. Auf jedem Absatz blieb ich stehen und blickte auf die nächsten Treppe, als ob es die letzte Etappe zum Gipfel des Mount Everest sei. Ich fand mein Zimmer, brach vor dem Ventilator zusammen und schlief – in meinen schmutzigen Klamotten, quer auf dem Bett liegend – 18 Stunden tief und fest. Als ich die Augen am nächsten Morgen öffnete, ein Dach über meinem Kopf entdeckte und langsam begriff, dass ich in Perth angekommen war – und weder Wind noch Hitze noch Hügel zu überwinden hätte –, weinte ich beinahe vor Erleichterung.

Es heißt, Perth sei die einsamste Stadt der Welt. Ein Blick auf die Karte bestätigt diese Behauptung: Die nächste vergleichbare Großstadt ist Adelaide, und die liegt über 1000 Meilen östlich hinter einer wasserarmen, vom Wind verwehten Ebene, die als Nullarbor Plain bekannt ist (Die Region erhielt den Namen im Jahr 1865 vom Landvermesser Edmund Delisser, der den lateinischen Ausdruck für „kein Baum" – *nullus arbor* – zu Nullarbor zusammenfasste.). Im Westen liegt bis zur Küste Südafrikas nichts außer dem weiten Indischen Ozean. Im Süden liegt die Antarktis. Und im Norden ... nun, das wusste ich ganz genau: über 2000 grauenvolle Meilen brennender Sand und Spinifex-Büsche bis Darwin hinauf. Und selbst Darwin ist nur ein 80 000-Seelen-Ort. Um ein vergleichbares urbanes Zentrum nördlich von Perth zu finden, muss man weiter bis Jakarta.

Die Isolation und den Atem des Busches spürte ich sogar mitten im Herzen der Stadt: Schwärme von kreischenden Papageien auf den Straßen, Wildblumen und Wallabys im King's Park und Messingtafeln von Minengesellschaften auf allen großen Gebäuden, die an riesige Bergbauprojekte in den entlegensten Winkeln des Outback erinnerten. Meine Erleichterung darüber in Perth zu sein, vermischte sich mit dem Unbehagen darüber, dass die Wüste – mit Wind und Sand und Fliegen – gar nicht so weit weg war: Ich befand mich in einer befestigten Stadt im Belagerungszustand.

Sicher, ich hatte es durch das Tor geschafft, aber es war ein Fotofinish gewesen. Aus dem Rasierspiegel blickte mich ein Fremder an. Mit meinem struppigen braunen Haarmopp und den roten, wunden Augen wirkte ich gealtert, hager, und ausgezehrt. Seitdem ich vor neun Wochen Darwin verlassen hatte, musste ich schätzungsweise 20 Pfund verloren haben. Bei einem späteren ungeplanten Krankenhausaufenthalt sollte ich feststellen, dass es in Wirklichkeit 35 Pfund waren.

Ich war vollkommen ausgehungert. Zum Frühstück nahm ich nur eine Tasse Kaffee und ein paar alte Ingwerkekse zu mir, die ich seit Carnarvon in meiner Packtasche spazieren fuhr. Hungrig ging ich auf dem Trottoir entlang und fühlte mich so, wie ich aussah: schäbig und menschenscheu. Kurz vor elf öffnete ein Pizzarestaurant neben einem der Kinos. Eine Tafel im Fenster vermeldete das Mittagsmenü: Pizza, Pasta und Salat, und zwar „all you can eat".

Ich ging hinein, platzierte mich an einem Ecktisch und machte mich an die Arbeit. Die Pfannenpizza war gut: ölig, fleischig und voller Kalorien. Vom Salatbuffet konnte ich gar nicht genug bekommen. Monatelang hatte ich kein frisches Gemüse mehr gesehen, und mein Körper konnte gar nicht genug davon bekommen. Karotten, Paprika, Sprossen, Zwiebeln, grüner Salat, Gurken, Tomaten, Brokkoli und Blumenkohl und noch vieles mehr. Ich packte so viel auf meinen Teller wie ich nur konnte – die Tomaten kullerten immer wieder herunter – und stopfte dann alles in mich hinein. Immer und immer wieder holte ich mir Nachschlag. Die Leute fingen an zu starren. Als die Bedienung kam und mich fragte, was ich trinken wolle, bestellte ich ein Glas Eiswasser – nicht aus Geiz, sondern weil der Luxus, so viel kaltes Wasser trinken zu dürfen, wie ich konnte und wollte, meine Fantasie wochenlang beschäftigt hatte. Ich schüttete es in mich hinein und bestellte sofort ein neues Glas. Beim vierten Glas verstand die Bedienung, dass sie sich und mir einen Gefallen tat, wenn sie mir gleich einen Krug brachte. Ich trank einige davon, insgesamt sicherlich über zehn Liter.

Glückselig schmausend und süffelnd saß ich in meiner Ecke und vertrieb mir die Zeit mit einer zerlesenen Taschenbuchausgabe von P.J.

O'Rourkes *Holidays in Hell*, bis die Bedienung gegen 15 Uhr das Büffet wegräumte. Mehrere solcher Besuche trugen erheblich zu meiner Genesung in Perth bei.

Nachdem es mich – nebst weiteren 40 Kilo Lebensmitteln, Wasser und Ausrüstung – über 1000 Meilen durch den unwirtlichen Outback getragen hatte, war mein Fahrrad ebenso fertig wie ich. Beide Reifen waren platt, die Kette ausgeleiert, und die Tretlager hatten schon während der letzten 300 Meilen lautstarke Schleifgeräusche von sich gegeben. Das Griffband hatte sich gelöst und flatterte. Sämtliche Züge waren durchgescheuert, die Bremsen weich. Am schlimmsten aber war ein Felgenriss am Hinterrad – die Strafe für das viele Gepäck. Ich konnte von Glück reden, dass ich es bis Perth geschafft hatte. Einige Meilen weiter, und das Rad wäre auseinander gebrochen. In Fremantle fand ich einen Fahrradladen, in dem ich 200 Dollar liegen ließ.

Sobald die Spuren der Mangelernährung grob beseitigt waren und meine Erleichtung darüber, in Perth zu sein, nachgelassen hatte – was überraschenderweise mehrere Tage dauerte –, packte mich wieder die innere Unruhe. Die Stadtmauern wurden zu eng, die Nächte zu laut, und meine Beine fühlten sich unterfordert. Ich sehnte mich nicht unbedingt nach der Wüste – wie auch immer geartet sie sein mochte – nein, aber ein netter Ausflug an die wasserreiche Südwestküste erschien mir durchaus verlockend.

KAPITEL 33

Straßenausschlag

ENDE DER ERSTEN JANUARWOCHE hatte ich die Westküste Australiens bis Margaret River befahren, einem abgeschiedenen kleinen Nest rund 100 Meilen südlich von Perth, das inmitten von üppigen Wingerten und Wäldern aus turmhohen Karri-Bäumen lag. Hier war es kühl und die Landschaft grün – eine hübsche Küste, die mich etwas an Maine erinnerte. Große, gläserne Wellen locken Surfer aus aller Welt hierher. Die Bevölkerung der Stadt setzt sich zusammen aus alternden Hippies, Farmern und Aussteigern, Stadtflüchtigen, die der erbarmungslosen Spirale des „Fressen und Gefressenwerdens" entronnen waren, um hier Töpfer oder Weinbauer zu werden oder eine Pension zu betreiben. Nicht zu vergessen die zahlreichen wohlhabenden Geschäftsleute, die die alten Farmhäuser zu eleganten Wochenenddomizilen restauriert und ausgebaut haben. Überall im Wald liegen zudem Gehöfte verstreut. Überbleibsel aus den 60ern, deren Bewohner, heute angesehene Musiker, Künstler oder Biobauern, ihre Anwesen als „Multifunktionsanlagen" bezeichnen und sich über die reichen Zugereisten aufregen, weil diese die Steuern in die Höhe trieben.

Surfen ist hier Religion und wirkt vermittelnd für Menschen aller sozialen Schichten. Jeder surft, und auf dem Wasser sprechen alle, ob Tourist, Einheimischer, Reich oder Arm, die gleiche Sprache. Zudem sehen sie gleich aus, in ihren schimmernden Anzügen. Mao hätte es nicht besser machen können. Es ist nichts Ungewöhnliches, früh morgens auf dem Parkplatz am Strand einen unglaublich verbeulten Jeep oder einen klapprigen Kombi stehen zu sehen, daneben einen Mercedes, der einem betuchten Chirurgen aus Perth gehört. Draußen in den grünen Wellen haben alle eine Menge Spaß.

Es gibt zwei Kategorien: Surfer und Windsurfer. Den Surfern gehört der Vormittag. Wenn am Nachmittag der Wind über dem Meer auffrischt, übernehmen die Windsurfer. Die Prioritäten im Leben sind klar gesetzt und fest in den Alltag eingebaut. Arbeitgeber fragen Bewerber, ob sie surfen oder windsurfen und teilen sie dann je nachdem für den Vor- oder Nachmittag ein. Es ist eine charmante, irgendwie märchenhafte kleine Gemeinschaft. Und ein absoluter Traum nach all den Monaten, in denen ich nichts als Wellblechsiedlungen, karge Wüstenlandschaft und sengende Hitze erlebt hatte.

Meine Outback-Neurose ließ langsam nach. Ich hatte etwas zugenommen, meine Augenentzündung war weitestgehend abgeklungen, und das Radeln empfand ich wieder als angenehm. Alles schien perfekt. Der Nachmittag, an dem ich Margaret River verließ, war strahlend sonnig und kühl. Bei Sonnenuntergang, so malte ich mir aus, würde ich in Cape Leeuwin sein.

Wenn es im Paradies die Schlangen waren, die alles verdarben, so waren es hier die Maden. Ich hielt an der Hauptstraße an, um einen Hamburger zu essen. Als ich ihn halb aufgegessen hatte, stellte ich fest, dass er voller Maden war. Da half es auch nicht, dass ich mit einer Cola nachspülte. Ich verließ die Stadt, den Bauch voller Maden und nagenden Zweifeln.

Letztere allerdings zerstreuten sich, als ich die Rosa Glen Road erreichte, ein schmales Landsträßchen, von Bäumen gesäumt, durch die das Licht der Nachmittagssonne fiel. Es war kein Verkehr, die Luft war frisch und kühl, und die Wälder und Felder leuchteten in lebendigem, sommerlichem Grün. Noch immer trennten mich rund 3000 Meilen – einschließlich der Nullarbor Plain – von Sydney und dem Ende meiner Reise. Ich beschloss, in dieser kühlen, grünen Oase zu verweilen und bis zur alten Walfangstadt Albany an der schattigen, fruchtbaren Südwestküste entlang zu fahren, bevor ich mich wieder Wind und Hitze aussetzte. Das war zwar ein kleiner Umweg, aber der konnte mir kaum schaden. Schließlich und endlich hatte ich Ferien.

Ich erinnere mich, wie ich rund zehn Meilen hinter Margaret River eine Anhöhe erklomm und dann eine steile Abfahrt auf eine scharfe Kurve zu fuhr, die im Schatten lag. Was dann passierte, kann ich nicht mehr im Einzelnen nachvollziehen. Irgendwie hatte ich die dumpfe Vorahnung, dass gleich etwas Schlimmes passieren würde. Eine Schrecksekunde, in der ich brüchigen Asphalt und riesige Schlaglöcher vor mir sah, dann bockte mein Bike bereits wie ein Rodeobulle. Als ich die Augen wieder öffnete, lag ich auf dem Boden, mein T-Shirt war blutgetränkt, und mein rechter Arm hing wie tot an mir herunter. Mein Brustkasten fühlte sich an, als ob das komplette australische Cricket-Team Abschläge darauf geübt hätte. Ich bewegte mich nicht. Ein elendes Gefühl beschlich mich, wie ein dunkler Schatten. Das war's dann wohl.

Wenn sich die Götter auch Augenblicke zuvor noch gedrückt hatten, so kümmerten sie sich jetzt umso intensiver um mich. Kaum eine Minute nachdem ich auf das kaputte Pflaster gecrasht war – die Räder des Bikes drehten sich immer noch –, tauchte ein dunkelgrüner Range Rover hinter der Kuppe auf, am Steuer eine Einheimische namens Andrea Lindsay. Sie hielt und kam auf mich zu gerannt. Als sie meinen rechten Arm erblickte, zuckte sie zusammen und sah weg. „Ich glaube, ihr Arm ist gebrochen."

Ich nickte, wagte aber nicht, selbst hinzusehen.

Ihr kleiner Sohn sah sich mit großen staunenden Augen die Sache genau an und meinte nur: „Wow!"

Andrea half mir beim Aufstehen und stützte mich, so dass ich bis zum Auto humpeln konnte. In dem Moment erschien ein weiterer Allradwagen, am Steuer eine Kanadierin. Sie lud mein Fahrrad samt Gepäck auf und fuhr uns bis in die Stadt hinterher. Eine Viertelstunde nachdem ich aus dem Sattel geflogen war, lag ich auf einer Tragbahre in der Notaufnahme des Margaret River Hospital. Bei einem Blick auf die Uhr stellte ich überrascht fest, dass ich vor knapp einer Stunde noch zufrieden einen madigen Burger gegessen hatte. Als ich die Schwester um etwas Wasser bat, winkte sie ab und wies mich fröhlich darauf hin, dass ich in Kürze wahrscheinlich operiert werden würde. Ich sagte: „Oh, Scheiße!“ Und während meine Augen dem Sekundenzeiger auf der Uhr folgten, wartete ich auf einen Dr. Clarke. Rund 40 Minuten später kam er durch die Tür. Mit einem trockenen Humor, der mich an die Ärzte aus der TV-Serie *MASH* erinnerte, erzählte er, dass die Wellen an diesem Vormittag wieder besonders hoch geschlagen hätten, fünf Meter hohe Brecher, und dass sein Tag bislang aus gebrochenen Beinen, ausgekugelten Schultern und tiefen Schnittwunden bestand.

Es stellte sich heraus, dass mein Arm nicht gebrochen war, wie Andrea anfänglich vermutete. Der Knochen war noch ganz. Der Arzt säuberte die Wunde mit dem Skalpell und nähte sie dann mit einem Dutzend Stichen. Ich hatte außerdem ein paar gebrochene Rippen, eine gedehnte oder gerissene Sehne in der rechten Schulter, die dafür sorgte, dass ich den Arm nicht heben konnte, sowie ein reizendes Muster aus Prellungen und Beulen – unter Radlern gern „Straßenausschlag“ genannt (Ein paar Tage später stellte der Physiotherapeut fest, dass ich wahrscheinlich auch mein Schulterblatt gebrochen hatte.). So furchtbar ich mich auch fühlte, es hätte noch viel schlimmer kommen können. Die Ärzte behielten mich über Nacht zur Beobachtung da. Ich teilte das Zimmer mit einem stoischen Farmer, der von einem Pferd abgeworfen worden war.

Das Krankenhausmenü war einfach – Lamm, Gemüse, Brot und Butter sowie eine Banane –, aber um ein Vielfaches besser als der Larvenlunch zuvor. Andrea kam am Abend vorbei, um nach mir zu sehen. Sie brachte mir einen Schokoriegel, eine Zeitung, zwei Dosen Sprite und einen Apfel mit. „Tut mir Leid, wenn ich Sie mit meinem Gesichtsausdruck erschreckt habe“, sagte sie lachend. „Aber als ich den Arm sah, wäre ich fast umgekippt.“ Sie hielt inne und fügte dann hinzu: „Ich weiß gar nicht, ob ich Ihnen das erzählen soll ... Mein Junge sagt, an der Stelle, wo Sie gestürzt sind, sind jetzt jede Menge Krähen.“

Am nächsten Morgen waren meine Beulen wunderschön aufgeblüht, und ich fühlte mich wie durch den Fleischwolf gedreht. Kein Gedanke, dass ich mich heute, morgen oder irgendwann in naher Zukunft wieder in den Sattel schwingen könnte. Ich checkte im Krankenhaus aus und im

Surf Point Lodge ein, einer schicken Jugendherberge am Prevelly Beach, die heute eine Art Sanatorium für die Surfopfer von Gestern ist. Ich humpelte in den Fernsehraum und setzte mich zu den anderen Verwundeten, die in Gipsverbänden und Bandagen herumhingen, die Schmerztabletten in Reichweite. Hier verbrachte ich die nächsten drei Wochen.

Wenn ich heute auf die 10 000 Meilen zurückblicke und daran denke, wo ich überall hätte verunglücken können, so kann ich es kaum fassen, dass mich das Schicksal ausgerechnet in Margaret River hat stranden lassen. Das Wetter war sonnig, strahlend und angenehm, die Herberge am Strand brandneu (weißer Stuck, hohe Decken und Rattanmatten auf dem Boden), und in nächster Umgebung lagen einige beliebte Weingüter. Bald wurden die Schmerztabletten aus dem Krankenhaus durch ein Gläschen hervorragenden Shiraz und einheimischen Käse ersetzt. Um meine Supraspinatus-Sehne – mein Wort der Woche – mit Ultraschall behandeln zu lassen, ging ich zu einem Physiotherapeuten, der mir eine ziemlich gute Buchhandlung empfahl. Obwohl ich nicht Rad fahren konnte, hatte ich nie das Gefühl, immobil zu sein. Autostop war ein Kinderspiel in diesem irren Winkel der Welt. Man streckt einfach den Daumen raus, und schon ist man unterwegs – meist ebenso schnell und einfach, als ob man selbst ein Auto hätte. Alles in allem, ich lebte wieder gut.

Vielleicht ein wenig zu gut. Es war meine erste längere Pause, seitdem ich Sydney verlassen hatte, und sie gefiel mir. Es gefiel mir, in einen gewissen Trott zu verfallen. Täglich eine Dusche, Einkaufen in der Stadt ... Gesichter, die immer vertrauter werden, die Sicherheit zu haben, wo ich nachts schlafen würde. Es war schön, einmal zur Ruhe zu kommen. Das Leben auf der Straße hatte seinen Reiz vollkommen verloren.

Drei Wochen vergingen. Die Fäden wurden gezogen, die Rippenbrüche verheilten, und langsam konnte ich auch meinen rechten Arm wieder bewegen. Körperlich war ich durchaus in der Lage, wieder aufs Rad zu steigen, und früher oder später würde ich hier meine Zelte abbrechen müssen, denn der Aufenthalt hier war nicht ganz billig. Doch angesichts der Tatsache, die Nullarbor Plain zu durchqueren, hatte ich es nicht besonders eilig. Zweimal war ich fest entschlossen aufzubrechen. Ich frühstückte ein letztes Mal, um dann die Abreise doch wieder unter irgendeinem fadenscheinigen Vorwand zu verschieben. Am 1. Februar schließlich fuhr ich weiter.

KAPITEL 34

Der Radelroboter ist zurück

AUF DEM WEG aus Margaret River machte ich um die unheilvolle Rosa Glen Road einen großen Bogen und nahm stattdessen die alte Caves Road nach Cave Leeuwin. Es war eine landschaftlich reizvolle Straße, die 40 Meilen durch einen Wald aus turmhohen Karri-Bäumen führte, bis hin zu der einsamen Klippe, die die äußerste Südwestspitze des Kontinents bildet. Hier befand sich 1802 Matthew Flinders Ausgangspunkt für dessen Australien-Umseglung.

Die Straße war ruhig, schattig und kühl. Ich fuhr vorsichtig, denn in einem Hinterstübchen meines Hirns regte sich eine ganz neue Form von Zögerlichkeit. Auf der monatelangen Tour von Sydney bis Margaret River, die zwar anstrengend, aber ohne größere Katastrophen verlaufen war, hatte ich irgendwie das Gefühl bekommen, unverwundbar zu sein. Es war nicht direkt Leichtsinn; schließlich war ich gut ausgerüstet mit Werkzeug, Ersatzteilen und genügend Wasser für Wüstendurchquerungen, und auf den Tausenden von Meilen hatte ich eine Menge gelernt. Mein Gefühl der Sicherheit beruhte vielmehr auf der Erfahrung, dass in all der Zeit nichts wirklich Schlimmes passiert war. Ich konnte mir so etwas noch nicht einmal richtig vorstellen. Ein paar Sekunden auf der Rosa Glen Road hatten das alles über den Haufen geworfen. Jetzt konnte ich es mir ziemlich bildhaft vorstellen, was ich an diesem ersten Morgen im Sattel auch recht häufig tat: Immer wieder erlebte ich diesen adrenalinhaltigen Augenblick, in dem ich kopfüber über den Lenker segelte, die unglaubliche Wucht, mit der ich auf dem Asphalt aufschlug, meine verknäuelten Gliedmaßen sowie den Fahrradrahmen. Dieses Bild kam mir allzu häufig in den Sinn. Langsam, immer leicht auf den Bremsen stehend, fuhr ich Abhänge hinunter.

Die folgenden drei Tage folgte ich einer Zickzackroute durch den Südwesten, von Margaret River über Augusta und Nannup nach Pemberton. Meist übernachtete ich in Herbergen, weil meine Rippen eine Nacht auf hartem Boden noch nicht ertragen hätten. Am Nachmittag erreichte ich Pemberton, gerade als die Sirene der Holzmühle das Ende einer Schicht ankündigte. Der Tag hatte heiß und feucht begonnen, und jetzt schob sich eine kühle, gewittrige Regenfront heran.

Pemberton ist eine Holzarbeitersiedlung tief drinnen im Karri-Wald. Die sie umgebenden Hügel lagen im Nebel, und ein kalter Nieselregen fiel. Inzwischen fühlte ich mich schon wieder viel sicherer auf der Straße – mit Hügeln hatte ich jede Menge Übung – und rollte zuversichtlich über die lange, nasse, kurvenreiche Abfahrt in die Stadt hinein. Wieder einmal genoss ich das Gefühl, in einer fremden Stadt angekommen zu sein und die Hauptstraße in dem Wissen entlangzufahren, dass ich beim Schichtwechsel am nächsten Morgen schon wieder auf der Straße sein würde.

Am nächsten Abend war ich in Walpole, nach einer langen und verregneten Fahrt durch das Valley of the Giants, einem Wald aus 2000 Jahre alten, riesigen Eukalyptusbäumen. In einer Pension teilte ich mir das Zimmer mit einem Vertreter für Teddybären, einem korpulenten Südaustralier mittleren Alters, der das ganze Land abfuhr und mit Stofftieren hausierte, die er in seinem 20 Jahre alten Volvo transportierte. Seine farblose Art und sein einsamer, langweiliger Job beschworen sofort Norman Rockwells Handlungsreisenden herauf, der in einem schmuddeligen Hotelzimmer Patiencen auf dem Deckel seines Musterkoffers legt. Nachdem er die ganze Nacht wie ein Walross geschnarcht hatte, fuhr mich der Teddybärmann am andern Morgen beinahe über den Haufen, als er mit einem lautstarken fröhlichen Gruß so dicht an mir vorbeiraste, dass er mich um ein Haar gestreift hätte.

In den nächsten Tagen sollte ich neue Gesichter und Städte sehen und hinter mir lassen: Albany, Jerramungup, Ravensthorpe, Esperance. Die hohen Wälder hörten auf. Die Landschaft öffnete sich, wurde windiger und trockener. In Esperance bog ich nordwärts in Richtung der Goldfelder ab, auf den Eyre Highway, der durch die unwirtliche Nullarbor Plain führte.

KAPITEL 35

Der südlichste Wikinger

VOR HUNDERT JAHREN war Norseman[10] eine offene Goldgräberstadt mit Tausenden von Goldsuchern und urtümlichen, zweistöckigen Pubs – eine von einem halben Dutzend boomender Städte, die über Nacht an den goldhaltigen Rändern der Nullarbor Plain aus dem Boden schossen. Wie in Kalgoorlie und Coolgardie waren in Norseman die staubigen Straßen – die breit genug waren, um einer Karawane eine Kehrtwendung zu ermöglichen – meist voll mit Fahrrädern. Da es in dieser kargen Wüste nirgendwo Wasser für Pferde gab, hatten viele Goldsucher in den 90er Jahren des 19. Jahrhunderts das Fahrrad als Fortbewegungsmittel vorgezogen. Auf alten Fotos in den Pubs sieht man sie mit ihren Drahteseln; überall sonst auf der Welt wären sicherlich auf solchen Bildern Pferde abgebildet gewesen.

An dem heißen Morgen, an dem ich in die Stadt kam, waren weder Fahrräder noch Autos auf den Straßen. Es hatte bereits fast 40°C, und nirgendwo war ein Fleckchen Schatten zu sehen. Die gleißenden Straßen von

---

[10] Zu deutsch: Wikinger

Norseman, dem letzten Wasserloch vor der Nullarbor Plain, schmorten in der Hitze.

Letzte Nacht hatte ich nördlich von Salmon Gums, nur rund 50 Meilen von hier entfernt, gezeltet. Dort beschloss ich, den Tag nicht zu lang werden zu lassen und in Norseman Station zu machen, bevor ich die Nullarbor Plain anging. Ich nahm mir ein Zimmer in einem billigen Motel, deckte mich mit Lebensmitteln ein und verbummelte dann den langen, heißen Nachmittag, indem ich dem Summen meiner tropfenden Klimaanlage zuhörte und zusah, wie sich langsam darunter eine Pfütze bildete. Die Zeit verstreicht sehr langsam an einem Ort wie Norseman. Während ich die Stunden mit Nachmittagsfernsehen totschlug, wünschte ich mir mehrmals, ich wäre gleich weiter gefahren. Mein Abendessen bestand aus Pommes frites und einer fettigen Chikorolle, einer Art Frühlingsrolle, die ich in einem Roadhouse gekauft hatte. Wenn ich nicht so einen Hunger gehabt hätte, hätte ich meine Fahrradkette damit eingeschmiert. Sie schmeckte wie vorverdaut.

Am nächsten Morgen brach ich noch vor Sonnenaufgang auf und steuerte auf die mit Busch bewachsene Weite der Nullarbor Plain zu. Am Stadtrand machte mir ein rotes Straßenschild meinen Wahnsinn noch einmal richtig bewusst: „Wassermangel auf den nächsten 800 Kilometer."

KAPITEL 36

„Ablehnung wird oft als Kränkung aufgefasst“

FETT WIE EIN STÜCK BUTTER thronte er in der Fahrerkabine seines chromblitzenden purpurfarbenen Kenworth, die Hände hinter dem Kopf verschränkt. Die 90-Tonnen-Karre mit den nackten Füßen steuernd, donnerte er mit 80 Meilen pro Stunde über den Highway. Die Augen vor ungläubigem Staunen geweitet, rettete ich mich in den Straßengraben und sah zu, wie er vorbeiraste. Breit grinsend wackelte er mit den Zehen, die auf dem Lenkrad lagen. Eine Sandwolke staubte mir ins Gesicht – als pieksende Rüge dafür, dass ich es wagte, mich mit den großen Jungs hier draußen anzulegen, indem ich versuchte, den „Pferch“ (wie Fernfahrer die Nullarbor liebevoll nennen) zu durchqueren. Das Heulen seiner Reifen verlor sich in der Ferne. Kopfschüttelnd stieg ich wieder auf.

Zwei Tagen nach Norseman fragte ich mich, in was für eine Art Outback-Zirkus ich wohl hier geraten war. Der Eyre Highway gilt als Straße der Gesetzlosigkeit, als schaurig einsamer Streifen Asphalt, der sich über 500 Meilen durch unbewohnte Wüste erstreckt. Die einzige Polizeiwache, die der Selbstjustiz der Trucker hier draußen Einhalt gebieten könnte, befindet sich in der alten Telegrafenstation Eucla. Es ist die bevorzugte Fluchtroute für Gauner, die sich den Arm des Gesetzes im Osten entziehen wollen. Ich hatte jede Menge Horrorgeschichten gehört über Räuber, Vergewaltiger, Mörder und psychopathische Anhalter. Ich war gewarnt worden, mein Zelt möglichst versteckt aufzubauen, die Augen offen zu halten und mich vor jedem in Acht zu nehmen, der an einsamen Rastplätzen und Wasserstellen herumlungert.

Am Tag bildeten die Stille und die Einsamkeit der Straße einen beunruhigenden Kontrast zu dem Abfall, der überall im Busch herumlag. Die Sonne brach sich in Glassplittern, in zerbrochenen Colaflaschen und schimmerte auf Kassettenbändern, die sich wie Girlanden um die Salzbüsche rankten. Verbeulte Emu-Bitter-Dosen lagen überall verstreut. Die Straßenschilder waren zum Teil mit Einschusslöchern übersät, und zwar nicht von lächerlichen 22-Kaliber-Kügelchen verursacht, sondern von 303-Kaliber-Kugeln. Auf einem dieser durchsiebten Schilder pappte ein Aufkleber mit der Aufschrift: „Registriert Schwuchteln, nicht Waffen! Bevor sie uns alle umbringen!“

Wann kommen bloß all diese Dinge zu Stande? Oft hatte ich das Gefühl, ich durchfahre ein Gelände, auf dem in der Nacht eine wüste Party stattgefunden hat, und die Kobolde hatten den ganzen Unrat einfach liegen lassen.

Hin und wieder tauchte am graublauen Horizont ein Punkt auf, der sich beim Näherkommen in einen Roadtrain verwandelte. Auf der Plastikzierleiste über den Kuhfängern stand „Stray Dog“, „The Bitch“ oder „Pist-'n'-Broke“, Namen britischer Hardcore-Punkbands. Sie bremsten für nichts und niemanden. Einen Monat zuvor hatte direkt vor Norseman einer dieser nächtlichen Hellrider eine ganze Herde aus 16 wilden Kamelen umgemäht, die sich auf dem warmen Asphalt aufwärmen wollten. Die Polizei konnte sieben verwundeten Tieren nur noch den Gnadenschuss geben. Als der Trucker in Perth ankam, klebten noch blutige Fellfetzen an seinem Kühlergrill.

Es hatte morgens 45 °C im Schatten, als ich in Caiguna einfuhr. Das Roadhouse, das im grellen Licht glänzte, war nach 90 Meilen kochendem Nichts das erste Lebenszeichen. Durstige Besucher wurden von dem Schild begrüßt: „Bitte nicht um Wasser bitten, denn Ablehnung wird oft als Kränkung aufgefasst.“ In der Gaststätte lag eine aggressive Stimmung und der Gestank von altem Grillfett in der Luft.

Ein paar Fernfahrer, jeweils rund 100 Kilo festes, rotes Fleisch, saßen am Truckerstammtisch – der einzige Tisch, der eine Klimaanlage besaß. Auf ihren Tellern lagen Steaks und Pommes. Sie waren bärbeißige, verdrießliche Typen in blauen Unterhemden und King-Gee-Shorts und mit verblassten Tätowierungen auf den Unterarmen. Eine Wolke aus Zigarettenrauch schwebte über ihren Köpfen. Sie schimpften über die Hitze; ihre Motoren liefen heiß.

Die Trucker warfen mir unheilvolle Blicke zu. Ich setzte mich ans Fenster. Das Glas reflektierte die Hitze. Motorisierte und Nichtmotorisierte –, die es vielleicht noch nicht wussten, belehrte ein T-Shirt, das an eine Anschlagtafel gepinnt war, über die Hackordnung: „Am ersten Tag schuf Gott Caiguna. Am zweiten den ersten Truck. Am dritten den ersten Trucker. Und der Rest interessiert ihn einen...!“

Irgendwann kam die Bedienung. Ich bestellte einen Hamburger und kaufte für 14 Dollar Wasser, um meine Flaschen aufzufüllen. Als ich meine Geldbörse öffnete, um das Geld herauszusuchen, unterdrückte ich den Wunsch, die Geschichte des Wall Drug Store in Wall, South Dakota, zu erzählen. 1931 hatte dort ein Drogist mit einem einfachen Trick ein Vermögen gemacht: Er bot kostenlos Wasser an, um damit Passanten anzulocken, und zwar mit dem Hintergedanken, dass sie vielleicht ein Eis oder einen Schokoriegel dazu kauften. Siebzig Jahre und zehn Millionen Gläser Eiswasser später war der Wall Drug Store im ganzen Land bekannt und Millionen Dollar wert.

Natürlich hätte es überhaupt keinen Sinn, diese Geschichte hier zu erzählen. Bestenfalls hätten sie nur verständnislos die Köpfe geschüttelt darüber, dass es einen Schwachkopf gibt, der so viel Wasser verschenkt hat. Gereizt ging ich nach draußen in die stickige Hitze und begann, mein kostbares Wasser – das fast doppelt so teuer war wie der ohnehin schon unverschämt teure Sprit hier – in meine Flaschen zu füllen.

Im schmalen Streifen Schatten unter dem Dachvorsprung saß ein braun gebrannter Typ und beobachtete mich. Er saß schon vor meiner Ankunft dort. Ich hatte angenommen, dass er ein gestrandeter Anhalter war. Was nicht stimmte. Die Telefonleitungen entlang dem Highway waren komplett außer Betrieb, als Folge eines Sandsturms am Tag zuvor. Folglich war es unmöglich, mit Kreditkarte zu bezahlen. Er hatte hier tanken wollen, hatte allerdings nicht mehr genügend Bargeld, um sich bis ins 120 Meilen entfernte Ballonia mit Sprit zu versorgen. Also wartete er. Den letzten Rest seines Geldes hatte er in kühle Getränke umgesetzt, und in den letzten vier Stunden hatte man ihm im Roadhouse noch nicht einmal eine Tasse Kaffee oder einen Schluck Wasser angeboten. Ich gab ihm etwas von meinem ab; er nahm einen ausgiebigen Schluck und reichte mir die Flasche zurück.

„Danke", sagte er japsend. „Wissen Sie, ich habe das ungute Gefühl, dass die einen hier elend verrecken lassen, wenn man nicht die nötige Kohle dabei hat."

KAPITEL 37

Nullarbor = viel Ärger

ALS ICH CAIGUNA VERLIESS, stand die Sonne im Zenit. Nach Cocklebiddy fuhr ich unter einem Schleier aus schillernden Wolken. Ein Südwind wehte von der Großen Australischen Bucht her, schubste mich herum und gab mir das Gefühl, wie eine Fastfoodschachtel über eine kalte Gasse geblasen zu werden. Ich kam gut voran. Die Luft fühlte sich ungewöhnlich kalt an, und der schwere blaue Himmel über dem Salzbusch verlieh der Landschaft etwas Surreales.

Als das Tageslicht nachließ, versammelten sich an den Straßenrändern Gruppen von Kängurus, die sich auf dem warmen Asphalt wärmtem. Nach ein paar nervenaufreibenden Beinahezusammenstößen – Kängurus verschmelzen farblich perfekt mit den Büschen an der Straße – beschloss ich, Feierabend zu machen. Ich würde sowieso bald halten müssen, da der Wind sich zu einem Sturm ausgeweitet hatte. Ich vernahm ein Donnergrollen. Ein Unwetter war im Anzug.

Rund 100 Meter abseits der Straße schlug ich mein Lager auf einem schorfigen Stück Erde auf. Während der Wind im Salzbusch heulte und mir Regentropfen ins Gesicht schlugen, mühte ich mich, meine Dackelgarage aufzuspannen. Blitze zuckten und warfen absurde Schatten auf das Buschland. Ich kroch in das Zelt und aß noch einen Müsliriegel und ein paar getrocknete Pfirsiche, bevor ich einschlief.

In dieser Nacht wachte ich zweimal auf, einmal weil der Regen so laut prasselte, und das zweite Mal weckte mich das schaurige Kläffen von Dingos. Sie waren ganz in der Nähe. Aufmerksam lauschend lag ich da, und gerade als ich wieder am Einschlafen war, hörte ich ein Knurren, diesmal ganz nah – höchstens eine Armlänge entfernt. Danach lag ich lange wach und versuchte mich damit zu beruhigen, dass noch nie ein wilder Dingo einen erwachsenen Mann angefallen hatte – jedenfalls bis jetzt.

Irgendwann muss ich doch wieder eingeschlafen sein. Als ich wieder zu mir kam, fiel schwaches Licht in meinen Gore-Tex-Kokon. Ein neuer Tag erwachte über der Nullarbor.

Mit Hilfe des Rückenwinds schaffte ich an diesem Tag 100 Meilen. Der morgendliche Nieselregen hörte langsam auf. Durch die dünner werdenden Wolken fiel strahlend die Sonne und erwärmte die Luft auf milde 30°C. Am Nachmittag fuhr ich über den Madura Pass, der genau die Mitte zwischen Perth und Adelaide markiert und von dem aus eine lange, kurvenreiche Abfahrt in das niedrig gelegene Tafelland am Rande der Großen Australischen Bucht führt.

Der Blick war ebenso überraschend wie unerwartet. Bis zu diesem Moment war die Nullarbor für mich immer nur ein plattes Stück Land gewesen. Doch vom höchsten Punkt des Madura-Passes aus konnte ich auf ein Meer aus Melden-Gebüsch blicken, das, bis zum Horizont reichend, unter einem Staubschleier verschwommen in der Nachmittagssonne leuchtete. Die schräg einfallenden Sonnenstrahlen, das Spiel von Licht und Schatten auf den Melden-Büscheln verlieh der Ebene Tiefe und Textur. Lässig in die Pedale tretend, fuhr ich mit flotten 20 Meilen die Stunde die lange Abfahrt hinunter.

Dieser wunderbare Nachmittag und die Tatsache, dass ich zum ersten Mal seit dem Unfall die 100-Meilen-Grenze überschreiten würde, verlieh mir ein gutes Gefühl. Nach Wochen voller Gegenwind und Hitze würde ich endlich wieder planmäßig an einem Zielort ankommen. Während die Meilen unter meinen Rädern dahinschmolzen, begann ich Pläne zu schmieden: Noch so ein Tag, und ich würde in Südaustralien sein. Zwei mehr – vielleicht drei –, und ich hätte die Nullarbor sicher hinter mich gebracht. In dieser Nacht campte ich in einem Eukalyptuswäldchen. Die Nullarbor war doch eigentlich gar kein so schlechter Ort.

Am nächsten Morgen war noch alles in Ordnung, wenn auch merklich wärmer und stickiger. Vor Sonnenaufgang war ich auf der Straße, weil ich die angenehmen Bedingungen nutzen wollte, um bis zum Nachmittag die Grenze zu Südaustralien zu erreichen. Ich riss 30 Meilen herunter, bis ich zum ersten Mal hielt, um etwas zu trinken und einen Müsliriegel zu essen. Rund 13 Meilen trennten mich noch vom Mundrabilla Roadhouse. Es würde ein Leichtes sein, auch heute wieder 100 Meilen zu schaffen.

Ich wusste, dass ich gut unterwegs war. Dennoch überraschte es mich, wie viel Schweiß auf die Straße tropfte, als ich den Helm abnahm. Es war viel zu früh am Tag, um schon so heiß zu sein. Und die Fliegen! Sobald ich anhielt, fielen sie in horrorartigen Schwärmen über mich her, summend und brummend wie ein letzter apokalyptischer Akkord. Nicht einmal während der vielen Tausend Meilen im Outback, nicht mal im Barkly Tableland, hatte ich solche Mengen von diesen wimmelnden Bastarden um mich gehabt. Sie krabbelten über mein Gesicht, in meine Ohren, sie suchten nach der Feuchtigkeit in meinen Augen und Mundwinkeln. Ein rundes Dutzend fiel in meine Wasserflasche, als ich sie öffnete. Beim Trinken musste ich ihre ekligen kleinen Körper mit den Zähnen filtern.

Während ich noch über die fiebrige Hitze und die wahnsinnige Fliegenplage sinnierte, hörte ich ein dumpfes Grollen in der Ferne. Es klang so sehr wie das Donnern eines unbeladenen Roadtrains, dass ich mich umdrehte, um zu sehen, ob einer dieser dicken Lastzüge des Weges kam. Doch der Highway war leer und leblos, so weit das Auge reichte.

Ich war verwirrt und wollte plötzlich gar nicht hier sein, sondern wünschte mich weit, weit weg. Einen Augenblick später holte mich eine heftige Hitzeböe, die aus den felsigen Hügeln im Norden kam, in die Wirklichkeit zurück. Mein Fahrrad fiel scheppernd zu Boden. Ich blickte ungläubig. Im heißen Wüstenwind brannten und tränten meine Augen. Die Temperatur schoss innerhalb von wenigen Minuten um 10°C in die Höhe, als ob jemand einen gigantischen Schweißbrenner auf die Landschaft gehalten hätte. Nie im Leben hatte ich eine solche Hitze erlebt. Ich stand einen Moment lang da, stemmte mich gegen den sengenden Wind und fragte mich, was da gerade passierte. Dann wurde mir mit einem befremdlichen Gefühl der Verblüffung klar, dass ich hier schnellstmöglich rausmusste, wenn mir mein Leben lieb war.

Ich brauchte über zwei Stunden bis Mundrabilla. Gegen die heftigen Windstöße ankämpfend, wackelte ich die Straße entlang. Alle paar Meilen hielt ich an, um einen Liter Wasser zu trinken. Die Wucht mit der Hitze und Wind zuschlugen, machte mir Angst. Meine Schläfen pochten, mein Atem pfiff, meine Kehle brannte. Meine Beine wurden schwach und fühlten sich wie Gummi an.

Mir fiel eine Radiomeldung ein, die ich ein paar Wochen zuvor gehört hatte: Ein scheinbar gesunder Motorradfahrer war in der Simpson Desert bei 45°C tot umgefallen. Damals hatte ich das für eine schrullige Story gehalten, die mich persönlich aber überhaupt nichts anging. Schließlich hatte ich zuvor schon viel höhere Temperaturen kennen gelernt, und das nicht mit dem Motorrad. Doch dieser grauenhafte Wind jagte mir Gänsehaut über den Rücken und trocknete mich aus wie ein Stück Räucherschinken.

Nichts kann den Durst bei diesem Wind stillen, auch wenn man noch so viel Wasser trinkt – weder im Stehen, noch während des Fahrens. Unter diesen Umständen konnte ich mir leicht vorstellen, tot umzufallen, ob nun vom Fahrrad oder im Sessel sitzend. Ich musste an den anmaßenden Trapper in Jack Londons Kurzgeschichte *Das Feuer im Schnee* denken. Er war der blinden Überzeugung, dass er mit allem zurecht käme, egal welche Prüfungen die Natur ihm auferlegen würde. Zu seinem Entsetzen musste er aber irgendwann erkennen, wie weit die teuflische Macht der Natur in Wirklichkeit reicht.

Hier draußen ist ihre Reichweite tatsächlich enorm. Der Entdecker Edward John Eyre, der 1841 die Nullarbor durchquerte und den Wind und die mörderische Hitze nur knapp überlebte, beschrieb sie als „Gegend, in die man nur in schlimmen Träumen gerät". Und damit traf er den Nagel auf den Kopf. Die Windböen lösten meinen emotionalen Schutzschild, drangen ins Innerste meiner Persönlichkeit vor und fanden mit traumwandlerischer Sicherheit genau die schwachen Punkte. Unter dem Joch der Hitze wurde ich sauer, dann irrational, um schließlich vor ohnmächtiger Wut überzukochen. Es war alles so verdammt unfair! Nicht, aber auch gar nichts klappte. Oder konnte klappen. Oder würde jemals wieder klappen. Ein Leben voller unterschwelliger Unsicherheiten kroch an die Oberfläche. Mein Gesicht wurde immer röter. Das Schicksal machte sich hier über mich lustig und all meine Anstrengung zu vergeblicher Mühe. Mein Groll nahm zu. Das war ein bescheuertes Land, voll mit bescheuerten Leuten. Ich fing an, meine ganze Reise in diesem grotesken Sinne neu zu überdenken, erinnerte mich an jede tatsächliche oder eingebildete Beleidigung, jede Ungerechtigkeit, jeden Nepp, jeden dummen Autofahrer, der mich auf den letzten 7500 Meilen geschnitten hatte. Einige Wagen rauschten vorbei, und die Fahrer hupten und winkten mir ermutigend zu. Selbstgefällige, klimatisierte Bastarde, die sich an meinem Leid weideten. Ich hasste sie alle, jeden Einzelnen von ihnen. Doch am allermeisten hasste ich mich, weil ich mich freiwillig in die Fänge dieser entsetzlichen Wüste begeben hatte.

Endlich entdeckte ich, in rund zwei Meilen Entfernung, ein Hinweisschild in der Hitze flimmern. Bis ich es erreichte, hielt ich dreimal zum Trinken an. Die letzte Trinkpause machte ich in der Nähe des Roadhouses. Ich saß nicht mehr auf dem Rad, sondern schob es stolpernd durch die grelle Hitze und Sandböen.

Der Geschäftsführer des Roadhouses hatte mich durch das Fenster des Diners näher kommen sehen. Seine Augen waren weit aufgerissen. „Mein Gott, Sie können aber wirklich heilfroh sein, es bis hierher geschafft zu haben", rief er aus, als ich durch die Tür stolperte. „Das kam plötzlich aus dem Nichts. Wir kriegen heute leicht noch 50°C." Ich nickte, ließ mich auf einen Stuhl fallen und verbarg mein Gesicht in der Armbeuge. Nach ein paar Minuten ließ das Pochen in meinen Schläfen nach, ebenso meine Wut. Als ich meine Stimme wiederfand, bestellte ich krächzend ein paar Liter Milch, etwas Orangensaft und eine Flasche eiskaltes Wasser.

Nach dem alten Thermometer auf der Veranda hatten wir an diesem Tag 51°C im Schatten. Wer weiß, wie viel es in der prallen Sonne waren. „Die Hitze ist schon schlimm genug", schimpfte einer der Roadtrainfahrer, dessen Thermometer im Truck 56°C angezeigt hatte, „aber dann auch noch dieser Wind! Heute Vormittag bin ich gut vorangekommen, aber dann – bumm! Das kostete mich 20 Kilometer pro Stunde." Niemand kam jetzt mehr voran. Die meisten Trucks hielten am Straßenrand, damit ihre Motoren nicht überhitzten und die Reifen nicht platzten. Der Asphalt auf der Straße war weich wie Lakritze.

Ich blieb bis Sonnenuntergang in Mundrabilla. Als das Thermometer nur mehr 36,6°C anzeigte, brach ich ins rund 30 Meilen entfernte Eucla auf. Der Wetterbericht hatte für die kommenden Tage wieder Hitze angesagt, und da Eucla das angeblich schönste Roadhouse auf der ganzen Strecke durch die Nullarbor hatte, beschloss ich, mich dort vor der Hitze zu verstecken.

Von den Fliegen abgesehen, war es eine überraschend angenehme Fahrt. Im Westen hatte sich ein Gewittersturm zusammengebraut. Ich sah ihn hinter mir, eine quellende Masse aus purpurfarbenen Wolken, die sich gegen das fließende Orange des Sonnenuntergangs abhob und einen schwarzen, gazeartigen Regenschleier über die Wüste legte. Ein leichter Rückenwind blies mich die lange, kurvenreiche Straße auf den den 55 Meter hohen Eucla-Pass hinauf. Mit der kühleren Temperatur kamen auch die Roadtrains zurück. In der hereinfallenden Dämmerung donnerte einer nach dem anderen an mir vorbei, bestrebt, die verlorene Zeit wieder aufzuholen.

Als ich den Pass erreichte, war es bereits dunkel. Euclas berühmtes Neonkreuz – das aus einem Stephen-King-Film stammen könnte – leuchtete über der Wüste wie der Scheinwerfer eines Leuchtturms, der mir den Weg wies.

Nicht allzu weit vom Roadhouse entfernt baute ich mein Zelt auf. Der Boden war immer noch heiß. Es war, als ob ich auf einer Heizdecke liegen würde.

Als die Quecksilbersäule früh am Morgen auf die 40°C zukroch und die Luft von Millionen Fliegen summte, schob ich mein Fahrrad zum Roadhouse und nahm mir ein Motelzimmer. Die Temperaturen erreichten an diesem Tag 47°C, wie Euclas Wetterstation berichtete. Ich verbrachte den ganzen Tag in meinem Zimmer bei zugezogenen Vorhängen und eingeschalteter Klimaanlage, die tapfer ihre Dienste leistete. Es wäre purer Wahnsinn gewesen, an diesem Abend noch weiter zu fahren, und so blieb ich eine zweite Nacht. Zum nächsten Roadhouse, weiter östlich an der

Grenze zu Südaustralien, waren es zwar nur zehn Meilen, doch dann folgten 120 Meilen bis zum Nullarbor Roadhouse. Die Erinnerung an meinen 13-Meilen-Todesmarsch nach Mundrabilla hielt mich davon ab, die wasserlose Strecke nach Nullarbor anzugehen, solange ich Gefahr lief, erneut in solche Schwierigkeiten zu geraten. Am nächsten Tag stiegen die Temperaturen auf 47°C, und der Wind blies unvermindert aus der Great Victorian Desert. Das Leben auf dem Highway kam buchstäblich zum Stillstand. Die Roadhouses pumpten keinen Sprit mehr nach, weil er einfach in der Hitze verdunstete. Vögel fielen tot vom Himmel.

Nicht nur die Nullarbor Plain litt unter dieser Hitze. Ganz Südaustralien wurde von dieser schlimmsten Hitzewelle seit Jahrzehnten heimgesucht. Adelaide schmorte in der drückendsten Hitze seit 1939, Melbourne und Sydney – die den heißesten Februar seit hundert Jahren erlebten – hatten zahlreiche Hitzschlagopfer und einige Tote zu beklagen.

Immerhin ging es mir in Eucla gut. Seit über hundert Jahren – als hier 1873 die erste transkontinentale Telegrafenlinie verlegt wurde – ist Eucla willkommenes Etappenziel für die unerschrockenen Reisenden, die die Nullarbor durchqueren. Die Ruinen der einstigen Telegrafenstation liegen beinahe unter den Wanderdünen begraben. Das heutige Roadhouse steht auf einem Felsen, weit oberhalb der Station. Es ist das letzte im Familienbesitz geführte Roadhouse in der Nullarbor Plain. Die nette Kneipe wurde vor dreißig Jahren von Gedeminas und Pajauta Patupis gebaut, die nach dem Zweiten Weltkrieg aus Litauen hierher ausgewandert waren. Auf einer Strecke von fast 8000 Meilen war es das einzige Roadhouse, das so wunderbare Dinge wie frischen Salat oder hausgemachte Lasagne anbot. Andererseits gibt es nur wenig Zeitvertreib im Motelzimmer einer Raststätte, außer Fernsehen, Patiencen legen oder Lesen. In den drei Tagen, in denen ich hier festsaß, arbeitete ich mich durch Agatha Christies Mord im Orientexpress, die 700 Seiten von James Clavells Tai-Pan, um schließlich mit der Gideon-Bibel anzufangen. Rasa Patubis, die Tochter des Hauses, brachte mir einen Arm voller Ross-Thomas-Taschenbücher. Rasa zeigte mir auch die neueste Satellitenwetterkarte, die aus Perth gefaxt worden war. Sie deutete auf ein baldiges Ende der Hitzewelle hin. An meinem vierten Morgen in Eucla brach ich wieder auf. Eine Stunde später war ich an der Grenze zu Südaustralien.

KAPITEL 38

Von Gegenwinden und Gehirnamputierten

NEBEN DEM WOHNWAGENPARK in Border Village stand ein riesiges Schild mit der Aufschrift: „Achtung: UFOs auf den nächsten 111 Kilometern. Wir betreten das Unglaubliche."

In der Tat scheint es eine eigenartige *Akte-X*-mäßige Ähnlichkeit zu geben zwischen der terrestrischen Leere der Nullarbor Plain und den unendlichen Weiten des Weltraums. Direkt östlich von Eucla führt der Highway um einen Meteoritenkrater herum, der einen Durchmesser von rund 180 Metern besitzt. Der Wüstenboden ist übersät mit kieselsteingroßen metallic-schwarzen Meteoriten, die als Tektiten bezeichnet werden. 1979 stürzte Skylab, die unglückselige Raumstation der NASA, als Trümmerregen in der Nullarbor zur Erde. Reisende berichten oft, nachts am Himmel merkwürdige Lichter gesehen zu haben. 1988 behauptete eine ganze Familie, die auf diesem einsamen Highway unterwegs gewesen war, eine fliegende Untertasse sei gekommen, habe sie samt Wagen mit einem Traktorstrahl erfasst, weggetragen und in einen Graben fallen lassen.

Mir wäre an diesem Morgen die Unterstützung wohl gesonnener Aliens durchaus gelegen gekommen. Der kühle Südwind, der die Hitzewelle beendet hatte, brachte leider auch heftigen Gegenwind mit sich. So dankbar ich für die kühlen Temperaturen und den Nieselregen war, angesichts meines Tempos von zähen fünf Meilen pro Stunde hatte ich gleichwohl den Eindruck, in ein Nullsummenspiel geraten zu sein.

Der Eyre Highway streift hier ein Gebiet, das zu den unwirtlichsten Küsten des Planeten gehören muss. Australien endet hier urplötzlich, in beinahe beängstigender Weise, an einer hohen Steilküste, an der die Wellen des Indischen oder des Südlichen Ozeans, wie er hier zu Lande genannt wird, donnern. Hin und wieder führen Straßen direkt zum Klippenrand hin, von wo man auf die Kalksteinkliffs blicken kann, die sich meilenweit in beide Richtungen erstrecken.

Eines Nachmittags stellte ich mein Bike an diesem Abgrund ab und blickte, den kühlen Wind im Gesicht spürend, auf die düstere graue See, die bis zur Antarktis reicht. Hinter mir erstreckte sich die platte Buschlandschaft der Nullarbor Plain. Nirgendwo wird Australiens Abgeschiedenheit deutlicher spürbar als am Rande dieser einsamen Klippen, an deren Fuß weit unten dumpf die Brandung donnert. Es gab kein anderes Geräusch. Ich war der erste – oder letzte – Mensch auf Erden.

In diesen Tagen rund um Eucla lernte ich viel über das unberechenbare australische Klima. Solange die Winde aus dem Norden kamen, lagen die Temperaturen bei fast 50°C. Seit das Wetter vom Südlichen Ozean her kam, zitterte ich vor Kälte. Die Luft war feucht und nasskalt. Unangenehmer Regen stach mir ins Gesicht. Der Wind war immer noch viel zu heftig, sodass ich den ganzen Nachmittag auf diesem gottverlassenen Klippenrand kauerte, sämtliche Klamotten, die ich dabei hatte, am Leib, das Fahrrad als Windschutz aufgestellt.

Der nächste Tag war kaum besser. Für 120 Meilen am Klippenrand bis zum Nullarbor Roadhouse brauchte ich drei einsame Tage. Als ich früh morgens endlich dort ankam, hatte ich keinen Proviant mehr und nur mehr wenig Wasser. Ich sehnte mich nach einem Frühstück.

Nach einem Wetterwechsel zeigte sich der Himmel klar und blau. Ich schaffte an dem Tag 110 Meilen und campte in einem lauschigen Eukalyptushain, nahe dem Reservat der Yalata-Aborigines. Nach weiteren zwei Tagen anstrengender Fahrt durch einsames, trockenes Busch- und verdorrtes

Grasland erreichte ich die Außenbezirke von Ceduna. Der abgeschiedene südaustralische Fischerhafen gilt als östliche Endstation der Nullarbor-Durchquerung. Noch bevor ich die Stadt erreicht hatte, entdeckte ich die Skyline aus weißen Getreidesilos, die am Horizont schimmerte. Ich hielt an der Quarantänestation an und erklärte, dass ich kein frisches Obst aus Westaustralien mitbrachte. Dann rollte ich die sanfte Böschung in die Stadt herein. Die erste seitdem ich vor zwei Wochen Norseman verlassen hatte.

Ich mietete mich in einen Caravan innerhalb eines Wohnwagenparks ein und nahm erst einmal eine ausgiebige, heiße Dusche. Wenngleich meine Beine bereits kurz davor waren, ihren Dienst zu quittieren, zwang ich sie, mich in den Supermarkt zu tragen, um ein ordentliches Abendessen zu kaufen. Die erfolgreiche Wüstendurchquerung feierte ich mit scharfen Würstchen, Reis, einem vollen Teller Gemüse, einer Zuckermelone, Kirschjoghurt, zwei Litern Fruchtsaft und zwei Packungen Ingwerkeksen.

Vor dem laufenden Fernseher schlief ich schließlich ein. Als ich mich 14 Stunden später vollkommen groggy im Wohnwagen umsah, lief er immer noch. Ich fragte mich, wo ich denn überhaupt war und versuchte mich Stück für Stück an die letzten 1000 Meilen zu erinnern. Nach dem Frühstück – das aus einer kompletten Packung Müsli, einem weiteren Kirschjoghurt, zwei Litern Orangensaft, einer Zuckermelone, drei Tassen Kaffee und einem Zahnstocher bestand – schwang ich meine Packtaschen auf den hinteren Gepäckträger und verließ die Stadt.

KAPITEL 39

Die Antwort auf Einsteins Frage

AUCH WENN CEDUNA gemeinhin als Ende der Nullarbor Plain gilt, so unterscheiden sich die 300 Meilen über die Eyre-Halbinsel bis Port Augusta nur unwesentlich davon. Die Landschaft ist staubig und einsam, und obwohl die Farmerstädte nicht so weit auseinander liegen, wie die Roadhouses in der Nullarbor, so spürt man dennoch auch hier die vom Winde verwehte Einsamkeit der Nullarbor Plain. Es ist karges Grasland, eine der ödesten und ärmsten Gegenden in ganz Australien. Die ums Überleben kämpfenden Siedlungen mit ihren Getreidesilos strahlen eine Art wortloser Verzweiflung aus.

Die Straße in diesem Landstrich war heiß und leer. Ich schaffte 270 Meilen an zwei Tagen. Als meine Beine am späten Nachmittag des zweiten Tages vor Erschöpfung zitterten, passierte ich ein Schild, auf dem ein Motel im vor mir liegenden Iron Knob angekündigt wurde. Ich beschloss, bis dahin durchzuhalten und mich mit einem weichen Bett zu belohnen.

Iron Knob ist eine alte Eisenerzstadt im Salzbuschland, auf der Südseite der Halbinsel. In der Dämmerung kam ich an. Inzwischen lastete der Himmel schwer und blau über der Landschaft, was der kleinen Stadt einen düsteren Charakter verlieh. Ein Sturm braute sich zusammen. Ich roch den Regen in der Dunkelheit, und die unablässigen Windstöße waren viel kälter als noch vor einer halben Stunde. Ich schob mein Rad eine finstere Hauptstraße entlang, die mit Pressspanbuden, rostigen Anhängern, Hütten aus Pressspanplatten, herrenlosen alten Dampfschaufelbaggern und mit Unkraut überwucherten Parzellen gesäumt war. Den Hintergrund bildete der Felsen, aus dem einst das Eisenerz gefördert wurde.

Das Shell Roadhouse war dunkel. Ebenso verlassen war das Motel, dessen Reklameschild ich ein paar Meilen vor der Stadt gesehen hatte. Obwohl Autos vor den Häusern parkten, drang kein Lichtschein in die Dämmerung heraus, kein Feierabendgelächter aus einem Hauseingang – nur das tiefe, bedrohliche Knurren unsichtbarer Hunde. Es war gruselig. Ich überlegte, ob ich zum Highway zurückkehren und weiterfahren sollte, aber inzwischen war es stockfinster, und der Sturm kam näher. Ich wünschte, ich wäre nie an diesem Ort gelandet, und bereute zutiefst, dass ich diesen Umweg gemacht hatte, nur weil ich Weichei unbedingt in einem Bett schlafen wollte. Hätte ich zur üblichen Zeit gehalten, würde ich längst gemütlich im Zelt liegen.

Ich war gerade kurz davor, am Stadtrand zu campen, als mir ein schwach beleuchtetes Schild ins Auge fiel, das West End Bier anpries. Mein Herz machte einen Sprung. Ein Pub! Australische Pubs haben auch meist Fremdenzimmer.

Ich lehnte mein Fahrrad an einen Zaun und betrat einen engen, mit Bierreklameschildern tapezierten Raum. Ein Dutzend Gäste, die alle schon etwas älter ich waren, lehnten an Stehtischen. Im Fernseher lief eine Folge der Serie *Heartbeat*, die im Yorkshire der 60er Jahre spielte. Alle sahen zu. Ein Schleier aus Zigarettenqualm hing in der Luft. Als man mich bemerkte, brach das Gemurmel abrupt ab. Niemand drehte sich zu mir um. Dennoch hatte ich das Gefühl, dass mich jeder Einzelne im Raum vom Scheitel bis zur Sohle hätte beschreiben können. Ich bahnte mir einen Weg zur Theke, wo eine luchsäugige Matrone mit vor der Brust gekreuzten Armen stand. Sie sagte: „Yeah?"

„Haben Sie ein freies Zimmer?"

Sie blickte mich rund 30 Sekunden an, ohne ein Wort zu sagen. Ich wollte gerade die Frage wiederholen, als ich bemerkte, dass sie über meine linke Schulter blickte und von irgendjemandem, der hinter mir stand, ein Zeichen auffing. Sie sagte: „Yeah."

„Was kostet es?"

Wieder ein Blick, ein Zeichen. „25 Dollar." Sie schleuderte mir die Worte entgegen wie eine Kriegserklärung. Es war ein stolzer Preis für ein Zimmer in so einem winzigen, abgelegenen Pub, aber ich war nicht in der Position, zu feilschen. Ich legte drei Zehn-Dollar-Scheine auf die Theke. „Okay. Kann ich mein Fahrrad irgendwo unterstellen?"

Die Frau blickte auf das Geld und schob mir die Scheine dann wieder zu. „Ich glaube, Sie wären im Motel besser aufgehoben. Warum gehen Sie nicht dahin?"

„Weil es geschlossen ist."

„Die Besitzer wohnen die Straße runter. Ich bin sicher, die machen auf und geben Ihnen ein Zimmer. Sie sollten dahin gehen."

Ein massiver Typ mit Boxervisage schlich sich von der Seite an mich heran. Demonstrativ überschritt er die Grenze des normalerweise üblichen körperlichen Abstands, indem er mir so nah kam, dass sein Gesicht nur noch ein paar Zentimeter von meinem entfernt war. „Ich glaube, das wäre das Beste. Gehen Sie ins Motel."

Sekundenlang herrschte gespannte Stille. Dann nahm ich mein Geld vom Tresen. „Okay. Warum auch nicht?"

Ich verließ das Pub und trat in die Nacht hinaus. Auf meiner Reise war mir schon da oder dort Fremdenhass begegnet. Aber was in Iron Knob vor sich ging, übertraf alles bisher da gewesene. Ich schob mein Rad über die dunkle Straße mit ihren düsteren Hütten, mit Unkraut überwucherten leeren Grundstücken und den unsichtbaren knurrenden Hunden. Irgendwann entdeckte ich das Haus der Motelbesitzer. Es war ein beiger Wohnwagen mit einem rostigen Maschendrahtzaun um den dürren Garten. Ich klopfte. Ein Hund knurrte auf der anderen Seite der Tür. Es brannte kein Licht, aber ich hörte ein Radio. Stimmen waren nicht zu vernehmen. Ich war müde, einsam und inzwischen ernsthaft besorgt bei dem Gedanken, wo ich in dieser windigen Nacht in der mit Abstand unfreundlichsten Stadt der Welt wohl schlafen könnte.

In der Hoffnung auf eine Eingebung ging ich weiter die Straße hinunter. Dann sah ich im Augenwinkel ein blaues Licht, das mir vorher nicht aufgefallen war – die Polizeistation. Genau genommen war es das Haus, in dem der für Iron Knob zuständige Sergeant wohnte. Er hieß Trevor und war gerade auf dem Weg zu Freunden nach Whyalla, als ich bei ihm anklopfte und ihm mein Leid klagte. Er war sympathisch. „Kein Problem", erwiderte er und erzählte, dass die Polizei am Stadtrand gerade ein Ferienlager für Kinder eingerichtet habe. Saubere Betten, Duschen, Herd, Fernseher. Er begleitete mich dorthin. „Ach, machen Sie sich wegen der Bezahlung keine Gedanken", wiegelte er grinsend ab. „Schlafen Sie gut, und schließen Sie ab, wenn Sie gehen."

Eine Stunde später sank ich in ein ausladendes Sofa, eine heiße Tasse Lapsang-Souchong-Tee in der Hand, und hörte zu, wie der Wind in den Zweigen rauschte. Im Fernseher lief irgendein alter Film. Während ich lauschte, wie der Regen gegen das Fenster klatschte, dachte ich über all die Meilen und Monate nach, die ich auf der Straße verbracht hatte. Immer wenn alles schief zu laufen schien oder wirklich kein Ausweg mehr offen war, tauchte irgendwas oder irgendwer auf, und alles war in Butter. Vielleicht war eine der wichtigsten Lehren, die ich aus dieser Reise ziehen konnte, die Antwort auf Einsteins große philosophische Frage: Ist dies ein freundliches Universum?

KAPITEL 40

Zurück ins Barossa-Tal

SECHS MONATE anstrengender Fahrt durch den Outback gingen nun zu Ende. Aus der Salzbuschebene östlich von Port Augusta erhoben sich violett schimmernde Berge. Voller Ungeduld radelte ich auf sie zu. Der leere Highway erstreckte sich vor mir, ein dünnes graues Band, das am Fuß der Bergkette zu enden schien, aber in Wirklichkeit über einen verborgenen Pass hinweg führte. Auf der anderen Seite lag, wie ich wusste, das sanfte Farmland des „Mittleren Nordens" von Südaustralien, das jetzt von der Spätsommersonne goldbraun gefärbt sein würde. Seine alten Getreidespeicherstädte Wilmington, Melrose oder Gladstone säumten den Highway in einem Abstand von zehn Meilen. Für den Rest meiner Reise, von hier bis Sydney, würde es keine 100-Meilen-währende Einsamkeit mehr geben, kein stundenlanges Durchhalten mit rationierten Schlückchen Wasser, kein Fliegenverscheuchen mehr und kein Quälerei bis zum nächsten Roadhouse. Andererseits markierte Port Augusta auch das Ende der abenteuerlichen Outback-Freiheit: einfach zu zelten, wo man wollte, dieses wunderbare Gefühl der Selbstsicherheit oder das Hochgefühl, einen öden Highway entlangzufahren und stundenlang keine Menschenseele zu sehen.

Kurz vor dem Horrock's Pass hielt ich an und blickte zurück auf die endlosen Meilen platter Trostlosigkeit aus silbergrauem Salzbusch, die in den Dunst im Westen verschwand. Lange sah ich hinunter und ließ einen ganzen Reigen von verblassenden Bildern und Erinnerungen Revue passieren. Als ich auf der anderen Seite hinunterfuhr, empfand ich so etwas wie ein Verlustgefühl.

Eine Stunde später fuhr ich an wogenden Weizenfeldern und Schatten spendenden Gummibäumen vorbei und stellte verwundert fest, dass ich die Schönheit von Australiens verschlafenem Farmland nie bemerkt hatte. Immer wieder war ich in den letzten Jahren durch solche Landschaften gefahren. Doch im Grunde hatte ich sie stets als eine Art Südvariante von North Dakota betrachtet, und die knotigen Formen der Gummibäume waren nur interessant gewesen, weil sie mich an eine Zeichnung aus einem Erdkundebuch erinnerten: So hat das Pleistozän ausgesehen. Es fehlten nur noch die Büffel.

Es hatte mich immer erstaunt, wie Australier ins Schwärmen geraten konnten, wenn es um einen staubigen Gummibaumhain am Straßenrand, einen von Schilf umgebenen Wassertümpel in einem sonst trockenen Bachbett oder weite Weizenfelder ging. Meine Augen sahen nur ausgedörrtes, gelbbraunes Nichts. Doch damals hatte ich noch nicht monatelang irgendwo im Outback Hitze, Durst, Fliegen und Einsamkeit bezwungen. Außerdem trug ich auch nicht das kollektive Gedächtnis eines australischen Ureinwohners in meinem Unterbewusstsein. Keiner meiner Vorfahren hatte je Buschfeuer oder Dürre bekämpft, ich hatte keine nostalgischen Erinnerungen an Tanten oder Großeltern, die auf dem Land lebten, und ich hatte in der Schule nie „I love a Sunburnt Country" auswendig lernen müssen.

Doch unzählige Meilen und Erlebnisse hatten meine Wahrnehmung geschärft. Als ich jetzt durch die offene, sonnige Landschaft fuhr, sah ich die Dinge mit anderen Augen. Ich bemerkte die feinen Farbschattierungen an den Stämmen der stattlichen Gummibäume, die erstaunliche Klarheit des südaustralischen Lichts, das lang gezogene, träge Krächzen der Krähen. Eine neue und befriedigende Erkenntnis überkam mich. Welche Mythen auch hinter diesem beständigen Farmland lagen, es schien jetzt auch ein Teil von mir zu sein.

Mein Weg führte mich durch das Weide- und Weizenland des Mittleren Nordens, durch die alte Kupferminenstadt Kapunda nach Süden in die weiten Wingerte des Barossa Valley. Es war Spätsommer, und die reifen Trauben standen kurz vor der Lese. Ich fuhr in das Tal durch den kleinen Weiler Seppeltsfield ein und folgte dann einer von kanarischen Dattelpalmen gesäumten Straße, die herrliche Blicke auf die Shiraz- und Chardonney-Weinreben bot. In der Ferne krachten Schüsse aus Gewehren, mit denen die Papageien von den Pflanzungen verscheucht werden sollten. Die Straßen, die durch die Weinberge führten, wurden von den Autos der Erntehelfer gesäumt. Langsame, alte Pritschenwagen, hoch beladen mit Trauben, rumpelten vor mir die Straße entlang.

Das Barossa Valley, Australiens beste Weinregion, ist eine Enklave der Alten Welt, gespickt mit den Türmen protestantischer Kirchen, die vor über 150 Jahren von preußischen und schlesischen Siedlern hier errichtet wurden. Das örtliche Telefonbuch liest sich wie eines aus Deutschland: Heuzenroeder, Lehman, Linke, Graetz... Heute lebt hier bereits die vierte Generation der Einwanderer. Die kleinen deutschen Dörfer haben ihre eigene Blaskapelle, und manche der älteren Bewohner sprechen noch heute eine Art Australien-Deutsch, das Barossa-German. Bäckereien verkaufen deutsches Brot und Gebäck. In den Auslagen der Metzgereien sieht man Räucherschinken und -würste, die nach alten Hausrezepten hergestellt werden. In Nuriootpa hielt ich bei Metzger Linke in der Murrey Street und gönnte mir eine scharfe Knoblauch-Mettwurst – die beste im ganzen Tal.

Wo es die beste Mettwurst gab, wusste ich genau, weil ich das Barossa Valley ziemlich gut kannte. Ich hatte einmal weniger als 25 Meilen von hier entfernt gewohnt – in einem Vorort von Adelaide namens Gawler – und hatte hier viel Zeit verbracht. Diese Dörfer mit ihren Kirchtürmen und die weiten Weingärten waren die ersten bekannten Panoramen, die ich seit meiner Abreise aus Sydney sah. Und doch erschien mir das Tal auf merkwürdige Weise anders: tiefer, vielschichtiger und faszinierender. Es war so, als wenn man als Erwachsener noch einmal einen guten Roman liest, den man zu Schulzeiten nur mit Widerwillen gelesen hatte. Voller Gewissensbisse fragte ich mich, warum ich diese Schönheit nicht schon früher bemerkt hatte. Sie war die ganze Zeit über da gewesen.

KAPITEL 41

Mittelstreifenfieber

ACHT MONATE LANG, seitdem ich Sydney verließ, hatte ich mich guter Gesundheit erfreut. Nach unzähligen Meilen durch Wind und Wetter hatte ich nicht einen einzigen Schnupfen gehabt. Inzwischen betrachtete ich meinen Körper als eine Art zuverlässige Maschine. Solange sie ausreichend mit Lebensmitteln und Wasser versorgt und vor Überhitzung geschützt war, benötigte sie keiner weiteren Aufmerksamkeit. Um so überraschter war ich, als ich eines Morgens mit pochenden Kopfschmerzen und tropfender Nase aufwachte. Mein Hals fühlte sich an wie der eines Schwertschluckers mit Bronchitis. Ich fühlte mich von meinem Körper hintergangen.

In Angaston ging ich zum Arzt. Es war ein finster dreinblickender Mensch. Den Kopf zurückgebeugt, spähte er in meinen Hals und diagnostizierte dasselbe fiese Virus, das er zurzeit häufiger zu sehen bekam. Er verordnete Ruhe und verschrieb mir Tabletten gegen Grippe. Also hing ich ein paar weitere Tage im Tal herum, verpflegte mich gut und ließ mir Zeit. Als ich wieder aufbrach, musste ich immer noch husten. Ein wenig frische Luft und körperliche Anstrengung, so überlegte ich, würde die muffige Feuchtigkeit schon aus meinen Lungen vertreiben.

Ich nahm einen anderen Weg aus dem Tal hinaus. Ich fuhr über die Barossa Ranges auf der langen, kurvenreichen Straße nach Sedan, durch die weite, staubige Ebene des Murray River (Noch immer verzaubert vom Barossa Valley, hatte ich beschlossen, mir das urbane Chaos von Adelaide zu ersparen.) Nur rund 40 Meilen trennen Angaston von der alten Hafenstadt Mannum. Trotzdem war ich fix und fertig, als ich dort ankam. Hustend und spuckend musste ich eingestehen, dass ich wohl doch noch nicht ganz gesund war.

Mein Mittagessen bestand aus Aspirin, Wasser und getrockneten Früchten. Mitten an einem heißen und schläfrigen Sonntagnachmittag war der schattige Park am Flussufer voller Menschen, die beim Picknicken waren. Väter brachten ihren Söhnen das Fischen bei. Vor hundert Jahren war Mannum eine Drehscheibe für die Dampfschifffahrt gewesen. Damals türmten sich auf den Kais die Baumwollballen stapelweise. Heute ist es ein verschlafenes Feriennest mit Fischerhütten und Hausbooten. Meinen Matschkopf in die Sonne haltend, döste ich vor mich hin, wobei ich versuchte, mich zur Weiterfahrt zu motivieren.

Die Pause zeigte ihre Wirkung. Ich nahm die Fähre über den Fluss und fuhr dann weitere 20 Meilen flussabwärts bis Murray Bridge. Nur mit Mühe kam ich dort an. In der Dämmerung fuhr ich fiebrig und erschöpft in die Stadt ein. Ich schob mein Rad über die hundert Jahre alte Eisenbrücke auf ein altmodisches Hinweisschild aus roten Neonlettern zu. Vor einer Kulisse aus Palmen und orangenfarbigem Sonnenuntergang stand in Leuchtschrift: H-O-T-E-L.

Mir tat alles weh, Muskeln und Gelenke. Ich nahm ein Zimmer in einem Pub und sah mir, unter meiner Decke zitternd, hustend und unendlich viele Tassen Tee schlürfend, einen alten Gangsterfilm im Fernsehen an. Ich hörte zu, wie der Nachtzug von Adelaide auf dem Weg nach Melbourne durch die Stadt rumpelte, und stellte mir vor, wie ich mitfuhr und die nächsten 500 Meilen in einer bequemen Schienenkutsche zurücklegte. Statt tagelang mit Gummibeinen einen undankbaren Highway entlangzustrampeln, würde ich am frühen Morgen – ausgeschlafen, rasiert und mit Frühstück im Bauch – in Melbourne ankommen. Kurz gesagt, ich wäre von dieser Fahrt befreit, die mir inzwischen wie eine Strafe vorkam.

Die nächsten Tage vergingen im Fiebertaumel. Wieder ging ich zum Arzt, diesmal in Tailem Bend. Er kam zu der Erkenntnis, ich leide unter leichtem Fieber, meinte aber, ich könne weiterfahren, sofern ich es langsam anging. Ich sollte nahrhaftes, leichtes Essen zu mir nehmen und in einem warmen Bett schlafen, statt auf kaltem Boden zu campen. Ich fuhr also weiter und verbrachte die Nacht in einem schäbigen Wohnwagenpark in dem Ort Tintinara. Den Anweisungen des Arztes gemäß verschlang ich einen Riesenteller voller Reis und Gemüse. Ich fühlte mich elend und einsam, in dem von einer nackten 60-Watt-Birne beleuchteten Zimmer.

Am nächsten Tag – der grau und stürmisch war – schaffte ich 100 Meilen. Erschöpft und von Schüttelfrost gebeutelt kam ich in Naracoorte an. Ich verbrachte eine weitere unruhige Nacht in einem Wohnwagen. Am Morgen fühlte ich mich unausgeschlafen, hatte klopfendes Kopfweh und einen schmerzenden Hals. Mit ein wenig gesundem Menschenverstand hätte ich ein paar Tage ausgesetzt, aber irgendwie war ich zu stur. Vielleicht war es eine Nebenwirkung meines Straßenlebens. Irgendwo in meinem tiefsten Innern war meine Existenz eine Symbiose mit dem linearen Fortschreiten auf der Straße eingegangen. Ich hatte also keine andere Wahl und fuhr weiter.

Während ich mir an diesem Morgen die Schläfen massierte, beschloss ich klugerweise, nur bis Penola zu fahren. Nach einer Tablette Demazin, Aspirin und drei Tassen starkem Kaffee fühlte ich mich aber schon wieder besser. Die frische Luft half zusätzlich. Penola kam und zog vorbei. Im Schatten einer Kapelle aß ich ein paar getrocknete Pfirsiche. Das Kirchlein war Mutter Maria MacKillop geweiht, einer Lehrerin aus Penola, die hier am Anfang des 20. Jahrhunderts einen Orden gegründet hatte. Nachdem sie 1995 von Papst Johannes Paul II. bereits selig gesprochen wurde, brauchte sie jetzt nur noch eine Wunderheilung, um Australiens erste Heilige zu werden. Mein Fall würde ihr wohl nicht zum großen Durchbruch verhelfen.

Mit dem Gefühl, unter einer Glasglocke gefangen zu sein, folgte ich einer Nebenstraße Richtung Osten. Ich muss durch hübsches Farmland gekommen sein, aber ich kann mich nicht erinnern. Gegen halb sieben am

Abend erreichte ich schließlich die Stadt Coleraine. Mir ging's ziemlich schlecht, Fieber und Schüttelfrost plagten mich. Ich hielt vor dem Commercial Hotel, einem sehr ansprechend wirkenden Haus. Als ich gerade drauf und dran war, mir hier ein Zimmer zu nehmen, beschloss ich aus unerfindlichen Gründen – zumal ich kaum noch stehen konnte –, noch ein Stück weiter die Straße hinunterzugehen.

Die Sirenen des Schicksals hatten ihr Locklied gesungen. Ich landete vor der Tür des National Hotel, ein zweistöckiges Pub auf Coleraines altmodischer Hauptstraße. Irgendwas an den Blumenkästen in den Fenstern sagte mir, hier bin ich richtig. Ich ging hinein. Das Hotel war nett – das Bett warm und gemütlich, die Dusche erfreulich heiß und dampfend. Doch was es in meiner Erinnerung zu etwas ganz Besonderem machte, waren die Jungs vom Apex-Club[11], die an diesem Abend hier waren. Sie spendierten mir eine Lasagne zum Abendessen und dazu ein paar Drinks aus Rum und Cola – natürlich aus rein medizinischer Indikation. Dann nahm einer von ihnen – ein Typ namens Simon – sein Handy, rief seinen Schwager bei Warrnambool an und reichte mir den Hörer. Am anderen Ende war ein Mandolinenhersteller, der Steve Gilchrist hieß und eine sehr angenehme Stimme hatte. Er bot mir an, in der folgenden Nacht bei ihm zu schlafen. Überglücklich nahm ich das Angebot an.

Bei aller Dankbarkeit hatte ich zu diesem Zeitpunkt noch keine Ahnung, wie wunderbar – ja geradezu lebensrettend – sich Steves Angebot erweisen würde.

Bis zum alten Walfängerort Warrnambool waren etwas mehr als 80 Meilen. Ich wäre beinahe nicht einmal aus Coleraine herausgekommen, doch sobald all die Pillen und das Koffein ihre Wirkung zeigten, ging es wieder. Der Tag war kühl, böig und rau. Schwere graue Wolken jagten über den Himmel. Die weite Hügellandschaft schimmerte metallisch. Es war das beste Schafweideland von Victoria. Ich fuhr Richtung Küste. An viel mehr erinnere ich mich nicht mehr, außer vielleicht noch an Passanten in Hamilton, die mich anglotzten, als mich ein heftiger Hustenanfall an einer Straßenecke zusammenklappen ließ.

[11] Vergleichbar dem Rotary- oder Lions Club.

Am Nachmittag erreichte ich in ein Roadhouse in einem Ort namens Hawkesdale. Zitternd und hustend hielt ich hier an, um eine Kaffeepause zu machen. Mein Kopf brummte, und das Haus der Gilchrists war immer noch 25 Meilen entfernt. Ich setzte mich an einen Tisch, der sich an der großen Panoramascheibe befand. Der Highway war leer. Ein dunkler Schleier hatte sich über die Landschaft gelegt.

Beim Kaffeeschlürfen entdeckte ich eine dicke Wand aus lila-schwarzen Wolken, die sich über dem Ozean gebildet hatte. Sie wirkten schwer und düster, und sie hingen tief genug, um das ganze Land mit einem schwarzen Schleier zu überziehen.

Mein Mut sank. Ich zahlte meinen Kaffee und trat hinaus, dann holte ich eine Regenjacke aus meinen Packtaschen. Wenn ich schnell genug fuhr – so mein unsinniger Gedanke –, würde ich trocken davonkommen.

Falsch gedacht. Ein paar Meilen weiter hatten mich die wirbelnden schwarzen Wolken eingeholt.

Das Wetter war höllisch. Genau die Sorte rauer, böiger Südwestwind, den die alten Walfänger fürchteten und dem dieser felsige, sturmumtoste Zipfel des Kontinents seinen Ruf als Küste der Schiffbrüche verdankte. Eisiger Regen fiel in Strömen, der heftige Südwind blies mir eine Wand aus kaltem Wasser ins Gesicht. Ich kam nur noch im Schritttempo voran. Donner grollte. Um mich herum war nur plattes Land, keine Chance, mich irgendwo unterzustellen. Mir blieb nichts anderes übrig, als weiter zu strampeln. Der Wind trieb den kalten Regen durch meine Kragenöffnungen und in meine Ärmel. Ich fühlte, wie das eisige Wasser über meine verschwitzte Haut floss. Meine Nase lief. Schlamm und Wasser spritzten von der Straße hoch und durchnässten meine Schuhe. Meine Füße waren eiskalt, und meine nackten Beine fühlten sich wie kalt gewordene, nasse Nudeln an.

Drei Stunden lang fuhr ich durch diese Sintflut, hustend und gegen Unterkühlung ankämpfend. Irgendwann fing ich sogar an, mit mir selbst zu reden, um mich wach – oder zumindest bei Bewusstsein – zu halten. Wie ein kleiner Motor wiederholte ich immer wieder „Ich weiß, dass ich es kann, ich weiß, ich kann's, ich weiß, ich kann's!“ Als Motivation rief ich mir meine Siege ins Gedächtnis, wie den in Mundrabilla, wo mich der Hitzesturm aus dem Nichts überrascht und ich es dennoch bis zum Roadhouse geschafft hatte. Oder der höllische Marsch zum DeGrey River damals in der Great Sandy Desert. Wenn ich es damals geschafft hatte, so versuchte ich mich zu überzeugen, würde ich es jetzt auch schaffen. Kurzum, ich hatte Angst.

Als ich mich irgendwann nicht mehr auf den Beinen halten konnte, schleppte ich mich auf tauben Füßen weiter, bei jedem Schritt Wasser aus meinen Schuhen spritzend. Ich glühte vor Fieber und zitterte am ganzen Körper.

Ich erinnere mich, dass Steve Gilchrist gerade aus der Werkstatt trat, als ich ankam. Er und seine Frau Christine steckten mich sofort unter die heiße Dusche. Als ich herauskam, wartete schon eine frische Tasse Kaffee auf mich. Mehr weiß ich nicht mehr. Am nächsten Morgen verbot mir Christine glattweg, das Haus zu verlassen, und ich widersprach nicht. Ich verbrachte einen dämmrigen Tag am Holzofen, während draußen der Regen gegen die Fenster klatschte.

Am Abend – es war Karfreitag – gab es Pizza, und ich wurde am Esstisch ohnmächtig. Steve brachte mich zur Notaufnahme des Warrnambool Base Hospital. Die Krankenschwester stellte 40°C Fieber fest. Der Arzt hatte Bedenken, weil ich allein unterwegs war. Da ich ein Fremder auf der Durchreise war, beschloss er, mich im Krankenhaus aufzunehmen. Steve wollte davon nichts hören. Er mischte sich ein und sagte, er werde sich um mich kümmern.

KAPITEL 42

Im Haus des Mandolinenbauers

STEVE, CHRISTINE und ihre Kinder behandelten mich, als gehörte ich zur Familie. Ich werde nie vergessen, wie ich am Ostermorgen aufwachte und vor meiner Tür Süßigkeiten vom Osterhasen fand. Diese Freundlichkeit erwärmte mich mehr als jedes Feuer und trug zu meiner Genesung mehr bei als jedes Antibiotikum.

Ich verbrachte viele Tage in Steves Werkstatt und wälzte Bücher über die Geschichte des Mandolinenbaus, während er mir voller Begeisterung die Feinheiten seines Handwerks erläuterte. Es war herrlich, einfach nur da zu sitzen, eine dampfende Tasse Kaffee in der Hand haltend, den Duft von Ahorn und Hemlocktanne in der Nase, in den Ohren erdigen Bluegrass-Blues und das Geräusch des Sandpapiers, mit dem Steve liebevoll einer Mandoline den letzten Schliff verlieh. Der Regen, der draußen an den Fenstern klopfte, verstärkte die heimelige Atmosphäre der Werkstatt.

Steve baute seit über zwanzig Jahren hochwertige Mandolinen und edle Gitarren. Heute werden seine mit Schellack polierten Meisterwerke zu Preisen von bis zu 1000 Dollar das Stück gehandelt. Blues- und Rockmusiker aus aller Welt stehen auf der bis zu 18 Monate langen Warteliste. Kein Geringerer als Jerry Garcia spielte eine Gilchrist-Gitarre.

Beim Durchblättern eines Hochglanzbildbandes fand ich ein Zitat, in dem Steve als „einer der besten Mandolinenbauer der Welt“ beschrieben wurde. Als ich ihn auf den Satz ansprach, lächelte er etwas peinlich berührt, in der typisch australischen Art des Understatements, die man häufig hier antrifft, wenn man Leute auf ihr Können anspricht. „Naja“, erwiderte er achselzuckend, „in der Branche ist die Konkurrenz nicht gerade überwältigend.“

Als es mir etwas besser ging und auch die Sonne wieder zum Vorschein kam, nahm sich Steve einen Nachmittag frei, um mir die Gegend zu zeigen. Victorias Südwestküste von Warrnambool bis Geelong ist wohl Australiens spektakulärster Küstenabschnitt. Sturmumtoste Steilküsten, von Regenwald bedeckte Berge und die bekannten Berggipfel, namens „Zwölf Apostel“. Die aus den Roaring Forties kommenden Stürme, die an die tückische Felsenküste peitschen, haben diesen Küstenabschnitt zu einem Schiffsfriedhof werden lassen: über zweihundert Wracks liegen hier auf dem Meeresgrund.

Tragischstes Beispiel war wohl die Loch Ard, ein Einwandererschiff, das in einer nebligen Nacht im Jahr 1878 vor der Küste von Mutton Bird Island sank. Von den 54 Menschen an Bord überlebten nur zwei: Eva Carmichael, eine junge Irin aus gutem Haus, die ihre gesamte Familie verloren hatte, und Tom Pearce, der Kabinensteward. Halb ertrunken, wurden sie in eine Bucht gespült, die seither Loch Ard Gorge genannt wird. Pearce konnte am anderen Morgen die Klippen erklimmen und Hilfe holen. Romantiker hofften, dass die beiden jungen Schiffbrüchigen heiraten würden, doch die soziale Kluft zwischen ihnen war tiefer als die Loch Ard Gorge. Eva kehrte nach Irland zurück, und Tom ging wieder zur See – wo er im Verlauf seines Lebens zwei weitere Schiffsuntergänge überlebte.

Steve erzählte mir das alles, während wir oben an den Klippen entlanggingen. „Ich betrachte diesen Ort als eine Art Parallelexistenz“, sagte er mit einem Hinweis auf die Bucht. „Wissen Sie, meine Familie sollte auf der Loch Arch mitfahren, doch ihr Zug hatte Verspätung und so verpassten sie das Schiff um zwei Stunden. Sie reisten mit dem nächsten.“

KAPITEL 43

Erlebnis Küstenstraße

DIE GREAT OCEAN ROAD ist Australiens spektakulärste Strecke: eine enge, kurvenreiche, 200 Meilen lange Straße, die an Victorias Shipwreck Coast entlangführt. Klippen, Blumen und die glitzernde Wasseroberfläche des Ozeans säumen eine Straßenseite; die üppigen grünen Regenwälder der Otway Ranges, die zum Teil im Otway National Park liegen, die andere. Die Straße wurde als Mahnmal für die im Ersten Weltkrieg gefallenen Soldaten gebaut. Als sie 1932 fertig gestellt wurde, verband sie Melbourne mit einer Reihe hübscher, aber bis dahin schwer erreichbarer Badeorte.

Radfahrer lieben die Great Ocean Road, und ich hatte mich schon monatelang auf die aufregenden Kurven gefreut. Nun da ich sie endlich erreicht hatte, war ich mehr um meine Gesundheit besorgt. Würde ich meine Rundreise beenden können? Mir ging es schon wieder besser, dennoch fühlte ich mich immer noch wie aus Glas. Ich fuhr nur kurze Etappen und schlief immer in Jugendherbergen oder Motels. Zudem achtete ich argwöhnisch auf den kalten Meereswind. Das Letzte, was ich jetzt noch brauchen konnte, war ein eisiger Regenguss, eine damit verbundene Erkältung und einen Rückfall. Im Großen und Ganzen hatte ich Glück, denn ich blieb trocken.

Östlich von Port Campbell und den Zwölf Aposteln schlängelte sich die Straße durch die feuchte Kühle der Otway Ranges. Hier wuchsen riesige Farne und Reste der alten Regenwälder, die einst ganz Australien überzogen hatten. Dann führte die Straße zurück zur See. Hier lagen die beliebten alten Badeorte Apollo Bay und Lorne, gefolgt vom Surfermekka Torquay.

Drei Tage nachdem ich die Gilchrists verlassen hatte, erreichte ich am frühen Nachmittag Queenscliff an der Port Phillip Bay. Das alte Fort stammt aus der Zeit nach dem Krimkrieg, als man den Seeweg nach Melbourne vor der befürchteten, wenn auch äußerst unwahrscheinlichen russischen Invasion schützen wollte.

Ich hatte zwei Möglichkeiten der Weiterfahrt. Ich konnte nach Geelong hinauffahren und mich auf dem Princes Freeway durch den Verkehr schlängeln, um Melbourne von seiner rauen Westseite zu betreten. Oder aber ich konnte die Fähre zur alten Badestadt Sorrento nehmen und dann über die schöne und grüne Südostseite in die Stadt einfahren. Die Entscheidung fiel mir nicht schwer.

Es war ein kühler, grauer Tag, und als ich an der Fähranlegestelle ankam, begann es leicht zu regnen. Ich nahm die drei-Uhr-Fähre und war rund 45 Minuten später in Sorrento.

Meine ursprüngliche Idee war, in Melbourne die Fähre nach Tasmanien zu nehmen. Ich war erschöpft und müde. Dennoch hielt ich an meinem Plan, jeden australischen Staat zu befahren, mit der Sturheit eines Affen fest, der mit der Faust in der Keksdose stecken geblieben ist. Ich übernachtete in Sorrento und fuhr dann 60 Meilen über die Mornington-Halbinsel bis nach Port Melbourne. Die Spirit of Tasmania lag im Hafen vor Anker und würde am Abend nach Devonport, Tasmanien, auslaufen.

KAPITEL 44

Der Tasmanische Teufel

UM DREI UHR nachmittags ging ich an Bord und legte mich auf meine Pritsche, um ein Mittagsschläfchen zu halten. Ich hatte eine Zweibettkabine neben dem Maschinenraum. Nach ein paar Stunden war ich immer noch allein, obwohl sich auf dem Korridor das Gepäck der Leute stapelte. Ich begann die leise Hoffnung zu hegen, dass ich die Kabine für mich allein haben könnte.

Plötzlich sprang die Tür auf, und ein Typ schwankte herein. Er war laut und albern. Eine Karikatur. Ich dachte zunächst, dass er der Schiffsclown wäre. Er wirkte auf mich wie der Vorbote einer Migräne, ohne Schneidezähne und mit einem stahlgrauen Dreitagebart. Er trug eine leuchtend rosa Spiegelbrille und einen glänzenden blauen Nadelstreifenmantel aus Nylon, darunter ein total ausgebleichtes rotes T-Shirt. Seine ausgebeulten grünen Arbeitshosen sahen aus, als würden sie jeden Augenblick herunter rutschen. An den Füßen trug er schmutzige grüne Sandalen. Er stank nach Körpergeruch, Nikotin und billigem Wein.

Er rief: „G'day!"

Ich glotzte ihn einige Sekunden lang an. Ich glaubte fest, dass es sich hier um einen Scherz handelte – vielleicht ein Saufogramm, das in der falschen Kabine gelandet ist. Der Dunst von billigem Fusel aber ließ mich den Tatsachen recht schnell ins Auge blicken. Der vor Dreck starrende Turnbeutel, den er auf das gegenüberliegende Bett feuerte, bestätigte meine Befürchtungen.

„Nur du und ich, hä? Auf nach Tasmanien! Brauchst dir keine Sorgen wegen mir zu machen, Kumpel. Bin weder schwul noch ein Schlägertyp. Nein, mein Herr, wir zwei beide werden uns heute im Pub einen Superabend machen – nur du und ich, hä? Musik, Bier und Tanz – genau deswegen bin ich hier!"

Er sah sich in der Kabine um und stellte mit Entzücken fest, dass unser Bad mit einem richtigen Spülklo ausgestattet war. Begeistert betätigte er es drei Mal. Ich meinerseits schluckte wesentlich weniger begeistert ein paar Aspirin. Als er auf Deck ging, um eine zu rauchen – nicht ohne mir zu versprechen, dass er bald zurückkomme, um mich abzuholen, damit wir unseren Superabend beginnen könnten –, entwischte ich aus der Kabine und verzog mich in einen ruhigen Winkel auf dem B-Deck, um ein Superversteckspiel zu beginnen.

Es war eiskalt an Deck, vom Land blies eine frische Brise, die dem olivbraunen Wasser weiße Krönchen aufsetzte. Die Dämmerung setzte ein. Es war komisch und ein bisschen traurig, wieder in Melbourne zu sein. In dieser Stadt hatte ich fünf ereignisreiche Jahre verbracht. Ich musterte die vertraute Skyline. Das Sonnenlicht hatte sich durch die Wolken gemogelt und spiegelte sich auf der Spiegelfassade des Rialto Tower. Schwarze Regenwolken lagen über der Stadt. Der Strand lag kalt und öde unter einem melancholisch wirkenden Himmel. Er war menschenleer bis auf zwei junge Frauen in blauen Stretchanzügen, die am Strand Speedwalking machten. Seemöwen drehten krächzend ihre Runden.

In Gedanken ging ich vier Jahre zurück, in die Zeit, als ich nur ein paar Blocks von hier, in einem Mietbungalow der Vorstadt Elsternwick, gewohnt hatte. Dorthin blickte ich jetzt. Es war eigenartig, wie grau und klein alles erschien, als ob ich den Schauplatz eines Romans besuchte, dessen Autor die Einzelheiten ziemlich genau – aber eben nicht hundertprozentig – beschrieben hatte.

In der Abenddämmerung waren Pendler auf ihrem Weg nach Hause. Eine halbe Stunde, nachdem wir abgelegt hatten, stand ich immer noch an die Reling und sah zu, wie Melbourne achtern vorbeiglitt.

Die Überfahrt war untypisch für die Bass Strait, sanft wie ein Wiegenlied: Nur eine Stunde lang Dünung vor den Landspitzen, die die Mündung der Port Phillip Bay flankieren, dann eine ruhige Fahrt bis nach Tasmanien. Ich schlief tief und fest. Trotz des Unheil verkündenden Auftritts meines Kabinennachbarn wurde mein Wunsch nach Alleinsein erhört: Len (denn das war sein Name) war irgendwann so betrunken oder seekrank – oder beides –, dass er nicht mehr zurückfand. Am nächsten Morgen entdeckte ich ihn auf einem Sofa in einer der Lounges. Aus dem offenen Mund lief der Speichel.

Ich ging an Deck. Im kühlen Morgenwind tauchte eine zerklüftete Küste aus dem Dunst auf. Tasmanien ist eine dieser Inseln, die man am besten mit dem Schiff besucht – einfach um seine düstere Abgeschiedenheit in vollem Maße erfassen zu können. Dunkel und unwirtlich, vom Rest der Welt durch die kalten Strömungen und heftigen Böen der *Roaring Forties* isoliert, war sie, in den stinkenden alten Zeiten von Rum und Peitsche, der Ort der letzten Verbannung. In den Anfängen der Seefahrt nannten die Seeleute die urzeitliche Südwestküste Tasmaniens „Transsilvanien" und machten daher einen weiten Bogen um sie.

Vor Jahren hatte ich die wilde Küste Tasmaniens schon einmal gesehen, vom schlingernden Deck eines Eisbrechers aus, mit dem ich von der antarktischen Mawson-Basis zurückgekehrt war. Es ist ein prächtiger Anblick. Die Furcht erregenden spitzen Kliffs und dichten Regenwälder, die bis an die Küste reichen, musste wahrscheinlich schon der holländische Seemann Abel Tasman 1642 gekannt haben. Devonport dagegen wirkt geradezu idyllisch. Kurz nach dem Frühstück legten wir an. Ich entging der Quarantäne und machte mich auf den Weg zum Midlands Highway nach Hobart, der Hauptstadt Tasmaniens, die auf der anderen Inselseite liegt.

Es war ein kühler und windiger Tag. Die Straße führte meilenweit durch englisch anmutende Landschaften und historische Kolonialdörfer aus honigfarbenem Sandstein. Vielleicht waren es die Nachwirkungen meiner Grippe, vielleicht der Gedanke an das Massaker von 1996 in Port Arthur, oder vielleicht die Geschichte Tasmaniens, geprägt von Völkermord und sadistischen Strafaktionen – auf mich wirkten diese pittoresken Ansichten in keinster Weise beruhigend. Ihre Sanftheit erschien wie ein glattes Furnier, hinter dem die Gewalt lauert.

Kurz vor sechs Uhr abends fuhr ich in die alte Garnisonsstadt Campbell Town ein. Sanftes goldenes Licht fiel durch die Bäume und tauchte die Felder in ein samtenes Licht, eine weichgezeichnete Kulisse, mit einer grasenden Schafherde vor einer alten Steinkirche. Fast 100 Meilen hatte ich an diesem Tag geschafft. Von der Anstrengung war ich todmüde, kalter Schweiß ließ mich zittern, und Kopfweh deutete auf leichtes Fieber hin. Ich nahm mir ein Zimmer in einem Zwei-Sterne-Haus am Südrand der Stadt. Die türkisfarbenen Neonlettern M-O-T-E-L blinkten in der Dämmerung.

Die Nacht war kalt und klar, der Wetterbericht hatte Frost angekündigt. Unter einem Berg aus Bettdecken zitternd, lag ich im Bett und sah fern. Die dünnen Vorhänge konnten die Nacht nicht aussperren, so dass das Neonschild an der Straße ungehindert seine blinkende Mutlosigkeit an die schmuddeligen Wände meines Zimmers werfen konnte. Der Effekt war so theatralisch, dass ich lachen musste – ein schwaches Gemecker, das in einen Hustenanfall mündete.

Der nächste Tag war kalt und rau. Ich fuhr weitere 80 Meilen bis Hobart. Die Stadt galt gemeinhin als ruhig und beschaulich, doch der aggressive Feierabendverkehr strafte diesen Ruf Lügen. Es war spät nachmittags. Müde, immer noch leicht fiebrig und mit weichen Knien überquerte ich den Derwent River. Ich nahm mir ein Zimmer in einer billigen Herberge, ein paar Blocks vom Constition Dock entfernt.

Ursprünglich hatte ich eine ausführliche Tour um Tasmanien geplant, aber das musste wohl ein Wunschtraum bleiben. Es war bereits Spätherbst, das Wetter schlug um, und Schnee lag auf dem Gipfel des Mount Wellington, der mit seinen 1200 Metern Höhe Hobarts westliche Skyline überragt. Ich fühlte mich nicht gut und hatte kaum noch Kraft. Nach einer mehrtägigen Pause in der Stadt, machte ich mich zurück auf den Weg nach Melbourne – auf meine letzte Etappe.

KAPITEL 45

Erinnerungen an Melbourne

DIE BASS STRAIT war glatt wie ein Spiegel. Es war ein warmer Sonntagmorgen, als die *Spirit of Tasmania* im Hafen von Port Melbourne anlegte. Die Beaconsfield Parade war voll mit Radlern in neonbunten Stretchanzügen. Speedwalker stolzierten an den dekorativen Palmen vorbei, die die Esplanade säumten. In das Café am Ende des St.-Kilda-Piers drängten sich Hundebesitzer, die vorher ihren Vierbeinern Erleichterung verschafft hatten, Ausflügler und Einheimische, die den Morgen mit einem ausgedehnten Frühstück und der Sonntagszeitung verbummelten. Ich fuhr bis zum Ende des Piers, um die ganze Szenerie zu beobachten. Der helle Sonnenschein verjagte die Düsterkeit der letzten Tage. Das war das Melbourne, an das ich mich gerne erinnerte, so wie es war, als ich damals hier wohnte.

Aus Neuengland stammend, hatte ich mich hier in Melbourne stets mehr zu Hause gefühlt als im hektischen, eher kalifornisch anmutenden Sydney. Melbourne hält sich mit seiner gediegen-teuren Fassade, Schulkrawatten und streng vornehmen Atmosphäre für ein südliches Gegenstück zu Boston. Ebenso wie die wohlhabenden und elitären Bewohner

Bostons, betrachten sich die Melbourner als etwas Besseres. In Wirklichkeit geht der blaublütige Wohlstand der Stadt im Wesentlichen auf einen „Lottogewinn" zurück, den glückliche Goldgräber in den 50er Jahren des 19. Jahrhunderts in den Goldminen von Victoria machten. Die Melbourner erinnern sich daran ebenso ungern, wie die Profiteure der industriellen Revolution, die einst Kinder in ihren Baumwollmühlen schuften ließen.

Mit seinen anmutigen viktorianischen Bankgebäuden, den grün-goldenen Straßenbahnen, die über von Platanen gesäumte Boulevards fahren, und dem beschaulichen Yarra River, der mitten durch das Zentrum fließt, ist Melbourne ein Stück Europa. Ich fuhr am Albert Park vorbei, durch South Melbourne in Richtung Stadtmitte. Es war derselbe Weg, den ich damals in den 90ern immer genommen hatte, als ich für das Melbourne Sunday Age schrieb. An die Straßennamen konnte ich mich nicht mehr erinnern, aber meine Hände führten den Lenker so sicher, als ob ich nie fort gewesen wäre. Nach 9500 Meilen auf mir größtenteils unbekannten Straßen, war es etwas seltsam, wieder auf vertrauten Pfaden zu fahren.

Es war Sonntag, ein sonniger Tag, und so folgte ich dem Fahrradweg am Fluss entlang, durch den Botanischen Garten und die grüne Yuppie-Enklave South Yarra. Dann nahm ich den Weg in das bodenständigere Arbeiterviertel Collingwood. Zurück in der Innenstadt fuhr ich durch das heruntergekommene Viertel, zwischen Brunswick Street und Fitzroy, quer durch die Treasury Gardens und landete schließlich auf der Spring Street, direkt vor dem Windsor Hotel.

Seit seiner Eröffnung 1883 ist das Windsor ein Wahrzeichen der Stadt. Es ist ein Grandhotel im alten Stil, mit gedämpfter Clubatmosphäre, wo das Abendessen in der prunkvollen Lobby serviert wird. Jahrzehntelang war es Treffpunkt von Premierministern, königlichen Familien, Industriemagnaten und sonstigen Berühmtheiten gewesen. Die australische Verfassung wurde in einer seiner Suiten ausgearbeitet. Ich hatte zuletzt mit dem Gedanken gespielt, mir eine Nacht im Windsor zu gönnen. Ich fand die Idee brillant, einfach mit meinen Rad vorzufahren, den Staub von unzähligen Meilen abzuschütteln und lässig im Windsor einzuchecken. Als ich jetzt aber auf der gegenüberliegenden Straßenseite quietschend anhielt und die imposante Fassade vor mir sah, fühlte ich mich doch ein bisschen unsicher. Ich trödelte auf dem Trottoir herum und blickte immer wieder auf das blitzende Messingschild, die Fahnen, die beiderseits des Eingangsportals wehten, und den Portier in seiner grünen Livree.

Beinahe hätte ich die Idee fallen gelassen. Doch dann sagte ich mir, was soll's, und marschierte über die Straße. In dem Bemühen, nicht verlegen zu wirken, stellte ich mich dem Portier vor. Er hieß Neil.

„Guten Morgen. Ich möchte gerne ein Zimmer hier nehmen."

Neil zuckte nicht mal mit der Wimper. „Nun, selbstverständlich, Sir. Möchten Sie Ihr Fahrrad unserem Parkservice anvertrauen?"

„Wenn's Ihnen nichts ausmacht."

Während Neil mein Rad zur Gepäckaufbewahrung schob, schrieb ich mich im Windsor Hotel ein. Ein Hotelpage schleppte meine staubigen Packtaschen in mein Zimmer hinauf.

KAPITEL 46

Die letzte Etappe

AM SONNTAG darauf nahm ich den Melba Highway stadtauswärts, fuhr durch das Weingebiet im Tal des Yarra River, dann nordwärts in Richtung des Hochlandes von Victoria. Nach einer Woche Pause in Melbourne – die ich leider nicht ganz im Windsor verbrachte – hatte ich langsam das Gefühl, dass ich den Kampf gegen die Grippe endgültig gewonnen hatte. Nach wie vor trat ich behutsam in die Pedale, doch ich fühlte mich so gut wie seit Wochen nicht mehr.

Am ersten Tag fuhr ich bis Yea, am zweiten bis Bonnie Doon. Es war die letzte Etappe meiner Reise. Bis Sydney fehlten noch rund 500 Meilen. Ein Jahr zuvor, als diese Reise noch ein Tagtraum gewesen war, hatte ich mir ausgemalt, wie ich durch die Australischen Alpen und die Snowy Mountains Richtung Sydney kurven würde. Jetzt da ich die Ziellinie vor Augen hatte, wollte ich nur noch so schnell wie möglich ankommen. Ich war körperlich am Ende, und der Kampf der letzten Wochen, mit der Krankheit und der Einsamkeit auf den Straßen, hatten mich auch psychisch an meine Grenzen gebracht.

Reisen haben – wie das Leben an sich – verschiedene Phasen: Jugend, Reife und Alter. Der naive Überschwang, mit dem ich meine ersten Ziele Queensland und Gulf Country angegangen war, war bald größerer Erfahrung gewichen, als ich das Top End umrundete. In der Great Sandy Desert hatte mich stoische Geduld überkommen und in der Nullarbor Plain zum letzten Mal der Drang nach der Freiheit des Outbacks. Jetzt war ich an dem Punkt, wo ich meine Fahrt zu Ende bringen wollte.

Doch da war noch etwas anderes. Die Grippe hatte mich nicht nur ermattet, sondern mir auch einen gehörigen Schrecken eingejagt. Unter beträchtlichem Einsatz von Zeit und Hingabe war ich fast am Ziel angelangt. Jetzt fühlte ich mich wie ein Spieler, der leichtsinnig seinen Gewinn aufs Spiel setzt. Das Ziel, bis zum Circular Quai zu fahren – und zu beenden, was ich tausende von Meilen zuvor begonnen hatte –, bekam jetzt höchste Priorität. Deshalb hatte ich mich gegen die kurvenreichen Nebenstraßen und für den schnellen und direkten Hume Highway entschieden.

In Benalla sah ich ein Schild, das mir Hoffnung machte: „Sydney 672 Kilometer." Ich fuhr am Fuß der Strathbogie Ranges entlang, wo sich der Strauchdieb Ned Kelly und seine Bande in den 70er Jahren des 19. Jahrhunderts versteckt hielt. Anschließend kam ich durch Glenrowan, wo im Jahre 1880 Kelly gefangen genommen und seine Leute in einer Schießerei getötet wurden. Glenrowan rühmt sich der Ort zu sein, an dem Ned Kelly seinen letzten Auftritt hatte. Diesen hatte er dann aber zweifellos am Galgen im Melbourner Gefängnis.

Nachdem ich die Brücke über den Murray River überquert hatte, befand ich mich zum ersten Mal seit dem Tag, als ich Richtung Gold Coast gestartet war, wieder in New South Wales. Das Ende der Reise lag förmlich in der Luft. Ich kam gut voran und schaffte die 120 Meilen von Albury-Wodonga nach Gundagai an einem Tag. Ich nahm mir ein Zimmer in einem schmuddeligen Motel direkt gegenüber einem Kino von 1929, dessen Gebäude heute ein Bestattungsunternehmen und einen Scherzartikelladen beherbergt. Ich kaufte mir Bier, um meine wiedererlangte Fitness feierlich zu begießen.

Am folgenden Tag war Anzac Day, das Gedenken an den Apriltag des Jahres 1915. Damals fielen australische Truppen unter dem Hagel türkischer Kugeln bei Gallipoli, an den Dardanellen. Dies markiert den ersten

Kriegseinsatz Australiens als Nation. Jedes Jahr gedenkt man der Gefallenen – und auch allen anderen Australiern, die in Kriegen des 20. Jahrhunderts gefallen waren. Es ist ein offizieller Feiertag. Anders als andere offizielle Feiertage ist dieser wirklich einer mit ernstem Hintergrund. Überall im Land – in allen Städten, Dörfern und Weilern – finden gut besuchte Frühgottesdienste statt, Kranzniederlegungen und feierliche Paraden mit silberhaarigen Veteranen, die im Paradeanzug, mit Regimentskrawatte und Orden am Revers durch die Straßen marschieren und dabei von ihren Landsleuten bejubelt werden. Der Tag steht unter dem Motto „Wider das Vergessen". Diese Gefahr besteht nicht. Es ist ein Tag echter Dankbarkeit.

Als ich ins Cricketstadion von Gundagai fuhr, wo sich bereits ein Großteil der Stadt zum Frühgottesdienst eingefunden hatte, war es noch dunkel. Im Osten kündigte sich bereits die Dämmerung an. Die Veteranen – die meisten schon über 70 oder gar 80 – hatten sich neben dem Clubhaus versammelt. Es war kalt. Wortfetzen drangen an mein Ohr.

„Wie geht's, Jack?" fragte eine Stimme.

„Nicht schlecht, Kumpel", erwiderte der Angesprochene. In seinem Mundwinkel hing eine Selbstgedrehte. Zahkreiche Orden zierten sein Revers.

Direkt hinter ihm, an der Theke des Clubhauses, stand ein anderer Veteran, der Kaffee servierte. Er entdeckte mich. „Was darf's sein?"

„Eine Tasse schwarzen Kaffee, bitte."

Er lachte. „Schwarzen Kaffee?"

„Ja."

Er stieß seinen Kumpel in die Seite. „Verstehst du, was der Typ sagt? Der will schwarzen Kaffee!"

Sie lachten. „Sag mal, Kumpel, bist du sicher, dass du schwarzen Kaffee willst?"

An dem spitzbübischen Blitzen in ihren Augen erkannte ich, dass da irgendwas im Gange war. „Nun, wie sollte ich denn meinen Kaffee trinken?"

„Mit einem Schluck hiervon!" Er hielt eine Flasche Rum in die Höhe.

„Stimmt. Es wäre dumm, ihn schwarz zu trinken."

„Und hier kommt das gute Tröpfchen." Er goss mir einen großzügigen Schluck ein, eine echte Starthilfe an diesem kalten Morgen. Streng genommen war es natürlich verboten, im Cricket-Clubhaus Alkohol zu verkaufen, weil es keine Konzession für harte Getränke hat. Two-Up zu spielen – das klassische Wettspiel schlapphütiger australischer Digger – ist, streng genommen, ebenfalls illegal. Aber was ein alter Digger ist, so schert er sich am Anzac Day wenig um Gesetzbücher.

Der Gedenkgottesdienst fand in einem Wäldchen aus 80 Jahre alten Kurrajong-Bäumen statt. In Form eines Kreuzes gepflanzt, erinnern sie an das Ende des Ersten Weltkrieges. Ein Unteroffizier, der beinahe so alt wie die Bäume war, herrschte seine Männer barsch an. Steif und stolz marschierten sie in Position. Ein Kaplan las die Messe. Ein Hornist blies den letzten Zapfenstreich. Es folgten zwei Schweigeminuten, die nur vom entfernten Schrei eines Kookaburra in den Bergen unterbrochen wurden.

Ungeduldig radelte ich durch das Farmland von New South Wales. An diesem Tag schaffte ich 147 Meilen. Sydney erreichte ich am frühem Sonntagmorgen. Es war hell, klar, warm und sonnig – genauso wie vierzig Sonntage zuvor, als ich meine Reise begann. Beinahe 10 000 Meilen lagen hinter mir.

Als ich die George Street Richtung Circular Quai entlangfuhr, musste ich an meine Erlebnisse denken: Wie ich mit Rückenwind über den Capricorn Highway rauschte, der Scherschuppen von Fairfield, die Kartenspiele mit Mick, Thommo, Terry und Paul – im Hinterzimmer von Ash Colahans Motel, von wo man auf den von Krokodilen bewohnten Golf von Carpentaria blicken konnte. Violette Sturmwolken und schlaff herunterhängende Palmen in Darwin, blutrote Sonnenuntergänge in den Kimberleys, Gelächter und Hundegebell in der Aborigine-Community von Bidyadanga, am Rande der Great Sandy Desert. Die Einsamkeit in der Nullarbor Plain. Regenwälder und Wüsten. Berge und Küsten.

Während der letzten neun Monate hatte ich beinahe jeden Sonnenaufgang und Sonnenuntergang miterlebt, hatte jeden Tag bewusst erlebt. Jetzt hatte das ein Ende, dort wo alles begonnen hatte. Und obwohl ich mich schon seit Monaten auf diesen Moment gefreut hatte, war mir jetzt bewusst, das ich dieses freie Leben, das ich auf der Straße kennen gelernt hatte, wieder aufgeben müsste. Ich verlangsamte mein Tempo, um dieses kleine bisschen an Freiheit noch auskosten zu können. Die Erinnerungen an die schlimmen Dinge verblassten. Zurück blieb das Schöne.

Kurz vor 12 Uhr fuhr ich auf die Anlegestelle am Circular Quay. Der Hafen sah genau so aus, wie ich ihn in Erinnerung hatte. Jachten und Fähren befuhren das glitzernde Wasser, die Oper schimmerte in der Sonne, und der Kai war voller Touristen und Straßenmusikanten. Ich setzte mich auf eine Bank und blickte zur Harbour Bridge hinauf. Einen irren Moment lang überlegte ich, ob ich noch einmal von vorne anfangen sollte. Einfach wieder über die Brücke und Richtung Norden fahren, diesmal mit all meinen Erfahrungen, die mir im Juli noch gefehlt hatte.

So viel war in der Zwischenzeit passiert. Zu Beginn meines Abenteuers hatte ich mich gefragt, ob mein waghalsiges Vorhaben, mein Leben verändern würde. Während ich die George Street entlangradelte, wurde mir klar, dass ich in diesen neun Monaten ein zweites Mal erwachsen geworden war – diesmal als Australier. Ich habe vieles angenommen von den Menschen, die ich kennen gelernt habe, und vom Land selbst. Seine Geschichte, seine Mythen und Legenden waren nun auch Teil meiner persönlichen Geschichte.

EPILOG

Als ich in Sydney losgefahren war, hatte ich kaum Ahnung von langen Rundreisen mit dem Fahrrad. Ich hatte vieles dazugelernt. Gewisse Dinge muss ich wohl richtig gemacht haben. Ich hatte bei Wüstendurchquerungen immer genug Wasser dabei, vermied Sonnenstiche bei Temperaturen von 60°C, campte sicher am Straßenrand und entwickelte ein einigermaßen sicheres Urteilsvermögen.

Doch das Leben auf der Straße ist geradlinig. Die Bedürfnisse sind einfach: Essen, Trinken und ein geschützter Platz zum Schlafen. Der Highway selbst vermittelt einen beständigen und leicht verständlichen Sinn für Ziel und Zweck. In der blanken Einfachheit des Outback und der zerbrechlichen Klarheit der Wüste sehen Dinge simpel aus, die im Gewirr des Alltags kaum lösbar scheinen.

Ich hatte diese Reise angetreten, um etwas über Australien zú lernen und um herauszufinden, ob ich hier eine Zukunft hatte und, wenn ja, welche. Auf der George Street hatte ich nun die Zielgerade erreicht. Ich hatte viel gesehen und viel gelernt. Nun war es an der Zeit, das Erlebte zu verarbeiten.

Statt genau das zu tun, machte ich etwas, das ich immer als meinen einzigen großen Fehler dieser Fahrt betrachten werde: Ich rief sofort einen alten Freund an, um mitzuteilen, dass ich wieder in der Stadt war (Vielleicht hatten Hektik und Geschäftigkeit um mich herum meine lang unterdrückte calvinistische Seite wieder belebt; ich konnte gar nicht anders, als das zu tun.) Wir trafen uns, und kaum eine Stunde später saß ich auf einem Sofa und wurde über den neuesten langweiligen, gehässigen Tratsch der Journalistenszene von Melbourne und Sydney auf den neuesten Stand gebracht: Wer gefeuert wurde, wer gegangen ist, wer wem in den Rücken gefallen ist.

Ich wurde unruhig, weil mir bewusst wurde, dass ich mir noch einige Stunden Alleinsein hätte gönnen sollen. Während ich da saß, spürte ich, wie die pikareske Freiheit, die ich auf meiner Reise kennen gelernt hatte, wie ein schöner Traum verschwand. An seine Stelle trat die nüchterne Wirklichkeit aus Namen und Gesichtern, aus abgedroschenen Geschichten und emotionalem Ballast, die ich meinte zurückgelassen zu haben.

Innerhalb eines Tages war ich wieder in die Rolle des Einwanderers geschlüpft. Diesmal aber verstaute ich mein Fahrrad, packte meine Sachen und ging zurück nach Neuengland. Bereits wenige Wochen später genoss ich den kühlen, leuchtenden, grünen und nach Kiefern duftenden Frühling der White Mountains. Daheim im alten Farmhaus stiegen mir die vertrauten Gerüche in die Nase: Kaffee, Seife und Heizöl aus dem undichten alten Ofen.

An diesem ersten Morgen war ich glücklich. Das war Amerika.

Doch das war es natürlich nicht. Es war ein Déjà-vu. Ich erkannte, dass was viele Auswanderer irgendwann einmal erkennen müssen: Leben und Nationen entwickeln sich weiter. Die Vereinigten Staaten hatten sich seit 1982 stark verändert – ebenso wie ich. Obwohl ich all die Jahre die Fahne hoch gehalten hatte, fühlte ich mich plötzlich fremd in diesem großen, schnelllebigen Land. Ich war ein Außenseiter geworden. Es war nicht einmal ein unangenehmes Gefühl – es war eigentlich geradezu erhebend –, aber ich hatte nie das Gefühl, zu Hause zu sein.

Ein paar Wochen später musste ich im Auftrag eines Magazins wieder nach Australien. Ich werde nie diesen entspannenden Augenblick vergessen, als ich den Flughafen in Los Angeles betrat und die aktuelle Ausgabe des Sydney Morning Herold las. Ich erfuhr das Neueste über die Cricketsaison, studierte die Wetterkarte und informierte mich über die vertrauten Namen, Gesichter und Geschichten Australiens. Mit einem wohl tuenden Schauer stellte ich fest, dass ich wieder nach Hause flog.

GLOSSAR

Aborigines: australische Ureinwohner, bilden den fünften großen Formenkreis der Menschheit; die meisten haben welliges Haar, das bei Kindern oft blond ist, und eine ausgeprägte Brauenregion; sie sind berühmt für ihre „Traumpfade“ (visionäre Welten), Rituale und farbkräftige Malerei

Aussie: saloppe Bezeichnung für Australier

Badlands: durch menschliche Einwirkung erodiertes Bergland (Landschaftsbegriff in englischsprachigen Ländern, Badlands gibt es z. B. in South Dakota, Kanada, auch in Australien)

Barramundi: großer Barschfisch (Lates calcarifer) in küstennahen Flüssen NO-Australiens und Südasiens, bis 200 kg schwer, sehr beliebter Speisefisch

Bungle Bungle: ein Massiv in Westaustralien, seit 1987 Nationalpark, bekannt für bunt gebänderte Gesteinsformationen und runde Bergkuppen („Bienenkörbe) aus weichem Sandstein

Dingo: von den Aborigines mitgebrachte, seit Urzeiten verwilderte Haushunde; Fell rötlich gelb

Down Under: scherzhaft für Australien, die größte Südseeinsel oder der kleinste Kontinent; bedeutet wörtlich „kopfunter“, etwa wie Antipode oder Gegenfüßler

Esky: Kühlbehälter aus Plastik, abgeleitet vom Warennamen „Eskimo“

Frangipanibaum: (Hymenosperum flavum), australischer Baum mit duftenden, rahmgelben Röhrenblüten, beliebter Alleebaum

Hoon: australische Kurzform von Hooligan; jemand, der sich betont hart gibt, viel Bier in sich hineinschüttet und gern mit seinen tätowierten Muskeln prahlt

Karri-Baum: sehr hochwüchsiger Eukalyptus (Eucalyptus diversicolor), bildet Hartlaubwälder

Keilschwanzadler: Aquila audax, Verwandter des Steinadlers, übernimmt auf einsamen Highways teils die Aufgaben eines Geiers (Beseitigung überfahrener Kängurus); englischer Name: Wedge-tailed Eagle

Lachender Hans: krähengroßer Verwandter unseres Eisvogels, braun-weiß, frisst Reptilien; berüchtigt für seine Stimme, die an ein irres menschliches Lachen erinnert; australischer Name: Kookaburra

Nullarbor-Ebene: (sprich etwa „nallaboh-"), ebene, fast wasserlose Kalktafel mit Sanddünen und Scrub im Süden der Gliedstaaten West-und Südaustralien; wird von der Transaustralischen Eisenbahn durchquert

Outback: Australiens fast unbesiedeltes, wasserarmes Hinterland (jenseits des Küstenstreifens)

Roadhouse: Tankstelle mit Imbiss; in entlegenen Teilen des Outback manchmal auch mit Motel

Scrub: unzugängliches Dickicht aus strauchhohen Eukalyptus- und Grasbäumen sowie Spinifex

Snags: australisch für Würstchen

Spinifex: ein Süßgras, scharfkantiges „Stachelschweingras"; bildet in Australien Bestände, die wie eine Steppe aus Stacheldraht wirken

Vegemite: schwarzer, intensiv schmeckender, etwas salziger Brotaufstrich aus Hefe-Extrakt. Obwohl er in Australien sehr beliebt ist – dünn auf Toast oder Cracker geschmiert oder sogar als Brotbelag –, finden die meisten Fremden, dass sein Geschmack gewöhnungsbedürftig ist

Wallaby: Artengruppe mittelgroßer Kängurus; haben große „Rehohren", langen Schwanz; klettern und steigen in Fels oder auf niedrigen Bäumen umher; auch in australischen Stadtparks

Wombat: etwa dachsgroßes, plumpes Beuteltier, ähnelt einem kleinen Bären mit dickem Kopf; nagt an Wurzeln, gräbt unterirdische Gänge

Yabbies: kleine Süßwasserkrabben